Spion buiten dienst

Van John le Carré zijn verschenen:

Telefoon voor de dode
Voetsporen in de sneeuw
Spion aan de muur
Spion verspeeld
Een kleine stad in Duitsland
Tinker Tailor Soldier Spy (Edelman Bedelman Schutter Spion) e
Spion van nobel bloed
Smiley's prooi
De lokvogel
Een volmaakte spion
Het Rusland huis
De laatste spion
De ondraaglijke vrede (non-fictie)
The Night Manager (De ideale vijand) e
Vrij spel
De kleermaker van Panama
Single & Single
Smiley's wereld
De toegewijde tuinier
Absolute vrienden
De luistervink
Aangeschoten wild
Our Kind of Traitor (Ons soort verrader) e
Een broze waarheid e
De duiventunnel e
Erfenis van spionnen e
The Little Drummer Girl
Spion buiten dienst

e Ook als e-book leverbaar

John le Carré

Spion buiten dienst

Vertaald door Rob van Moppes

UITGEVERIJ LUITINGH-SIJTHOFF

Eerste druk, oktober 2019
Derde druk, januari 2020

Oorspronkelijke titel: *Agent Running in the Field*
Vertaling: Rob van Moppes
Eindredactie: Hanca Leppink
Omslagontwerp: Pankra
Opmaak binnenwerk: Crius Group, Hulshout

ISBN 978 90 245 8635 6
NUR 302

www.lsamsterdam.nl
www.boekenwereld.com

Uitgeverij Luitingh-Sijthoff vindt het belangrijk om op milieuvriendelijke en verantwoorde wijze met natuurlijke bronnen om te gaan. Bij de productie van dit boek is daarom gebruikgemaakt van papier waarvan het zeker is dat de productie niet tot bosvernietiging heeft geleid.

Voor Jane

1

Onze ontmoeting was niet gearrangeerd. Niet door mij, niet door Ed, niet door een van die onzichtbare handen die kennelijk aan zijn touwtjes trekken. Ik was geen doelwit. Ed was er niet toe aangezet. We werden niet heimelijk en ook niet openlijk in de gaten gehouden. Hij daagde mij uit tegen hem te spelen. Ik nam de uitdaging aan. We speelden. Er was geen sprake van opzet, van een samenzwering of van een complot. Er zijn gebeurtenissen in mijn leven – tegenwoordig niet veel meer, dat is waar – die voor slechts één uitleg vatbaar zijn. Onze ontmoeting is er zo een. Mijn versie ervan is al die keren dat ze me die lieten herhalen nooit veranderd.

Het is een zaterdagavond. Ik zit in de Athleticus Club in Battersea, waarvan ik eresecretaris ben, een titel die heel weinig voorstelt, in een gecapitonneerde ligstoel naast het binnenzwembad. De clubkamer is hol en donker met hoge balken, deel van een omgebouwde brouwerij, met het zwembad aan de ene en een bar aan de andere kant en daartussen een doorgang die leidt naar de gescheiden kleedkamers en de douches.

Doordat ik met mijn gezicht naar het zwembad toe zit bevindt de bar zich schuin achter me. Voorbij de bar ligt de ingang tot de clubkamer, met daarachter de lobby en vervolgens de deur naar buiten. Ik kan dus niet zien wie de clubkamer binnenkomt of wie er rondhangt in de lobby en de aankondigingen leest, banen reserveert of namen op de clubladder noteert. De bar doet goede zaken. Jonge meisjes en hun aanbidders spetteren en kwetteren.

Ik draag mijn badmintontenue: korte broek, sweatshirt en een paar nieuwe sportschoenen die de enkels ontzien. Die heb ik gekocht om de zeurende pijn in mijn linkerenkel te verzachten die ik een maand tevoren tijdens een tocht in de bossen van Estland heb opgelopen. Na een aaneenschakeling van aanstellingen overzee geniet ik van een welverdiend verlof in mijn thuisland. Er hangt een donkere wolk boven mijn professionele leven die ik uit alle macht probeer te negeren. Ik verwacht maandag afgevloeid te worden. Nou ja, dat moet dan maar, blijf ik mezelf voorhouden. Ik ben bijna zevenenveertig, ik heb het erg naar mijn zin gehad, dit was al van begin af aan de afspraak, dus mij hoor je niet klagen.

Des te groter daarom de troost te weten dat ik, ondanks mijn gevorderde leeftijd en mijn zwakke enkel, jongstleden zaterdag wederom de titel van clubkampioen in de wacht heb gesleept door in het enkelspel een getalenteerde jongere speler te verslaan. Het enkelspel wordt algemeen beschouwd als hét domein van lichtvoetige twintigers, maar tot dusverre heb ik stand weten te houden. Vandaag heb ik, zoals het een pas gekroonde kampioen volgens de clubtradities betaamt, mij succesvol bewezen in een vriendschappelijke match tegen de kampioen van onze concurrerende club aan de overkant van de rivier, in Chelsea. En hier zit hij nu, een ambitieuze en sportieve jonge Indiase advocaat, naast me na te genieten van onze wedstrijd, met een pint in de hand. Tot de laatste paar punten had ik het zwaar te verduren, maar ervaring en een beetje geluk bezorgden mij uiteindelijk toch de overwinning. Misschien zeggen deze simpele feiten iets over mijn welwillende gemoedstoestand op het moment dat Ed met zijn uitdaging voor de dag kwam en ik, zij het kortstondig, het gevoel had dat er nog een leven bestond nadat je bent afgevloeid.

Mijn verslagen tegenstander en ik zitten gezellig te praten. We hadden het, herinner ik me alsof het de dag van gisteren was, over onze vaders. Die waren, zo bleek, allebei enthousiaste badmintonspelers geweest. De zijne was ooit tweede geworden bij de nationale kampioenschappen van India. De mijne was één glorieus seizoen kampioen van het Britse leger in Singapore geweest. Terwijl wij zo genoeglijk ervaringen uitwisselen merk ik dat Alice, onze op de Cariben geboren receptioniste en boekhoudster, op me af komt lopen in gezelschap van een heel lange en tot nu toe onbekende jongeman. Alice is zestig jaar oud, grappig, corpulent en altijd een beetje buiten adem. Wij zijn twee van de oudste leden van de badmintonclub, ik als speler, zij als steunpilaar. Waar in de wereld ik ook gestationeerd was, wij stuurden elkaar altijd kaartjes met Kerstmis. De mijne waren ondeugend, de hare devoot. Wanneer ik zeg dat ze op me afkwamen, bedoel ik dat ze me, Alice voorop, van achteren aanvielen waardoor ze me eerst voorbij moesten lopen en zich toen moesten omkeren, wat ze op komische wijze precies gelijk deden.

'Mister Nat, Sir,' sprak Alice op plechtige toon. Meestal ben ik Lord Nat voor haar, maar vanavond ben ik een gewone Sir. 'Deze zeer aantrekkelijke en beleefde jongeman moet *uiterst* privé met je spreken. Maar hij wil je niet *storen* op je moment van glorie. Hij heet *Ed. Ed,* zeg *Nat* eens gedag.'

In mijn herinnering blijft Ed, deze zeer lange, onhandige, bebrilde jongeman met iets desolaats over zich en een beschaamde, aarzelende glimlach op zijn gezicht, vrij lang een stukje achter haar staan. Ik herinner me hoe twee concurrerende lichtbronnen zich samen op hem richtten: de oranje strook licht van de bar, die hem in een hemelse gloed hulde, en achter hem de lage lampen van het zwembad die hem een bovenmaats silhouet verleenden.

Hij komt dichterbij en wordt werkelijkheid. Twee grote, onhandige stappen, linkervoet, rechtervoet, stop. Alice struint weg. Ik wacht tot hij iets zegt. Ik plooi mijn gelaatstrekken tot een geduldige glimlach. Minstens een meter negentig, donker warrig haar, grote bruine leergierige ogen die iets etherisch krijgen door de bril, en het soort tot de knieën reikende witte sportbroek die je vaker ziet bij lieden van adel of leden van de Bostonse elite. Leeftijd ongeveer vijfentwintig schat ik, maar met dat gezicht van een eeuwige student kan hij best ouder of jonger zijn.

'Meneer?' vraagt hij ten slotte, maar niet nadrukkelijk eerbiedig.

'Nat, als je het niet erg vindt,' corrigeer ik hem, opnieuw met een glimlach.

Hij gaat daarmee akkoord. Nat. Hij denkt erover na. Rimpelt zijn haakneus.

'Nou, ik ben dus *Ed*,' verklaart hij ongevraagd, Alices informatie herhalend ten behoeve van mij. In het Engeland waar ik recentelijk naar ben teruggekeerd heeft niemand een achternaam.

'Wel, ha die *Ed*,' reageer ik luchtig. 'En wat kan ik voor jou betekenen?'

Opnieuw is het even stil terwijl hij hierover nadenkt. Dan flapt hij het eruit:

'Ik wil tegen jou spelen, oké? Jij bent de kampioen. Het probleem is dat ik nog maar net lid ben van de club. Sinds vorige week. Ja. Ik heb mijn naam op de ladder gezet en zo, maar de ladder vraagt *maanden* geduld, verdorie' – nu zijn woordenstroom eindelijk losbarst. Dan een stilte waarin hij beurtelings naar ons kijkt, eerst naar mijn sympathieke tegenstander, en dan weer naar mij.

'Hoor eens,' vervolgt hij, alsof hij me moet overhalen, hoewel ik geen verzet heb geboden. 'Ik ken het clubprotocol niet, weet je?' – en zijn stem wordt hoger van verontwaardiging. 'En dat ligt niet aan mij. Maar ik heb het Alice gevraagd. En *zij* zei: vraag het hem zelf, hij zal je niet bijten. Dus vraag ik het.' En voor het geval die verklaring niet voldoende mocht zijn: 'Maar ik heb je zien spelen, hè? En ik heb een paar mensen verslagen die jij hebt verslagen. En een enkeling die jou heeft verslagen. Ik ben er tamelijk zeker van dat ik je partij kan bieden. Een stevige partij. Tja. Een *heel* goede om je de waarheid te zeggen.'

En de stem zelf, waarvan ik inmiddels een duidelijk beeld heb? In dat aloude Britse gezelschapsspel waarbij je de positie van je landgenoten op de maatschappelijke ladder bepaalt op basis van hun manier van spreken, ben ik weinig bedreven, aangezien ik een te groot deel van mijn leven in het buitenland heb doorgebracht. Maar in de oren van mijn dochter Stephanie, een overtuigd aanhangster van het gelijkheidsprincipe, is Eds manier van spreken denk ik *ongeveer precies zoals het hoort,* waarmee zij bedoelt dat niet direct duidelijk is of hij op een dure particuliere school heeft gezeten of niet.

'Mag ik vragen waar jij speelt, Ed?' informeer ik, wat bij ons een gebruikelijke vraag is.

'Overal. Waar ik maar een fatsoenlijke tegenstander kan vinden. Tja.' En als bij nader inzien: 'Toen hoorde ik dat jij lid was van deze club. Bij sommige clubs kun je spelen als je maar voor de baan betaalt. Hier niet. Hier moet je eerst lid worden. Persoonlijk vind ik het oplichterij. Maar ik ben lid geworden. Kostte me verdomme een godsvermogen, maar evengoed.'

'Nu ja, het spijt me dat je in de buidel moest tasten, Ed,' antwoord ik zo minzaam als ik maar kan, en ik wijt het nodeloze 'verdomme' aan nervositeit. 'Maar als je een partijtje wilt spelen, dan ben ik je man,' voeg ik eraan toe, mij ervan bewust dat de gesprekken rond de bar worden gestaakt en hoofden onze kant op worden gedraaid. 'Laten we een keer afspreken. Ik verheug me erop.'

Maar daar neemt Ed in het geheel geen genoegen mee.

'Wanneer denk je dus dat jou dat zou uitkomen? En dan concreet. Niet zoiets vaags als *ooit eens een keer*,' dringt hij aan, en hij wordt beloond met een gedempt gelach van de bar – wat hem, afgaande op zijn frons, ergert.

'Tja, de komende twee weken zal niet lukken, Ed,' antwoord ik geheel naar waarheid. 'Ik heb nog een serieuze zaak af te handelen. Een al te lang uitgestelde gezinsvakantie om precies te zijn,' voeg ik eraan toe, waarbij ik hoop op een glimlach en word beloond met een starre blik.

'Wanneer ben je dan weer terug?'

'Zaterdag over een week, als we niets hebben gebroken. We gaan skiën.'

'Waar?'

'In Frankrijk. In de buurt van Megève. Ski jij?'

'Vroeger wel. In Beieren. Wat zou je zeggen van de zondag daarna?'

'Ik ben bang dat het een doordeweekse dag zal moeten worden, Ed,' antwoord ik op stellige toon, omdat de weekends met het gezin, nu Prue en ik die inmiddels samen kunnen doorbrengen, heilig zijn en vandaag een zeldzame uitzondering is.

'Dus een werkdag beginnende op de maandag daarna, klopt dat? Welke dag? Kies er maar een. Jij mag het zeggen. Ik doe daar niet moeilijk over.'

'Een *maandag* zou mij waarschijnlijk het beste uitkomen,' opper ik, omdat Prue op maandagavonden altijd haar wekelijkse pro-Deo juridische adviezen geeft.

'Maandag over twee weken dus. Om zes uur? Zeven uur? Hoe laat?'

'Tja, zeg jij maar wat *jou* het beste schikt,' stel ik voor. 'Mijn plannen zijn een tikkeltje vaag' – als in: waarschijnlijk sta ik tegen die tijd al op straat.

'Soms moet ik op maandag overwerken,' zegt hij op misnoegde toon. 'Wat zou je zeggen van acht uur? Komt acht uur je gelegen?'

'Acht uur lijkt me prima.'

'Baan één oké, als ik die kan krijgen? Alice zegt dat ze liever geen banen beschikbaar stellen voor enkelspel, maar jij bent een geval apart.'

'Elke baan vind ik best, Ed,' verzeker ik hem, onder meer gelach en een applausje van de bar, vermoedelijk omdat hij zo kranig aandringt.

We wisselen mobiele telefoonnummers uit, wat altijd een klein dilemma oplevert. Ik geef hem mijn privénummer en stel voor dat hij me een sms'je stuurt wanneer er iets tussen mocht komen. Hij vraagt mij hetzelfde te doen.

'En hé, Nat?' – terwijl hij plotseling zijn hoogdravende toon wat laat varen.

'Wat?'

'Een geweldige gezinsvakantie gewenst, oké?' En voor het geval ik het ben vergeten: 'Maandag over twee weken dus. Acht uur 's avonds. Hier.'

Inmiddels lacht of klapt iedereen, terwijl Ed zich, met een slungelachtige, onbekommerde zwaai van zijn gehele rechterarm ten afscheid, met lange soepele passen naar de herenkleedkamer begeeft.

'Kent iemand hem?' vraag ik, wanneer ik merk dat ik me onbewust heb omgedraaid om hem na te kijken.

Hoofden worden geschud. Sorry, makker.

'Heeft iemand hem zien spelen?'

Opnieuw sorry.

Ik begeleid mijn gasttegenstander naar de lobby en op de terugweg naar de kleedkamer steek ik mijn hoofd om de deur van het kantoortje. Alice zit gebogen over haar computer.

'Ed wie?' vraag ik haar.

'Shannon,' reciteert ze, zonder haar hoofd op te heffen. 'Edward Stanley. Vast lidmaatschap. Automatische incasso, normaal lidmaatschap.'

'Beroep?'

'Meneer Shannon is *researcher* van professie. *Wie* hij onderzoekt, zegt hij niet. *Wat* hij onderzoekt zegt hij niet.'

'Adres?'

'Hoxton, in de deelgemeente Hackney. Waar ook mijn twee zussen en mijn nicht Amy wonen.'

'Leeftijd?'

'Meneer Shannon komt *niet* in aanmerking voor een jeugdlidmaatschap. Hoeveel jaren hij al niet in aanmerking komt, zegt hij niet. Het enige wat ik weet is dat hij het dolgraag tegen jou wil opnemen en heel Londen is doorgefietst, enkel om de Kampioen van het Zuiden uit te dagen. Hij heeft over je gehoord en nu komt hij je verslaan, zo zeker als David Goliath versloeg.'

'*Zei* hij dat?'

'Wat hij niet zei heb ik zelf verzonnen. Jij bent al veel te lang enkelspelkampioen voor je leeftijd, Nat, net als Goliath. Wil je weten wie zijn mammie en pappie zijn? Hoe hoog zijn hypotheek is? Hoelang hij in de bak heeft gezeten?'

'Goedenavond, Alice. En bedankt.'

'Ik wens jou ook een goedenavond, Nat. En vergeet niet jouw Prue mijn hartelijke groeten over te brengen. En maak je maar geen zorgen om die jongeman. Je verslaat hem wel, net zoals je dat met al die andere snotneuzen doet.'

2

Als dit een officieel persoonlijk dossier was, zou ik beginnen met Eds volledige naam, ouders, datum en plaats van geboorte, beroep, geloof, raciale afkomst, seksuele geaardheid en al die andere essentiële gegevens die niet in de computer van Alice staan. Zoals de zaken nu liggen zal ik beginnen met de mijne.

Mijn doopnaam is Anatoli, later verengelst tot Nathaniel, afgekort Nat. Ik ben een meter achtenzeventig, gladgeschoren, weerbarstig grijzend haar, getrouwd met Prudence, partner voor algemene juridische zaken van menslievende aard bij een gerenommeerd advocatenkantoor in de City van Londen, maar met name voor pro-Deozaken.

Qua lichaamsbouw ben ik slank. Prue noemt het liever *pezig*. Ik ben gek op elke tak van sport. Naast badminton jog ik, loop ik hard en doe ik eenmaal per week aan fitness in een sportzaal die niet toegankelijk is voor het grote publiek. Ik beschik over een *robuuste charme* en de *openhartige persoonlijkheid van een man van de wereld.* Ik ben qua uiterlijk en manier van doen *een Brits archetype*, in staat tot *vloeiend en overtuigend redeneren op de korte termijn. Ik pas me aan de omstandigheden aan* en heb *geen onoverkomelijke morele scrupules.* Ik kan *opvliegend* zijn en ben *genendeels immuun voor vrouwelijk schoon.* Ik ben *van nature niet geschikt voor kantoorwerk of een zittend bestaan,* wat het grootste understatement aller tijden is. Ik kan *koppig* zijn en sta *op gespannen voet met discipline.* Dit kan *zowel een slechte als een goede eigenschap* zijn.

Ik citeer uit de vertrouwelijke personeelsdossiers van mijn voormalige werkgevers aangaande mijn taakuitvoering en algemene uitstraling in de afgelopen vijfentwintig jaar. Je zult ook willen weten dat men erop kan rekenen dat ik zo nodig beschik over *de vereiste meedogenloosheid,* hoewel vereist door wie, en in welke mate, niet wordt vermeld. Daarentegen kan ik ook *heel subtiel zijn* en heb *een open karakter dat vertrouwen inboezemt.*

Op een wat aardser vlak ben ik een Brits onderdaan van gemengde afkomst, enig kind, geboren in Parijs, omdat wijlen mijn vader ten tijde van mijn verwekking een armlastige majoor was bij de Scots Guards die was toegevoegd aan het NAVO-hoofdkantoor in Fontainebleau, en mijn moeder de dochter was van lage Wit-Russische adel die woonachtig was in Parijs. Lees voor *Wit-Russisch* ook een flinke klodder Duits bloed van haar vaders kant, die ze naar willekeur benadrukte of ontkende. De geschiedenis wil dat het paar elkaar voor de eerste maal ontmoette op een receptie gegeven door de laatste telgen van de zelfbenoemde Russische Regering-in-ballingschap, toen mijn moeder zichzelf nog studente kunstgeschiedenis noemde en mijn vader bijna veertig was. Tegen de ochtend waren ze verloofd: zo vertelde mijn moeder het tenminste en gezien haar levenswandel in andere opzichten heb ik weinig reden om aan haar woorden te twijfelen. Na zijn pensionering uit het leger – snel afgedwongen, omdat mijn vader ten tijde van zijn verliefdheid al met een echtgenote en andere huiselijke beslommeringen kampte – vestigden de pasgehuwden zich in de Parijse buitenwijk Neuilly, in een mooi wit huis dat ze van mijn grootouders van moeders kant hadden gekregen en waar ik spoedig daarna geboren werd, zodat mijn moeder weer in staat was andere verzetjes te zoeken.

De statige, alwetende persoon van mijn beminde taallerares, verzorgster en *de facto* gouvernante, Madame Galina, heb ik voor het laatst bewaard. Zij was naar werd beweerd een berooide gravin uit de Wolga-regio in Rusland die familiebanden met de Romanovs had. Hoe zij ooit verzeild raakte in ons twistzieke huishouden blijft een raadsel, maar het lijkt me het waarschijnlijkst dat zij de afgedankte maîtresse was van een oudoom van mijn moeders kant die, nadat hij uit Leningrad, zoals het toen heette, was weggevlucht en zich een tweede fortuin had vergaard als kunsthandelaar, zijn leven wijdde aan het verzamelen van mooie vrouwen.

Madame Galina was minstens vijftig toen ze voor het eerst in ons huishouden opdook, heel mollig, maar met een schalkse glimlach. Ze droeg lange jurken van ruisende, zwarte zijde en maakte haar eigen hoeden, en ze woonde op de twee zolderkamers van ons huis, omringd door alles wat ze aan wereldse goederen bezat: haar grammofoon, haar iconen, een aardedonker schilderij van de Maagd Maria, dat, zo hield ze bij hoog en bij laag vol, van Leonardo da Vinci was, stapels dozen vol oude brieven en foto's van grootouderlijke prinsjes en prinsesjes omringd door honden en bedienden in de sneeuw.

Naast haar zorg voor mijn persoonlijk welbevinden koesterde Madame Galina een grote hartstocht voor talen, waarvan ze er diverse sprak. Ik had nog maar net de grondbeginselen van de Engelse spelling onder de knie of ze hield het Cyrillische schrift al onder mijn neus. Voor het slapengaan lazen wij elke avond hetzelfde kinderverhaaltje, maar elke avond in een andere taal. Op bijeenkomsten van de in Parijs gevestigde snel slinkende groep afstammelingen van Wit-Russen en ballingen uit de Sovjet-Unie, trad ik op als haar veeltalige boegbeeld. Men zegt dat ik Russisch spreek met een Franse intonatie, Frans met een Russische intonatie en wat ik aan Duits beheers met een combinatie van beide. Mijn Engels daarentegen blijft, of ik dat nu wil of niet, dat van mijn vader. Ik heb gehoord dat ik zelfs met zijn Schotse tongval spreek, zij het zonder het alcoholische gebulder waar dat mee gepaard ging.

Toen ik bijna twaalf was overleed mijn vader aan kanker en melancholie en met de hulp van Madame Galina ontfermde ik me over zijn laatste levensbehoeften, omdat mijn moeder zich elders onledig hield met de rijkste van haar aanbidders, een Belgische wapenhandelaar van wie ik niets moest hebben. In de geforceerde driehoek die volgde op mijn vaders verscheiden werd ik als overtollige ballast beschouwd en verscheept naar de Schotse grensgebieden, om in de vakantie te worden ingekwartierd bij een strenge tante van vaders kant en de rest van het jaar op een spartaanse kostschool in de Hooglanden. Ondanks de verwoede pogingen van de school me geen enkele binnenschoolse vaardigheid bij te brengen, kreeg ik toegang tot een universiteit in de Engelse industriële Midlands, waar ik mijn eerste onbeholpen ervaringen had met de vrouwelijke sekse en een derdegraads diploma Slavische Studies wist te behalen.

Ik ben de afgelopen vijfentwintig jaar actief lid van de Britse Geheime Inlichtingendienst, voor ingewijden, het Bureau.

***

Tot op de dag van vandaag lijkt mijn rekrutering onder de geheime vlag voorbeschikt, want ik kan me niet herinneren ooit enige andere bezigheid te hebben overwogen of geambieerd, behalve mogelijk badminton spelen of bergbeklimmen in de Cairngorms. Vanaf het moment dat mijn studiebegeleider op de universiteit me beschroomd onder het genot van een glas warme witte wijn vroeg of ik ooit had overwogen iets 'een beetje clandestiens voor je land' te gaan doen, maakte mijn hart een sprongetje van vreugde en herkenning en keerde mijn geest terug naar een donkere flat in Saint-Germain die Madame Galina en ik tot de dood van mijn vader elke zondag hadden bezocht. Het was daar dat ik voor de eerste maal opgewonden was geraakt van het gegons van antibolsjewistische samenzweringen, wanneer mijn halfneven en -nichten, stiefooms en paniekerige oudtantes gefluisterde boodschappen uitwisselden uit het thuisland waar weinigen ooit een voet hadden gezet – en voordat ze, als ze zich bewust werden van mijn aanwezigheid, van mij geheimhouding gingen eisen, ongeacht of ik het geheim dat ik niet had mogen horen had begrepen of niet. Daar ontwikkelde ik ook mijn fascinatie voor de Russische Beer wiens bloed ik deelde, voor zijn diversiteit, enorme omvang en ondoorgrondelijke optredens.

Een weinig opvallende brief dwarrelt door mijn brievenbus op de mat en deelt mee dat ik me moet melden in een van een zuilengalerij voorzien gebouw vlak bij Buckingham Palace. Vanachter een bureau zo groot als een geschutskoepel vraagt een gepensioneerde admiraal van de Koninklijke Marine me welke sporten ik beoefen. Badminton, vertel ik hem en hij is zichtbaar geroerd.

'Wist je dat ik nog badminton heb gespeeld met jouw dierbare vader in Singapore en dat hij me volledig heeft ingemaakt?'

Nee, admiraal, zeg ik, dat wist ik niet, en ik vraag me af of ik namens mijn vader mijn verontschuldigingen moet aanbieden. We moeten over andere dingen hebben gesproken, maar daar kan ik me niets van herinneren.

'En waar ligt hij *begraven*, die arme vader van je?' informeert hij, als ik opsta om weg te gaan.

'In Parijs, meneer.'

'Ach, mooi. Veel geluk.'

Ik krijg opdracht me te melden in het station van de Bodmin Parkway met een exemplaar van het tijdschrift *The Spectator* van vorige maand onder mijn arm. Ik stel vast dat alle niet verkochte exemplaren van het tijdschrift zijn terugbezorgd bij de groothandelaar, en steel er een uit de plaatselijke bibliotheek. Een man met een groene deukhoed vraagt me wanneer de volgende trein naar Camborne vertrekt. Ik antwoord dat ik hem dat niet kan zeggen omdat ik op weg ben naar Didcot. Ik volg hem op een afstand naar het parkeerterrein, waar een witte bestelbus staat te wachten. Na drie dagen ondoorgrondelijke ondervragingen en hoogdravende diners, waar mijn sociale vaardigheden op de proef worden gesteld en waar wordt gekeken hoe goed ik tegen drank kan, word ik ontboden voor de verzamelde commissie.

'En *dus*, Nat,' zegt een dame met grijs haar, die aan het midden van de tafel zit. 'Is er, nu we je alles over jezelf hebben gevraagd, iets wat je voor de verandering aan *ons* zou willen vragen?'

'Tja, nu u het zegt, dat is er inderdaad,' antwoord ik, na daar eerst demonstratief diep over te hebben nagedacht. 'U hebt me gevraagd of u kunt rekenen op mijn loyaliteit, maar kan ik ook rekenen op de *uwe*?'

Ze glimlacht en even later zit iedereen aan tafel met haar mee te glimlachen: dezelfde droevige, schrandere, ingetogen glimlach die binnen de Dienst zo ongeveer het summum van goedkeuring behelst.

Welbespraakt onder druk. Latente agressie goed. Aanbevolen.

***

In dezelfde maand dat ik mijn basistrainingscursus in de duistere kunsten voltooide, had ik het geluk Prudence, mijn toekomstige vrouw, tegen te komen. Onze eerste ontmoeting was weinig veelbelovend. Na de dood van mijn vader was er een regiment skeletten uit de familiekast losgebroken. Halfbroers en halfzusters van wie ik nooit had gehoord maakten aanspraak op een nalatenschap waarover de laatste veertien jaar al was geruzied en geprocedeerd en die uiteindelijk was kaalgeplukt door haar Schotse beheerders. Een vriend raadde een advocatenkantoor in de City aan. Na vijf minuten naar mijn klaagzang te hebben geluisterd drukte de oudste firmant op een belletje.

'Een van onze allerbeste jonge advocaten,' verzekerde hij me.

De deur ging open en een vrouw van mijn leeftijd stapte naar binnen. Ze droeg een intimiderend zwart mantelpak van het soort dat de juristerij graag draagt, een schoolfrikkenbrilletje en zware zwarte legerlaarzen aan heel kleine voeten. We gaven elkaar een hand. Zij gunde mij geen tweede blik waardig. Op het gedreun van haar laarzen ging ze me voor naar een hokje met Mw P. Stoneway, kandidaat in de rechten, op het matglas.

We zitten tegenover elkaar en ze stopt haar kastanjebruine haar strak achter haar oren en haalt uit een lade een grote gele blocnote tevoorschijn.

'Uw beroep? vraagt ze op strenge toon.

'Medewerker van Hare Majesteits Buitenlandse Dienst,' antwoord ik, en om de een of andere onnaspeurbare reden bloos ik.

Daarna herinner ik me nog het beste haar kaarsrechte rug en wilskrachtige kin en een verdwaalde zonnestraal die danst over de kleine haartjes op haar wang, terwijl ik het ene miserabele detail na het andere van onze familiesaga opdis.

'Mag ik je Nat noemen?' vraagt ze aan het einde van onze eerste sessie.

Dat mag ze.

'De meeste mensen noemen mij *Prue*,' zegt ze, en we

maken een afspraak voor over twee weken, waarop ze me, met dezelfde onbewogen stem de resultaten van haar naspeuringen voorlegt:

'Nat, ik moet je erop wijzen dat, als al de betwiste bezittingen in jouw vaders nalatenschap morgen in jouw schoot werden geworpen er nog niet eens voldoende pecunia over zou zijn om het honorarium van mijn firma te betalen, laat staan dat daarmee de uitstaande vorderingen tegen jou zouden kunnen worden betaald. *'Echter,'* vervolgt ze, voordat ik de kans krijg om haar te verzekeren dat ik haar in dat geval niet verder lastig zal vallen, 'er bestaat binnen onze firma wel een voorziening voor de behandeling van minvermogende en legitieme zaken op pro-Deobasis. En tot mijn genoegen kan ik je mededelen dat jouw zaak beoordeeld is als behorende tot die categorie.'

Ze heeft nog een afspraak over een week nodig, maar die moet ik helaas uitstellen. Een Letse spion moet worden geïnfiltreerd in een geheim seinstation van het Rode Leger in Wit-Rusland. Na mijn terugkeer naar de Britse kust bel ik Prue en nodig haar uit voor een etentje, maar ik word er kortaf op gewezen dat het beleid van haar kantoor is dat relaties met cliënten op strikt onpersoonlijke basis dienen te blijven. Zij kan mij echter tot haar genoegen wel vertellen dat ten gevolge van de bemiddeling van haar kantoor alle claims tegen mij zijn ingetrokken. Ik bedank haar uitbundig en vraag haar of in dat geval de weg vrij is voor een etentje met mij. En dat is zo.

We gaan naar Bianchi's. Ze draagt een laag uitgesneden zomerjurk, haar haar is van achter haar oren tevoorschijn gekomen en elke man en vrouw in de eetzaal staart haar aan. Ik besef al snel dat mijn gebruikelijke gebabbel niet in de smaak valt. We zijn nauwelijks aan het hoofdgerecht toe of ik word vergast op een college over de kloof tussen recht en rechtvaardigheid. Als de rekening wordt gepresenteerd ontfermt zij zich daarover, berekent haar helft tot op de laatste stuiver nauwkeurig, telt er tien procent aan fooi bij op en betaalt me in contanten vanuit haar handtas. Ik zeg haar met gespeelde verontwaardiging dat ik nooit eerder een dergelijke schaamteloze integriteit ben tegengekomen en ze valt bijna van haar stoel van het lachen.

Zes maanden later vraag ik haar, met toestemming vooraf van mijn werkgevers, of ze wil overwegen met een spion te trouwen. Dat wil ze. Nu is het de beurt aan de Dienst om haar mee uit eten te nemen. Twee weken later deelt ze me mee dat ze heeft besloten haar juridische carrière in de wacht te zetten en deel te nemen aan de trainingscursus van het Bureau, voor eega's die binnenkort in vijandige omgevingen zullen worden gestationeerd. Ze vindt dat ik goed moet weten dat ze deze beslissing uit vrije wil heeft genomen en niet uit liefde voor mij. Ze had in dubio gestaan, maar haar verantwoordelijkheidsgevoel ten opzichte van haar vaderland had de doorslag gegeven.

Ze slaagt met vlag en wimpel voor de cursus. Een week later word ik gestationeerd op de Britse ambassade in Moskou als Tweede Handelsattaché, vergezeld door mijn vrouw Prudence. Uiteindelijk zou Moskou de enige detachering zijn die wij deelden. Dat lag niet aan Prue. Daar kom ik later nog op terug.

Meer dan twee decennia heb ik, eerst met Prue, en vervolgens zonder haar, mijn Koningin onder een diplomatieke of consulaire dekmantel gediend in Moskou, Praag, Boekarest, Boedapest, Tblisi, Triëst, Helsinki en meest recentelijk in Tallinn, waar ik geheim agenten van alle soorten en maten heb gerekruteerd en begeleid. Ik ben nooit uitgenodigd mij met de politieke kant van de zaak in te laten en daar ben ik blij om. De geboren spionnenmeester is zijn eigen baas. Hij kan zijn orders ontvangen uit Londen, maar in het veld is hij de baas over zijn eigen lot en dat van zijn spionnen. En als zijn actieve jaren erop zitten, dan zullen er weinig vacatures liggen te wachten op een ambachtelijke spion van achter in de veertig die een pesthekel heeft aan kantoorwerk en het curriculum vitae heeft van een diplomaat uit het middenkader die nooit hogerop is gekomen.

***

Kerstmis komt naderbij. Mijn uur U is aangebroken. Diep in de catacomben van het Hoofdbureau van mijn Dienst aan de Theems word ik naar een kleine bedompte spreekkamer gebracht waar ik word ontvangen door een glimlachende, intelligente vrouw van onbestemde leeftijd. Zij is Moira van Personeelszaken. Er is altijd iets licht buitenaards aan de Moira's van de Dienst. Ze weten meer van je dan jijzelf weet maar ze vertellen niet wat het is, of wat ze ervan vinden.

'Zeg, die *Prue* van jou,' vraagt Moira opgewekt. 'Heeft ze de recente fusie van haar advocatenkantoor overleefd? Het moet wel heel vervelend voor haar zijn geweest, dat kan niet anders.'

Nee hoor, Moira, het was in het geheel niet vervelend, en mijn gelukwensen dat je je huiswerk zo goed hebt gemaakt. Ik had niet anders verwacht.

'En gaat het *goed* met haar? Gaat het goed met jullie *allebei*?' – op een toon van bezorgdheid waarop ik niet wil reageren. 'Nu je veilig *thuis* bent.'

'Absoluut uitstekend, Moira. Heel gelukkig herenigd, dank je.'

En lees me nu alsjeblieft mijn doodvonnis maar voor en laten we hier een punt achter zetten. Maar Moira heeft zo haar methodes. De volgende op haar lijst is onze dochter Stephanie.

'En geen *groeistuipjes* meer, neem ik aan, nu ze veilig op de universiteit zit?'

'Geen enkele, Moira, dank je. Haar studiebegeleiders

spreken vol lof over haar,' antwoord ik.

Maar het enige wat ik denk is: en zeg me nu maar dat er een donderdagavond is gekozen voor mijn afscheidspartijtje omdat iedereen zoiets liever niet op vrijdag heeft, en zou ik het erg vinden om me met mijn kop koude koffie drie deuren verderop in de gang te vervoegen bij de afdeling Reallocatie, die mij verleidelijke carrièremogelijkheden gaat bieden in de wapenindustrie, als onderaannemer in de particuliere sector of andere geschikte aflegplekken voor oude spionnen zoals de National Trust, de Automobile Association en privéscholen op zoek naar een assistent-thesauriers. Daarom komt het als een verrassing voor mij wanneer ze stralend aankondigt:

'Nou, we hebben momenteel één vacature voor je, Nat, aangenomen dat je daar voor in bent.'

Er voor in bent? Moira, niemand kan daar meer voor in zijn dan ik. Maar ik sta er wel een beetje argwanend tegenover, want ik denk dat ik weet wat je mij gaat bieden: en die argwaan slaat om in zekerheid wanneer ze een clichématige toespraak begint af te steken over de huidige Russische dreiging.

'Ik hoef jou niet te vertellen dat de Moskouse Centrale ons in Londen absoluut *het vuur* uit de sloffen laat lopen, net als overal elders, Nat.'

Nee, Moira, dat hoef je me niet te vertellen. Ik zeg dat al jaren tegen het Hoofdbureau.

'Ze zijn gemener dan ooit, brutaler, bemoeizuchtiger en met meer. Zou je zeggen dat dat de stand van zaken adequaat weergeeft?'

Dat zou ik, Moira, dat zou ik inderdaad. Lees mijn laatste reisverslag uit zonnig Estland.

'En vanaf het moment dat we hun *legale* spionnen massaal het land uit hebben geschopt' – waarmee ze doelt op spionnen onder een diplomatieke dekmantel, mijn soort dus – 'hebben ze onze kusten overspoeld met *illegalen,*' vervolgt ze verontwaardigd, 'die, dat zul je vast wel met me eens zijn, de lastigste van de soort zijn én het moeilijkste zijn uit te roeien. Je hebt een vraag.'

Laat ik een poging wagen. Niet geschoten altijd mis. Niets te verliezen.

'Nou, voordat je verdergaat, Moira.'

'Ja?'

'Ik bedenk zojuist dat er misschien wel een plekje voor mij is op de Afdeling Rusland. Ze hebben een voltallige eenheid van hoogopgeleide, jonge pennenlikkers, *dat* weten we allemaal. Maar wat dacht je van een ervaren regionale brandweerman, een doorgewinterde, vloeiend Russisch sprekende kracht zoals ik, die in een handomdraai overal naartoe kan vliegen en de eerste hap kan nemen van elke potentiële Russische overloper of spion die op een standplaats opduikt waar niemand zelfs maar één woord van de taal machtig is?'

Moira is al bezig haar hoofd te schudden.

'Het zit er niet in, vrees ik, Nat. Ik heb het met Bryn over je gehad. Nee, nee en nog eens nee, zegt hij.'

Er is slechts één Bryn op het Bureau: Bryn Sykes-Jordan, voluit, afgekort tot Bryn Jordan in het dagelijks gebruik, levenslang heerser over de Afdeling Rusland en ooit hoofd van de standplaats Moskou toen ik daar was gestationeerd.

'*Waarom* zit dat er niet in?' dring ik aan.

'Je weet heel goed waarom. Omdat de gemiddelde leeftijd op de Afdeling Rusland drieëndertig is, zelfs als je Bryn meetelt. De meesten hebben een graad in de filosofie, ze hebben *allemaal* een *heldere geest,* ze hebben *allemaal* uitstekende computervaardigheden. Hoe volmaakt jij in alle opzichten ook mag zijn, aan die eisen voldoe jij niet helemaal. Zo is het toch, Nat?'

'En Bryn is niet toevallig in de buurt?' vraag ik, in een laatste wanhopige smeekbede.

'Bryn Jordan zit, op dit eigenste moment, helemaal ingegraven in Washington D.C. en doet wat alleen Bryn kan doen om onze moeizame bijzondere relatie met president Trumps inlichtingengemeenschap na de Brexit te redden, en mag *in geen geval* worden gestoord, alsjeblieft niet, zelfs niet door jou, aan wie hij zijn hartelijke groeten en innige deelneming laat overbrengen. Duidelijk?'

'Duidelijk.'

'Maar,' vervolgt ze terwijl haar gezicht opklaart, 'er is één vacature waarvoor jij wél uitstekend gekwalificeerd bent. *Over*gekwalificeerd zelfs.'

Daar gaan we. Het gruwelijke aanbod dat ik al vanaf het begin heb zien aankomen.

'Sorry, Moira,' val ik haar in de reden. 'Als het de Trainingssectie is dan hang ik mijn lier aan de wilgen. Heel aardig van je, heel attent, en van die dingen.'

Ik schijn haar te hebben beledigd, dus ik zeg nogmaals sorry en geen woord ten nadele van de uitstekende hoogstaande mannen en vrouwen van de Trainingssectie, maar het is nog steeds dankjewel maar toch liever niet, waarna haar gezicht zich plooit in een onverwacht warme, zij het enigszins medelijdende glimlach.

'*Geen* Trainingssectie, om je de waarheid te zeggen, Nat, hoewel ik zeker weet dat je daar heel goed op je plaats zou zijn. Dom wil graag even met je praten. Of moet ik tegen hem zeggen dat jij je lier aan de wilgen hangt?'

'Dom?'

'Dominic Trench, ons recentelijk benoemde hoofd van London General. Ooit jouw hoofd van standplaats Boedapest. Hij zegt dat jullie twee handen op één buik waren. Ik weet zeker dat jullie dat weer zullen zijn. Waarom kijk je me zo aan?'

'Wil je me nu serieus vertellen dat Dom Trench hoofd is van London General?'

'Ik zou niet weten waarom ik tegen jou zou *liegen*, Nat.'

'Wanneer is dat gebeurd?'

'Een maand geleden. Toen jij onder zeil was in Tallinn

en onze nieuwsbulletins niet las. Dom verwacht je morgenochtend stipt om tien uur. Neem contact met Viv op om de afspraak te bevestigen.'

'Viv?'

'Zijn assistente.'

'Natuurlijk.'

3

'*Nat!* Wat zie je er fantastisch uit! De zeeman terug van de woelige baren. Zo fit als een hoentje en half zo oud als je bent!' roept Dominic Trench, terwijl hij opstaat vanachter zijn directeursbureau en mijn rechterhand tussen zijn beide handen vastgrijpt. 'Veel gezwoegd in de sportschool, dat kan niet anders. Alles goed met Prue?'

'Topfit, Dom, dank je. Rachel?'

'Geweldig. Ik ben de gelukkigste man op aarde. Jullie moeten haar ontmoeten, Nat. Jij en Prue. Dan doen we een etentje, met z'n vieren. Jullie zullen dol op haar zijn.'

Rachel. *Peeress of the Realm*, lid van het Hogerhuis, invloedrijk binnen de Tory Partij, tweede echtgenote, pas sinds kort getrouwd.

'En de kinderen? vraag ik voorzichtig. Hij had er twee bij zijn aardige eerste vrouw.

'Grandioos. Sarah doet het geweldig op South Hampstead. Oxford gloort aan de horizon.'

'En Sammy?'

'Schemertijd. Maar daar komt hij binnenkort wel uit

en dan gaat hij zijn zusje achterna.'

'En Tabby, als ik zo vrij mag zijn?' Tabitha, zijn eerste vrouw en, tegen de tijd dat ze uit elkaar gingen, een neurotisch wrak.

'Doet haar best. Geen nieuwe man in zicht voor zover we weten maar we blijven hopen.'

Ik heb zo'n vermoeden dat er in ieders leven wel ergens een Dom aanwezig is: de man – het lijkt altijd een man te moeten zijn – die je apart neemt, je benoemt tot zijn enige vriend op aarde, je overspoelt met details uit zijn privéleven die je liever niet zou weten, smeekt om je goede raad, die je hem niet geeft doch die hij zweert op te volgen, en die de volgende ochtend doet alsof je nooit hebt bestaan. Vijf jaar geleden in Boedapest was hij net dertig, en nu is hij nog steeds net dertig: hetzelfde aantrekkelijke uiterlijk van een croupier, gestreept overhemd, gele bretels die meer passen bij een vijfentwintigjarige, witte manchetten, gouden manchetknopen en een glimlach voor alle gelegenheden; dezelfde ongelooflijk irritante gewoonte zijn vingertoppen tegen elkaar te drukken tot een huwelijksboog, en je daarboven achteroverleunend en wereldwijs glimlachend aan te kijken.

***

'Nou, gefeliciteerd, Dom,' zeg ik, met een gebaar naar de directiefauteuils en de keramische koffietafel die het Bureau beschikbaar stelt voor personeel op niveau drie en hoger.

'Dank je, Nat. Bijzonder vriendelijk van je. Het kwam een beetje als een verrassing, maar wanneer wij geroepen worden dan komen wij. Kopje koffie wellicht? Thee?'

'Koffie, graag.'

'Melk? Suiker? De melk is soj, moet ik erbij zeggen.'

'Gewoon zwart, dank je, Dom. Geen soj.'

Bedoelt hij *soja*? Is *soj* de versie van de modieuze man tegenwoordig? Hij steekt zijn hoofd om de hoek van de gespikkelde glazen deur, houdt een soort vrolijk toneeldialoogje met Viv en gaat weer zitten.

'En heeft London General nog steeds dezelfde taken als vroeger?' informeer ik luchtig, terwijl ik me herinner dat Bryn Jordan het binnen mijn gehoorsafstand ooit had beschreven als het asiel voor zoekgeraakte honden van het Bureau.

'Inderdaad, Nat. Inderdaad. Dezelfde.'

'Dus alle in Londen gevestigde bijkantoren staan in principe onder jouw commando.'

'Dat geldt voor het gehele koninkrijk. Niet alleen Londen. Heel Groot-Brittannië. Met uitzondering van Noord-Ierland. En nog altijd volkomen autonoom, kan ik er tot mijn genoegen aan toevoegen.'

'Op papier autonoom? Of ook operationeel?'

'In welk opzicht, Nat?'– naar mij fronsend alsof ik buiten mijn boekje ga.

'Kun jij, in je functie van hoofd van London General, op eigen houtje beslissen over je eigen operaties?'

'Dat is niet helemaal duidelijk, Nat. Vanaf nu moet elke operatie die door een bijkantoor wordt voorgesteld in theorie worden goedgekeurd door het betreffende regionale departement. Ik verzet me daartegen, als het ware op dit eigenste moment.'

Hij glimlacht. Ik glimlach. Wij zijn het eens. In gesynchroniseerde bewegingen nippen we van onze koffie zonder soj en zetten onze kopjes terug op hun schoteltjes. Staat hij op het punt enige ongewenste intimiteiten over zijn kersverse echtgenote prijs te geven? Of om me uit te leggen waarom ik hier ben? Nog niet, blijkbaar. Eerst moeten we nog wat napraten over de goede ouwe tijd: spionnen die wij deelden, ik als hun begeleider, Dom als mijn nutteloze supervisor. Als eerste op zijn lijst staat Polonius, laatstelijk van het Shakespeare-netwerk.

Een paar maanden geleden had ik, omdat ik een klusje voor het Bureau moest opknappen in Lissabon, de oude Polonius opgezocht in de Algarve in een hol klinkende nieuwbouwwoning naast een verlaten golfbaan, die we voor hem hadden gekocht als onderdeel van zijn nieuwe bestaansregeling.

'Maakt het goed, Dom, dank je,' zeg ik enthousiast. 'Geen problemen met zijn nieuwe identiteit. Is over de dood van zijn vrouw heen. Hij redt zich eigenlijk wel goed. Ja.'

'Ik hoor een *maar* in je stem, Nat,' zegt hij verwijtend.

'Nou ja, we hebben hem een Brits paspoort beloofd, is het niet, Dom, als je je dat nog herinnert. Dat schijnt na jouw terugkeer naar Londen zoek te zijn geraakt tussen het wasgoed.'

'Ik zal het meteen nader bekijken' – en een aantekening voor zichzelf met ballpoint om het te bewijzen.

'Hij is ook een tikkeltje overstuur omdat we zijn dochter niet Oxford of Cambridge konden binnenloodsen. Hij heeft het gevoel dat er alleen een duwtje van ons voor nodig was geweest en dat wij dat duwtje niet hebben gegeven. Of jij niet, eigenlijk. Zo ziet hij het.'

Dom doet niet aan schuldgevoelens. Hij doet aan verongelijkt of hij doet alsof zijn neus bloedt. Hij kiest voor verongelijkt.

'Dat komt doordat ze daar *colleges* hebben, Nat,' klaagt hij vermoeid. 'Iedereen denkt dat die oude universiteiten een *eenheid* vormen. Dat is niet zo. Je moet van het ene *college* naar het andere, met de hoed in de hand. Ik zal erachteraan gaan' – opnieuw een aantekening met de ballpoint.

De tweede op zijn lijst met onderwerpen is Delilah, een kleurrijk Hongaars vrouwelijk parlementslid van in de zeventig dat de Russische roebel accepteerde en toen besloot dat ze liever het Britse pond wilde voordat het instortte.

'Delilah is in topvorm, Dom, dank je, geweldig gewoon. Een beetje gebelgd toen ze erachter kwam dat mijn opvolger een vrouw was. Ze zei dat ze, zolang ik haar begeleidde, kon dromen dat liefde nabij was.'

Hij reageert met een grijns en een schouderophalen op Delilah en haar talrijke minnaars, maar kan er verder niet om lachen. Slokje koffie. Kopje terug naar het schoteltje.

'*Nat,'* – op klaaglijke toon.

'Dom.'

'Ik had echt gedacht dat dit een flitslichtmoment voor jou zou zijn.'

'En waarom dat dan, Dom?'

'Krijg nou wat! Ik bied jou een gouden kans om een hier in Londen gevestigde Russische buitenpost die al veel te lang in de schaduw heeft gestaan in je dooie eentje te verbouwen. Met jouw expertise lukt jou dat in – wat? – zes maanden max? Het is creatief, het is operationeel, het is jou op het lijf geschreven. Wat kun je nog meer verlangen op jouw leeftijd?'

'Ik ben bang dat ik je niet kan volgen, Dom.'

'O nee?'

'Nee. Ik begrijp niet wat je bedoelt.'

'Wil je beweren dat ze het je niet hebben *verteld?*'

'Ze zeiden dat ik met jou moest praten. Ik praat met je. Verder zijn we niet gekomen.'

'Ben je hier *blind* binnen komen wandelen? Jezus *christus.* Soms vraag ik me af waar die klojo's van Personeelszaken mee bezig denken te zijn. Heb je met Moira gesproken?'

'Misschien vond ze dat ik het beter van jou kon horen, Dom, wat het ook moge zijn. Ik meen dat je het had over een Russische buitenpost hier in Londen die te lang in de schaduw heeft gestaan. Er is er maar één die ik ken en dat is de Haven. Dat is *geen* buitenpost, maar een op sterven na dood bijkantoor onder de vleugels van Londen

General en het is een vuilnisbelt voor elders ondergebrachte overlopers van nul en generlei waarde en aan lager wal geraakte vijfderangsinformanten. Het laatste dat ik erover heb gehoord is dat Financiën op het punt stond de tent op te doeken. Dat zijn ze zeker vergeten. Is dat in alle ernst wat jij me te bieden hebt?'

'De Haven is *geen* vuilnisbelt, Nat – verre, verre van dat. Niet zolang ik hier zit. Er zitten wel een paar medewerkers die op hun laatste benen lopen, dat geef ik toe. En bronnen die nog altijd hun potentieel moeten realiseren. Maar er zit ook eersteklas materiaal voor de man of de vrouw die weet waar hij of zij het zoeken moet. *En* natuurlijk' – alsof het hem zojuist te binnen schiet – 'zijn er kansen te over voor iedereen die in de Haven zijn sporen verdient om in aanmerking te komen voor promotie naar de Afdeling Rusland.'

'Is dat dan toevallig iets wat je voor jezelf ambieert, Dom?' vraag ik.

'Wat, ouwe jongen?'

'Een promotie naar de Afdeling Rusland. Met de Haven als springplank.'

Hij fronst zijn wenkbrauwen en tuit zijn lippen afkeurend. Als Dom iets is dan is het wel doorzichtig. De Afdeling Rusland, bij voorkeur als hoofd ervan, is zijn grote droom. Niet omdat het bekend terrein voor hem is, of omdat hij over de benodigde ervaring beschikt of omdat hij Russisch spreekt. Want daar is allemaal geen sprake van. Hij is een zijintreder uit de City die er bij is gehaald is om redenen die, naar ik vermoed, zelfs hem een raadsel zijn, en zonder enige kwaliteiten of ervaring op taalgebied.

'Want als dat je voor ogen staat, Dom, dan zou ik graag dezelfde reis maken met jou, als je dat niet erg vindt,' vervolg ik schertsend of speels of boos, dat weet ik ook niet precies. 'Of was je van plan de etiketten van mijn rapporten te scheuren en de jouwe erop te plakken, zoals je dat in Boedapest ook hebt gedaan? Ik vraag het maar even, Dom.'

Dom denkt erover na, wat betekent dat hij me eerst boven zijn tegen elkaar gedrukte vingertoppen aankijkt, dan zijn blik op oneindig richt en vervolgens weer op mij om zich ervan te verzekeren dat ik er nog steeds ben.

'Dit is wat ik jou aanbied, Nat, *take it or leave it.* In mijn positie als hoofd van London General, bied ik jou officieel de gelegenheid Giles Wackford op te volgen als hoofd van bijkantoor de Haven. Zolang jij op tijdelijke basis bij mij in dienst bent, heb ik het voor het zeggen. Je neemt met onmiddellijke ingang de geheim agenten van Giles én het beheer over zijn standplaats over. En ook zijn vaste onkostenvergoeding of wat daarvan over is. Ik raad je aan die kans vliegensvlug met beide handen te grijpen en de rest van je klein verlof in een later stadium op te nemen. Wat wil je vragen?'

'Daar zie ik weinig heil in, Dom.'

'En waarom, als ik zo vrij mag zijn?'.

'Ik zal dit allemaal eerst met Prue moeten bespreken.'

'En als jij en Prue het hebben besproken?'

'Onze dochter Stephanie wordt binnenkort negentien. Ik heb haar en Prue een weekje skiën beloofd voordat ze terugkeert naar Bristol.'

Hij buigt zich naar voren en kijkt met theatraal gefronste wenkbrauwen naar een kalender aan de muur.

'En wanneer is dat?'

'Ze zit in haar tweede semester.'

'Ik bedoel wanneer je op vakantie gaat.'

'Zaterdagochtend om vijf uur vertrekken we van vliegveld Stansted, mocht je overwegen mee te gaan.'

'Aangenomen dat jij en Prue de zaken dan hebben doorgesproken en tot een bevredigende conclusie zijn gekomen, denk ik dat ik Giles er wel toe kan overhalen tot maandag over een week in de Haven op de winkel te passen, als hij dan inmiddels niet van zijn stokje is gegaan.

Zou jou dat blij stemmen of juist niet?'

Goede vraag. Zou mij dat blij stemmen? Ik zou binnen het Bureau werken, ik zou me bezighouden met de Russische problematiek, ook al zou ik moeten leven van de kruimels die van Doms tafel vallen.

Maar zou het Prue blij stemmen?

***

De Prue van vandaag is niet de toegewijde Bureau-eega van meer dan twintig jaar geleden. Even opofferingsgezind, ja, en even onkreukbaar. En je kunt nog evenveel plezier met haar hebben als ze zich laat gaan. En ze is nog even vastbesloten als immer om de hele wereld van dienst te zijn, alleen nooit meer in een geheime hoedanigheid. De indrukwekkende jonge advocate die cursussen contraspionage, veiligheidssignalen en het vullen en leeghalen van geheime postbussen had gevolgd, was inderdaad met mij meegegaan naar Moskou. Veertien veeleisende maanden hadden wij de voortdurende stress gedeeld van de wetenschap dat onze meest intieme gesprekken werden afgeluisterd, bespied en geanalyseerd op zoek naar elk teken van menselijke zwakheid of schending van de veiligheidsvoorschriften met zich meebracht. Onder de indrukwekkende leiding van het hoofd van onze standplaats – dezelfde Bryn Jordan die nu in zorgelijk conclaaf gedoken zat met onze partners van de Amerikaanse inlichtingendienst in Washington – had zij de hoofdrol gespeeld in gekunstelde toneelstukjes voor man en vrouw die waren geschreven om de luistervinken van de oppositie een rad voor ogen te draaien.

Maar het was tijdens onze tweede achtereenvolgende verblijf in Moskou dat Prue ontdekte dat ze zwanger was, en mét haar zwangerschap kreeg ze ineens schoon genoeg van het Bureau en de werkzaamheden ervoor. Een leven van bedrog sprak haar niet langer aan, als het dat al ooit had gedaan. En een buitenlandse geboorteplaats voor ons kind vond ze ook al niks. We keerden terug naar Engeland. Misschien denkt ze er anders over als de baby er eenmaal is, hield ik mezelf voor. Maar dan kende ik Prue nog niet. Op de dag dat Stephanie werd geboren, bezweek Prues vader aan een hartaanval. Van zijn nalatenschap dokte ze handje contantje voor een victoriaans huis in Battersea met een grote tuin en een appelboom. Als ze een vlaggenstok in de grond had gestoken en 'Hier blijf ik' had gezegd, had ze haar voornemens niet duidelijker kunnen maken. Onze dochter Steff, zoals we haar al snel noemden, zou nooit het soort diplomatiek wicht worden waarvan we er al te veel hadden gezien, overladen met kinderjuffen en van het ene land naar het andere en van de ene school naar de andere verkast in het kielzog van hun moeders en vaders. Zij zou haar natuurlijke plaats in de maatschappij innemen, naar openbare scholen gaan en nooit ofte nimmer naar particuliere of kostscholen.

En wat zou Prue zelf doen met de rest van haar leven? Zij zou de draad oppakken waar ze die had losgelaten. Ze zou een mensenrechtenadvocaat worden, een juridische verdedigster van de onderdrukten. Maar haar beslissing betekende niet dat we plotseling uit elkaar gingen. Ze begreep mijn liefde voor Koningin, Vaderland en de Dienst. Ik begreep haar liefde voor de wet en de mensenrechten. Ze had zich volledig aan de Dienst gegeven, en meer kon ze niet geven. Vanaf de prilste dagen van ons huwelijk was ze nooit het soort vrouw geweest dat zich verheugt op de door het Hoofd georganiseerde kerstfeestjes of op de begrafenissen van eerbiedwaardige leden of op de welkomstpartijtjes voor collega's in spe met hun aanhang. En ikzelf was ook nooit in de wieg gelegd voor samenkomsten met Prues radicaal georiënteerde juridische collega's.

Maar geen van ons beiden kon hebben voorzien dat, toen het postcommunistische Rusland zich, tegen alle hoop en verwachtingen in, ontwikkelde tot een duidelijk aanwezige bedreiging van de liberale democratie tot in alle uithoeken van de aarde, de ene buitenlandse standplaats na de andere zou volgen en ik *de facto* een afwezige echtgenoot en vader zou worden.

Maar nu was ik dan terug van de woelige baren, zoals Dom zo vriendelijk had opgemerkt. Het was voor geen van ons beiden gemakkelijk geweest, vooral niet voor Prue, en ze had alle reden te hopen dat ik voorgoed terug aan land was en op zoek naar een nieuw leven in wat zij, een beetje te vaak, de echte wereld noemde. Een voormalige collega van mij had een buitensportcentrum voor minderbedeelde kinderen in Birmingham geopend en bezwoer dat hij nog nooit zo gelukkig was geweest. Had ik niet ooit eens gezegd dat ik zoiets ook wel zou willen?

4

De rest van de week die voorafging aan ons extreem vroege vertrek vanaf Stansted deed ik om de harmonie binnen het gezin te bewaren alsof ik lang moest nadenken over de vraag of ik de *tamelijk saaie baan* zou accepteren die me door het Bureau was aangeboden of dat ik de nieuwe start zou maken die Prue al zo lang had bepleit. Ze wachtte geduldig af. Steff beweerde dat het haar worst zou wezen. Voor haar was ik gewoon een middenkaderbureaucraat die het nooit zo ver zou schoppen, ongeacht wat ik deed. Ze hield van me, maar ze keek wel een beetje op me neer.

'Laten we eerlijk zijn, beste man, ze gaan ons niet benoemen tot ambassadeur in Beijing of in de adelstand verheffen, toch?' bracht ze me opgeruimd in herinnering toen de kwestie tijdens de avondmaaltijd ter sprake kwam. Zoals gewoonlijk pikte ik het. Zolang ik een diplomaat in het buitenland was had ik tenminste status. Terug in het moederland maakte ik deel uit van de grijze massa.

Pas tijdens onze tweede avond in de bergen, toen Steff aan het stappen was met een stelletje Italiaanse jongeren die bij ons in het hotel logeerden en Prue en ik in alle rust bij restaurant Marcel genoten van kaasfondue en een paar glaasjes kirsch, voelde ik de aandrang Prue de waarheid op te biechten over mijn baan bij het Bureau – de hele waarheid – zonder er omheen te draaien zoals ik van plan was geweest, niet weer een dekmantel om me onder te verschuilen, maar om het haar zonder omhaal, recht uit het hart, te vertellen, wat wel het minste was waar ze recht op had na alles wat ik haar de afgelopen jaren had aangedaan. Uit haar houding van stille berusting maakte ik op dat ze al op haar klompen had aangevoeld dat ik nog lang niet rijp was voor het opzetten van die club voor minderbedeelde kinderen.

'Het is een van die verwaarloosde bijkantoren in Londen dat al sinds de gloriedagen van de Koude Oorlog op zijn lauweren rust en niets oplevert wat de moeite waard is. Het is een Mickey Mouse-kantoortje, lichtjaren verwijderd van het echte werk, en het wordt mijn taak om de boel daar weer in het gareel te krijgen of zo snel mogelijk ten grave te dragen,' zeg ik grimmig.

Bij Prue weet ik, op die zeldzame momenten dat we op ontspannen toon over het Bureau spreken, nooit of ik met de stroom mee of tegen de stroom in zwem, dus heb ik de neiging allebei een beetje te doen.

'Ik dacht dat je altijd zei dat je niet de baas wilde spelen,' brengt ze er luchtig tegenin. 'Je wilde liever tweede man zijn, zonder financiële rompslomp en zonder anderen op de kop te hoeven zitten.'

'Ach, dit is niet echt de *baas* spelen, Prue,' verzeker ik haar omzichtig. 'Ik blijf nog steeds tweede man.'

'Nou, dan is er toch geen vuiltje aan de lucht, hè?' zegt ze, opgelucht. 'Dan heb je Bryn om je op het rechte pad te houden. Je hebt Bryn altijd bewonderd. Dat hebben we allebei' – waarmee ze ruimhartig haar eigen scrupules opzijzet.

We kijken elkaar met een nostalgische glimlach aan terwijl we terugdenken aan onze kortstondige wittebroodsweken als spionnen in Moskou, met chef Bryn als onze immer waakzame gids en mentor.

'Nou ja, ik val niet *rechtstreeks* onder Bryn, Prue. Bryn is tegenwoordig de tsaar aller Russen. Een bijkantoortje als de Haven is een tikkeltje beneden zijn salarisschaal.'

'Maar wie is dan de gelukkige aan wie jij verantwoording zult afleggen?' vraagt ze.

Dit is niet langer het soort volledige bekentenis dat ik in gedachten had. Prue kan Dom niet luchten of zien. Ze ontmoette hem toen ze samen met Steff bij mij in Boedapest op bezoek was, wierp één vluchtige blik op Doms radeloze vrouw en kinderen en wist genoeg.

'Tja, formeel ga ik vallen onder wat tegenwoordig *London General* heet,' legde ik uit. 'Maar als het om iets *echt* belangrijks gaat, druppelt het natuurlijk langs de piramide omhoog naar Bryn. Het is alleen voor zolang ze me kunnen gebruiken, Prue. Geen dag langer,' voeg ik er bij wijze van troost aan toe, hoewel we geen van beiden weten wie van ons ik nu eigenlijk aan het troosten ben.

Ze prikt een vorkje kaasfondue, neemt een slokje wijn, een slokje kirsch en strekt, aldus gesterkt, haar handen over tafel uit en grijpt de mijne. *Raadt* ze dat het om Dom gaat? Voelt ze aan dat hij het is? Prues bijna-paranormale inzichten hebben soms wel iets verontrustends.

'Nou, ik zal je wat vertellen, Nat,' zegt ze nadat ze er goed over heeft nagedacht. 'Ik denk dat het jouw goed recht is om precies te doen waar je zin in hebt, zolang je daar zin in hebt en de rest kan de kolere krijgen. En ik doe precies hetzelfde. En het is mijn beurt om de rekening te betalen, zo zit dat. De hele rekening ditmaal. Dat ben ik aan mijn schaamteloze integriteit verplicht,' voegt ze eraan toe, wat een kwinkslag is die nooit verveelt.

En het is in deze opgewekte sfeer, terwijl wij in bed liggen en ik haar bedank voor haar geestelijke gulhartigheid al die jaren en zij in ruil daarvoor lieve dingen over mij zegt, en Steff het vuur uit haar sloffen danst, dat hopen wij tenminste, dat bij mij de gedachte rijpt dat dit de ideale gelegenheid is om schoon schip te maken tegenover onze dochter over de ware aard van haar vaders werkzaamheden, althans zo schoon als het Hoofdbureau dat toestaat. Het was hoog tijd dat zij het wist, redeneerde ik, en het was veel beter dat zij het hoorde van mij dan van iemand anders. Ik had eraan kunnen toevoegen, maar deed dat niet, dat ik me sinds mijn terugkeer naar huis en haard steeds meer ergerde aan haar luchthartige minachting jegens mij, en aan haar gewoonte, die nog stamde uit haar puberteit, om mij ofwel te tolereren als een noodzakelijk huiselijke kwaad ofwel, doorgaans om indruk te maken op haar laatste bewonderaar, ineens op mijn schoot te springen alsof ik een of andere uitgebluste sul in de nadagen van zijn leven was. Ik ergerde mij ook, als ik meedogenloos eerlijk ben, aan de manier waarop Prues welverdiende reputatie als mensenrechtenadvocaat Steff sterkte in haar geloof dat ik ernstig was achtergebleven.

Aanvankelijk is de advocaat-moeder in Prue behoedzaam. Hoeveel was ik van plan haar *precies* te vertellen? Waarschijnlijk waren daar wel grenzen aan. Wat waren die grenzen dan wel? Wie moest ze trekken? Het Bureau of ikzelf? En hoe was ik van plan om te gaan met vervolgvragen, mochten die er zijn, had ik *daar* wel eens over nagedacht? En hoe kon ik zeker weten dat ik me niet zou laten meeslepen? We wisten allebei dat Steffs reacties nooit voorspelbaar waren, en Steff en ik vlogen elkaar te gemakkelijk in de haren. In dat opzicht leken we op elkaar. Enzovoort.

En Prues waarschuwende woorden waren, zoals altijd, buitengewoon verstandig en goed gefundeerd. Steffs vroege puberteit was wel een beetje een levende nachtmerrie geweest, daar hoefde Prue me niet aan te herinneren. Jongens, drugs, geschreeuw en gekrijs – alle gebruikelijke problemen van deze tijd, zou je kunnen zeggen, maar Steff had ze tot een kunstvorm verheven. Terwijl ik van de ene buitenlandse standplaats naar de andere verkaste, had Prue elk vrij uurtje geargumenteerd met schoolhoofden en klassenleraren, ouderavonden bezocht, boeken en krantenartikelen uitgeplozen en adviesorganen op het internet afgestruind naar manieren om je losgeslagen dochter het beste aan te pakken, en zichzelf overal de schuld van gegeven.

En ik had op mijn beurt mijn bescheiden best gedaan de last mede te dragen. Ik vloog in de weekends naar huis en ging in conclaaf met psychiaters en psychologen en elke andere soort zielenknijper. Het enige waarover ze het eens waren was dat Steff hyperintelligent was – geen grote verrassing voor ons –, dat ze haar leeftijdgenoten stomvervelend vond, dat ze zich tegen discipline verzette alsof het een existentiële bedreiging was, dat ze haar docenten ondraaglijk saai vond en dat wat ze werkelijk nodig had een uitdagende intellectuele omgeving was die haar kon bijbenen: als je het mij vraagt een verbluffend voor de hand liggende verklaring, maar dat was het niet voor Prue, die heel wat meer vertrouwen heeft in de opinie van deskundigen.

Nu ja, Steff had inmiddels haar uitdagende intellectuele omgeving. Op de Universiteit van Bristol. Zuivere mathematica en Filosofie. En ze ging haar tweede trimester in.

Vertel het haar dus maar.

'Denk je niet dat jij dat eigenlijk beter zou kunnen doen, schat?' stel ik voor aan Prue, bewaarster van het gezonde gezinsverstand, op een zwak moment.

'Nee, schat. Aangezien jij vastbesloten bent dat te doen, is het véél beter als het van jou komt. Vergeet alleen niet dat jij wel een kort lontje hebt, en laat zelfspot alsjeblieft achterwege. Zelfspot werkt op haar als een rode lap op een stier.'

***

Ik had mijn blik over mogelijke locaties laten gaan, ongeveer zoals ik een riskante benadering van een potentiële bron zou uitdokteren, en concludeerde dat de beste en de natuurlijkste plek toch zeker de weinig gebruikte skilift voor slalomoefeningen moest zijn, die langs de noordwand van het Grand Terrain voerde. Die had een ouderwets type T-balk: je stapte naast elkaar in, oogcontact niet nodig, niemand binnen gehoorsafstand, links dennenbossen, steile afgrond naar het dal rechts. Een korte steile afdaling naar de bodem van de enige lift, dus geen kans om het contact te verliezen, verplicht uitstappunt op de top, en alle vervolgvragen kunnen tot de volgende reis naar boven worden gesteld.

Het is een sprankelende winterochtend, volmaakte sneeuw. Prue heeft gedaan alsof ze maagklachten had en is in haar eentje gaan winkelen. Steff was tot God mag weten hoe laat met haar jonge Italianen de hort op geweest, maar leek daar niets aan over te hebben gehouden en had best zin in wat tijd alleen met pappie. Uiteraard was het uitgesloten dat ik in details zou kunnen treden over mijn schimmige verleden, afgezien van de onthulling dat ik nooit een echte diplomaat was geweest en alleen maar deed alsof, wat de reden was dat ik nooit een lintje had gekregen of ambassadeur in Beijing was geworden, dus misschien kon ze daarover ophouden nu ik thuis was gekomen, want het begon ernstig op mijn zenuwen te werken.

Ik had haar *graag* verteld waarom ik haar op haar veertiende verjaardag niet had opgebeld, want ik wist dat haar dat nog steeds dwarszat. Ik had haar ook *graag* uitgelegd dat ik me toen aan de Estse kant van de Russische grens bevond, in een dikke laag sneeuw waar ik tot God bad dat mijn spion erin zou slagen ongedeerd onder een stapel in stukken gezaagd hout de grens over te steken. Ik had haar *graag* enig idee gegeven hoe het voor haar moeder en mij was geweest om voortdurend te worden geschaduwd en in de gaten te worden gehouden als medewerkers van het Bureau in de standplaats Moskou, waar het verzenden of ophalen van een bericht via een geheime brievenbus wel eens tien dagen kon duren, terwijl je wist dat je spion een helse dood kon sterven als je ook maar iets verkeerd deed. Maar Prue had voet bij stuk gehouden dat ons verblijf in Moskou nu juist dat deel van haar leven uitmaakte waar we het nooit meer over moesten hebben en ze voegde daar op haar gebruikelijke onverbloemde wijze aan toe:

'En ze hoeft ook niet te weten dat we hebben geneukt voor de lens van Russische camera's, schat' – terwijl we genoten van ons herontdekte seksleven.

***

Steff en ik pakken een T-balk vast en daar gaan we. De eerste keer omhoog babbelen we over mijn thuiskomst en hoe weinig ik weet van het oude land dat ik de helft van mijn leven heb gediend, dus er valt nog een hoop te leren, Steff en er is nog een hoop om aan te wennen, zoals je vast wel zult begrijpen.

'Bijvoorbeeld geen heerlijke belastingvrije drank meer als we bij je op bezoek komen!' jammert ze, en we delen een welgemeende vader-dochterlach.

Tijd om los te koppelen, en daar zeilen we de berg af. Steff voorop. Een waarlijk soepele opening van ons tête-à-tête.

'En er zit *niets* oneervols in het dienen van je vaderland, in *welke* hoedanigheid ook, schat,' – Prues advies klinkt weer na in mijn geheugen – 'jij en ik verschillen misschien van mening over wat vaderlandsliefde inhoudt, maar Steff ziet het als een vloek voor de mensheid, bijna zo erg als officiële religies. En probeer niet leuk te doen. Humor op ernstige momenten ziet Steff alleen maar als een vluchtroute.'

We gaan opnieuw zitten, klikken de T-balk vast en zweven omhoog langs de berghelling. *Nu.* Geen grappen, geen zelfspot, geen verontschuldiging. En houd je aan het scenario dat Prue en ik samen in elkaar hebben geflanst, geen uitweidingen. Strak voor me uit kijkend kies ik een serieuze maar niet gewichtige toon.

'Steff, er is iets met mij aan de hand waarvan je moeder en ik vinden dat je het nu een keer hoort te weten.'

'Ik ben een onwettig kind,' zegt ze gretig.

'Nee, maar ik ben een spion.'

Ook zij staart recht voor zich uit. Zo had ik me het begin niet precies voorgesteld. Doet er niet toe. Ik vertel mijn verhaal zoals we dat hebben opgesteld, zij luistert. Geen oogcontact dus geen stress. Ik houd het kort en zakelijk. Dat is het, Steff, nu weet je het. Ik heb een noodzakelijke leugen geleefd, en dat is het enige wat ik je mag vertellen. Misschien kom ik over als een mislukkeling, maar ik heb wel een zekere status binnen mijn eigen Dienst. Ze zegt niets. We bereiken de top, maken onze T-balk los en beginnen aan onze afdaling, en nog steeds is er niets gezegd. Zij is sneller dan ik, of verbeeldt zich dat graag, dus laat ik haar voorgaan. We ontmoeten elkaar weer onder aan de lift.

Terwijl we in de rij staan spreken we niet met elkaar en ze mijdt mijn blik, maar dat verontrust me niet. Steff leeft in haar eigen wereld, en ja, nu weet ze dat ik ook in de mijne leef, en dat is niet een of ander slachthuis voor minkukels van Buitenlandse Zaken. Ze staat voor me dus grijpt als eerste de T-balk. We zijn nauwelijks onderweg als ze me op zakelijke toon vraagt of ik wel eens iemand heb gedood. Ik grinnik, zeg nee, Steff, absoluut niet, godzijdank, wat de waarheid is. Anderen wel, zij het slechts indirect, maar ik niet. Zelfs niet op armlengte, zelfs niet via een tussenpersoon – of zoals het Bureau het noemt, *loochenbaar daderschap.*

'Nou, als je écht niemand hebt gedood, wat is *daar-*

naast dan het ergste wat je als spion hebt gedaan?' – op dezelfde nonchalante toon.

'Tja, Steff, ik veronderstel dat het ergste wat ik *daarnaast* heb gedaan is kerels overhalen dingen te doen die ze niet zouden hebben gedaan als ik ze daartoe niet had aangezet, om zo te zeggen.'

'Slechte dingen?'

'Daar valt over te twisten. Dat hangt ervan af aan welke kant van het hek je staat.'

'Zoals, bijvoorbeeld?'

'Tja, hun vaderland verraden om maar iets te noemen.'

'En jij hebt ze overgehaald dat te doen.'

'Als ze zichzelf daarvan niet al hadden overtuigd, ja.'

'Alleen *mannelijke* kerels of heb je ook *vrouwelijke* kerels overgehaald?' – een vraag die, als je Steff ooit hebt gehoord over het onderwerp feminisme, niet zo luchthartig is als ze wellicht mag klinken.

'Voor het merendeel mannelijke kerels, Steff. Ja, mannen, voor het overgrote deel mannen,' verzeker ik haar.

We hebben de top bereikt. We maken opnieuw onze T-balken los en beginnen aan de afdaling. Steff snelt voor me uit. Opnieuw komen we elkaar beneden bij het lifthuisje tegen. Geen rij. Tot dan toe heeft ze haar skibril tijdens de afdaling op haar voorhoofd gedragen. Ditmaal laat ze hem op zijn plaats. De glazen zijn van het spiegelende soort waar je niet doorheen kunt kijken.

'Overhalen *hoe* precies?' vervolgt ze zodra we op weg zijn.

'Tja, we hebben het hier niet over *duimschroeven*, Steff,' antwoord ik, wat een navigatiefout van mijn kant is. *Humor op ernstige momenten ziet Steff alleen maar als een vluchtroute.*

'Hoe dan?' dringt ze aan, prakkiserend over de betekenis van het woord 'overhalen'.

'Ach, Steff, een heleboel mensen doen een heleboel dingen voor geld en een heleboel mensen doen dingen uit *wrok* of uit *eigenbelang*. Er zijn ook mensen die dingen doen uit *idealisme*, en die zouden weigeren geld aan te nemen, al duwde je het door hun strot.'

'En welk ideaal zou dat dan precies zijn, *pap*?' – vanachter de glimmende skibril. Het is de eerste keer in weken dat ze me met 'pap' aanspreekt. Het valt me ook op dat ze niet vloekt, wat bij Steff soms wel gezien kan worden als een soort rood waarschuwingslicht.

'Ach, laten we zeggen, als een voorbeeldje, iemand heeft een idealistisch beeld van Engeland als de moeder van alle democratieën. Of ze houden met een onverklaarde hartstocht van onze dierbare koningin. Dat is misschien een Engeland dat voor *ons* niet meer bestaat, als het al ooit heeft bestaan, maar zij denken dat het wel bestaat dus zetten zij zich ervoor in.'

'Denk jij dat het bestaat?'

'Met zekere bedenkingen.'

'Ernstige bedenkingen?'

'Ach, wie zou die nu niet hebben, in jezusnaam?' antwoord ik, verbolgen over de suggestie dat ik op de een of andere manier niet in de gaten heb gekregen dat het land zich in een vrije val bevindt. 'Een minderheidskabinet van tienderangs Conservatieven. Een volstrekt incapabele minister van Buitenlandse Zaken die ik geacht word te dienen. Labour al even rampzalig. De totale vermaledijde waanzin van de Brexit' – ik houd mijn mond. Ook ik heb gevoelens. Laat mijn verontwaardigde stilzwijgen de rest maar zeggen.

'Je hebt dus wel degelijk ernstige bedenkingen?' dringt ze aan op haar alleropenhartigste toon. 'Heel ernstige zelfs. Toch?'

Te laat realiseer ik me dat ik mezelf compleet in de kaart laat kijken, maar misschien was dat wat ik al die tijd al heb gewild: haar de overwinning gunnen, toegeven dat ik niet van het niveau van haar briljante professoren ben, en daarna kunnen we allemaal terug naar wie we waren.

'Dus als ik het goed begrepen heb,' vervolgt ze, als we aan onze nieuwe zweefvlucht omhoog beginnen, 'ten behoeve van een land waar jij ernstige, zelfs héél ernstige, bedenkingen tegen hebt, haal jij mensen met *andere* nationaliteiten over *hun* eigen landen te verraden.' En als postscriptum: 'En dat doe je omdat *zij* dezelfde bedenkingen die *jij* hebt ten aanzien van *jouw* land niet delen, terwijl zij *wel* bedenkingen hebben ten aanzien van hun eigen land. Ja?'

Waarop ik een vrolijke kreet slaak die een eervolle nederlaag toegeeft en tegelijkertijd vraagt om coulance:

'Maar het zijn geen onschuldige lammetjes, Steff! Ze doen het *vrijwillig*. De meesten van hen tenminste. En we letten goed op ze. We zorgen goed voor ze. Als ze geld willen, dan geven we ze een hele pot. Als ze in de Here zijn, dan zijn we met hen in de Here. Wat ze maar willen, Steff. Wij zijn hun vrienden. Ze vertrouwen ons. We voorzien in hun behoeften. Zij voorzien in de onze. Zo gaat dat er in de wereld aan toe.'

Maar het kan haar niet schelen hoe het er in de wereld aan toegaat. Ze is geïnteresseerd in mijn wereld, zoals tijdens de volgende reis naar boven duidelijk wordt.

'Toen je *andere* mensen vertelde wie ze moesten zijn, heb je toen ooit overwogen wie jijzelf was?'

'Ik wist gewoon dat ik aan de goede kant stond, Steff,' antwoord ik, terwijl ik, in weerwil van Prues krachtigste vermaningen, me begin te ergeren.

'En welke kant is dat?'

'Mijn Dienst. Mijn land. En het jouwe feitelijk ook.'

En tijdens onze allerlaatste klim omhoog, nadat ik weer tot rust ben gekomen:

'Pap?'

'Barst maar los.'

'Heb je affaires gehad toen je in het buitenland vertoefde?'

'Affaires?'

'Liefdesrelaties?'

'Heeft je moeder gezegd dat ik die had?'

'Nee.'

'Waarom bemoei jij je verdomme dan niet met je eigen stomme zaken?' bijt ik haar toe voordat ik me kan bedwingen.

'Omdat ik mijn stomme moeder niet ben,' schreeuwt ze even hard terug.

En in deze ongelukkige beladen sfeer maken we onze T-balk voor het laatst los en keren we onafhankelijk van elkaar terug naar het dorp. Als de avond aanbreekt slaat ze alle uitnodigingen om met haar Italiaanse maatjes te gaan stappen af en beweert met klem dat ze naar bed moet. Wat ze, na een fles bourgogne soldaat te hebben gemaakt, ook meteen doet.

En ik breng, na een fatsoenlijk poosje te hebben gewacht, in grote lijnen verslag uit van ons gesprek aan Prue, waarbij ik in ons beider belang Steffs laatste onbehoorlijke vraag achterwege laat. Ik probeer ons allebei er zelfs van te overtuigen dat ons gesprekje is verlopen zoals wij hadden gehoopt, maar Prue kent mij te goed. Tijdens de vlucht terug naar Londen de volgende ochtend gaat Steff aan de andere kant van het gangpad zitten. De volgende dag – aan de vooravond van haar terugkeer naar Bristol – hebben zij en Prue de meest afschuwelijke aanvaring. Steffs woede, zo blijkt, is niet gericht tegen haar vader omdat hij een spion is, of zelfs omdat hij andere kerels, zowel mannelijk als vrouwelijk, heeft overgehaald om spion te worden, maar tegen haar eigen zwaar beproefde moeder, omdat zij zo'n monumentaal geheim niet aan haar dochter heeft toevertrouwd en daarmee het heiligste vertrouwen tussen vrouwen onderling heeft geschonden.

En als Prue er voorzichtig op wijst dat de onthulling van genoemd geheim niet aan haar was maar aan mij, en waarschijnlijk ook niet aan mij maar aan het Bureau, stormt Steff het huis uit, duikt onder in de woning van haar vriendje en reist op eigen houtje naar Bristol, waar ze, na het vriendje te hebben gestuurd om haar bagage op te halen, twee dagen te laat arriveert voor het begin van het semester.

***

Heeft Ed ergens in deze familie *soap opera* een gastoptreden? Natuurlijk heeft hij dat niet. Hoe zou hij dat kunnen? Hij heeft het eiland nooit verlaten. Toch was er een moment – een misverstaan, maar niettemin memorabel moment – dat er een jongeman op Prue en mij kwam toelopen toen we genoten van een *croûtes au fromage* en een karaf wit in de skihut de Trois Sommets, die uitzicht biedt op het hele gebied, en hij had Eds dubbelganger kunnen zijn. Tot in de kleinste details. Geen duplicaat, maar de man in hoogsteigen persoon.

Steff sliep uit. Prue en ik hadden vroeg geskied en maakten ons klaar om zachtjes naar beneden en naar bed te sukkelen. En daar komt warempel dat evenbeeld van Ed met een wollen ijsmuts met pompon op binnenwandelen – dezelfde lichaamslengte, hetzelfde air van eenzaamheid, geërgerd en enigszins verdwaald – en hij stampt koppig de sneeuw van zijn laarzen in de deuropening, waarmee hij iedereen ophoudt, rukt vervolgens zijn skibril af en speurt met knipperende ogen de zaal af alsof hij zijn bril kwijt is. Ik had zelfs mijn arm deels opgeheven om hem te begroeten voordat ik mezelf ervan kon weerhouden.

Maar Prue had, alert als altijd, het gebaar wel degelijk opgemerkt. En toen ik om redenen die mij nog altijd niet duidelijk zijn wat weifelde, eiste ze een volledige en waarheidsgetrouwe verklaring. Dus gaf ik haar een gecomprimeerde versie: er was een jongen bij de Athleticus die me maar niet met rust wilde laten tot ik me bereid had verklaard een partijtje met hem te slaan. Maar daar nam Prue geen genoegen mee. Wat aan hem had mij bij zo'n kortstondige ontmoeting zo diep geraakt? Waarom had ik zo spontaan gereageerd op zijn dubbelganger – dat was toch in het geheel niet mijn stijl?

Waarna ik kennelijk een reeks antwoorden opdiste die Prue, omdat zij nu eenmaal Prue is, zich beter herinnert dan ik: een excentriekeling, schijn ik te hebben gezegd, hij heeft iets kranigs over zich; en hoe hij, toen een lawaaiig zootje aan de tap had geprobeerd de spot met hem te drijven, tegen mij was blijven doordrammen totdat hij zijn zin had gekregen en, hoe hij, nadat hij hun impliciet duidelijk had gemaakt dat ze de kolere konden krijgen, het pand had verlaten.

***

Als je zoveel van de bergen houdt als ik, is het altijd al deprimerend als je ze achter je moet laten, maar de aanblik van een vervallen drie verdiepingen tellend gedrocht van rode baksteen in een achterafstraat in Camden om negen uur 's morgens op een van regen doordrenkte maandagmorgen als je niet het flauwste idee hebt wat je ermee aan moet als je eenmaal binnen bent, daar kan weinig tegenop.

Hoe een bijkantoor verzeild was geraakt in deze achterafbuurt was op zichzelf al een raadsel. Hoe het aan de ironische bijnaam *de Haven* was gekomen was een tweede. Er deed een theorie de ronde dat het gebouw als schuiladres had gediend voor gevangengenomen Duitse spionnen in de Tweede Wereldoorlog; een andere theorie luidde dat een voormalig Hoofd zijn maîtresse er had ondergebracht; en weer een andere dat het Hoofdbureau, in een van zijn eindeloze beleidskronkels, had verordonneerd dat de veiligheid het beste werd gediend door zijn bijkantoren over geheel Londen te verspreiden; en dat de Haven, puur door zijn onbeduidendheid, over het hoofd was gezien toen dat beleid werd afgeschaft.

Ik loop de drie gebarsten stoeptreden op. De afbladderende voordeur gaat open voordat ik de kans krijg mijn oude yalesleutel in het slot te steken. Pal voor me staat de eens geduchte Giles Wackford, te zwaar en met traanogen, maar in zijn tijd een van de meest gewiekste spionnenmeesters in de stal van het Bureau, en slechts drie jaar ouder dan ik.

'Beste kerel,' zegt hij met hese stem door de whiskywalmen van gisteravond heen. 'Punctueel tot op de minuut als immer! Mijn hartelijkste salaams aan u, meneer. Wat een eer! Kan me geen betere vent voorstellen om mij op te volgen dan jij.'

Dan kennismaken met zijn team, dat is verdeeld over tweepersoons buitenposten aan een smalle houten trap:

Igor, een gedeprimeerde vijfenzestig jaar oude Litouwer, ooit verantwoordelijk voor het beste Balkan-netwerk dat het Bureau in de Koude Oorlog ooit heeft gerund, nu nog slechts ingehuurd om een stal makke kantoorpoetsers, portiers en typistes die in dienst waren van slappe buitenlandse ambassades, in het gareel te houden.

Vervolgens *Marika*, naar men zegt Igors Estse geliefde, weduwe van een gepensioneerde Bureau-agent die is gestorven in Sint-Petersburg toen het nog Leningrad was.

Dan *Denise*, een bolronde, pittige, Russisch sprekende Schotse dochter van deels Noorse ouders.

En ten slotte de kleine Ilya, een waakzame Russisch sprekende Anglo-Finse jongen die ik vijf jaar geleden als dubbelagent in Helsinki had gerekruteerd. Hij was blijven doorwerken voor mijn opvolger met de belofte dat hij zich later in het Verenigd Koninkrijk zou mogen vestigen. Aanvankelijk wilde het Hoofdbureau daar niets van weten. Pas na mijn zoveelste voorspraak bij Bryn Jordan waren ze bereid hem te accepteren als de laagste geheime levensvorm: aspirant administratief medewerker met toegang tot niveau C. Met kreten van Finse blijdschap klemt hij me in Russische stijl in zijn armen.

En op een bovenverdieping, veroordeeld tot eeuwige duisternis, mijn bij elkaar geraapte onderhoudsteam van administratief medewerkers met bi-culturele achtergrond en operationele basistraining.

Pas als wij ogenschijnlijk onze grand tour hebben voltooid en ik me begin af te vragen of mijn beloofde nummer twee überhaupt wel bestaat, klopt Giles plechtstatig op een gestippelde glazen deur die op zijn eigen muffe kantoor uitkomt, en daar, in wat naar ik vermoed ooit een dienstbodekamer is geweest, werp ik een eerste blik op de jeugdige, statige gestalte met de open blik van Florence, die vloeiend Russisch spreekt, in het tweede jaar van haar proeftijd zit, de jongste aanwinst van bijkantoor de Haven is en, volgens Dom, hun hoop in bange dagen.

'Waarom is ze dan niet meteen naar de Afdeling Rusland gegaan?' vraag ik hem.

'Omdat we haar een tikkeltje *ongepolijst* vonden, Nat,' had Dom pedant geantwoord in zijn geleende taaltje, waarmee hij impliceerde dat hij de spil in deze beslissing was geweest. 'Getalenteerd, jazeker, maar we vonden het beter haar nog een jaartje te gunnen om haar draai te vinden.'

Getalenteerd maar moet haar draai nog vinden. Ik had Moira gevraagd haar persoonlijke dossier even te mogen inzien. Zoals altijd had Dom de beste zin gejat.

***

Plotseling is alles wat de Haven onderneemt door Florence geïnstigeerd. Zo herinner ik het me tenminste. Misschien waren er best andere projecten die de moeite waard waren, maar vanaf het moment dat mijn oog viel op het concept voor *Operatie Rosebud* was dat de enige show in ons heel kleine stadje en was Florence daarin de enige ster.

Op eigen initiatief had ze de ontevreden maîtresse van een in Londen woonachtige Oekraïense oligarch met de codenaam Orson gerekruteerd, die goed gedocumenteerde banden had met zowel de Moskouse Centrale als met pro-Poetin elementen binnen de Oekraïense regering.

Haar ambitieuze plan, schromelijk overdreven, hield in dat een inbrekersteam van het Hoofdbureau zou inbreken in Orsons vijfenzeventig miljoen pond kostende dubbele appartement aan de Park Lane, dat tot de nok vol te proppen met afluisterapparatuur en geheime camera's en constructieve aanpassingen te doen aan een batterij computers die geïnstalleerd waren achter een stalen deur halverwege de marmeren trap die naar de panoramische salon leidde.

Zoals het plan momenteel werd voorgelegd was de kans op groen licht van het Operationele Directoraat naar mijn mening nul komma nul. Clandestiene inbraken waren een veelgevraagd product. Inbrekersteams waren goud waard. Rosebud zou in zijn huidige staat de zoveelste niet-gehoorde stem op een lawaaiig marktplein zijn. Maar hoe meer ik mij verdiepte in Florences presentatie, hoe meer ik er toch van overtuigd raakte dat Rosebud, meedogenloos geredigeerd en zorgvuldig getimed, hoogwaardige misdadige informatie kon opleveren. En in Florence, zoals Giles mij 's avonds laat met klem trachtte duidelijk te maken bij een fles Talisker-whisky in de bijkeuken van de Haven, had Rosebud een onverzettelijke, zij het obsessieve voorvechtster gevonden:

'Die meid heeft *al* haar eigen loopwerk, al haar eigen papierwerk gedaan. Vanaf de dag dat ze Orson uit de dossiers opdiepte is zij dag en nacht met die geitenbreier in de weer. Ik vroeg haar: voer je een vendetta tegen die vent? Ze kon er niet eens om lachen. Zei dat hij een schandvlek op de mensheid was en nodig moest worden uitgeschakeld.'

Flinke teug whisky.

'Die meid papt niet alleen aan met Astra en maakt haar tot een vriendin voor altijd,' – Astra is de codenaam van Orsons ontgoochelde maîtresse – 'ze windt bovendien ook de nachtportier van het beoogde gebouw nog om haar vinger. Ze maakt die kerel wijs dat ze undercover voor *The Daily Mail* werkt en een artikel schrijft over de lifestyle van de Londense oligarchen. De nachtportier wordt verliefd op haar en gelooft alles wat ze zegt. Als ze een keer een kijkje wil nemen in het hol van de leeuw, moet er vijfduizend pond uit het reptielenfonds van *The Daily Mail* worden gedokt en dan krijgt ze vrij toegang wanneer ze maar wil. *Onvolwassen*, ze zijn niet goed wijs. Die meid heeft de ballen van een olifant.'

***

Ik organiseer een bescheiden lunch met Percy Price, almachtig hoofd van de afdeling bewaking en onderzoek van de Dienst, een imperium op zich. Het protocol vereist dat ik Dom ook uitnodig. Het wordt al snel duidelijk dat Percy en Dom niet voor elkaar zijn geschapen, maar Percy en ik kennen elkaar al eeuwen. Hij is een broodmagere en zwijgzame oud-politieman van in de vijftig. Tien jaar geleden hebben wij, met de medewerking van een van zijn inbrekersteams en een spion die door mij werd aangestuurd, op een internationale wapenbeurs een prototype van een raket uit de Russische stand gestolen.

'Mijn jongens en meisjes stuiten steeds weer op die Orson,' klaagt hij nadenkend. 'Elke keer als we een louche miljardair onderzoeken die met zijn vinger in de Russische pap zit duikt Orsons naam weer op. Wij behandelen geen zaken, wij observeren. Wij observeren wat ons gezegd wordt te observeren. Maar het verheugt me zeer dat er iemand heeft besloten eindelijk achter hem aan te gaan, want ik zit al een heel lange tijd met hem en zijn zootje in mijn maag.'

Percy zal zien of hij het een en ander voor ons kan betekenen. Maar let wel, Nat, ik weet niet of het me lukt. Als het Directoraat Operaties te elfder ure besluit dat er een beter bod is, dan kunnen Percy of wie dan ook daar niets aan doen.

'En uiteraard gaat alles via mij, Percy,' zegt Dom, en we zeggen allebei ja, Dom, dat spreekt.

Drie dagen later belt Percy me op mijn Bureau-mobieltje. Het ziet ernaar uit dat er een openingetje komt, Nat. Daar kunnen we misschien wel iets mee. Bedankt Percy, zeg ik, ik zal Dom op een daartoe geëigend moment op de hoogte stellen, waarmee ik bedoel zo laat mogelijk of helemaal niet.

Florences werkkamertje bevindt zich op één stap afstand van mijn kantoor. Vanaf nu, decreteer ik, dient zij zoveel quality time als nodig is door te brengen met Orsons ontgoochelde maîtresse, codenaam Astra. Ze gaat uitstapjes met haar maken naar het platteland, haar vergezellen als ze gaat winkelen en als meisjes onder elkaar met haar lunchen bij Fortnum & Mason, Astra's favoriete warenhuis. Ze moet ook haar manipulatie van de nachtportier van het beoogde perceel intensiveren. Zonder me iets van Dom aan te trekken geef ik, om dat te vergemakkelijken, haar toestemming een douceurtje van vijfhonderd pond te betalen. Onder mijn supervisie zal Florence ook een officieel verzoek indienen om een eerste geheime verkenning van het interieur van het dubbele appartement van Orson te laten uitvoeren door een inbrekersteam van het Directoraat Operaties. Door het Directoraat er in dit vroege stadium bij te betrekken geven wij er blijk van dat we serieuze bedoelingen hebben.

***

Aanvankelijk had ik de neiging Florence omzichtig te benaderen: een van die meisjes uit de hogere standen die zijn opgegroeid met pony's en bij wie je nooit precies weet wat er in hen omgaat. Steff zou op slag een hekel aan haar hebben, Prue zou zich zorgen maken. Haar ogen zijn groot, bruin en ernstig. Om op de werkvloer haar figuur te verhullen draagt ze bij voorkeur vormeloze wollen rokken, platte schoenen en geen make-up. Volgens haar dossier woont ze bij haar ouders in Pimlico en heeft ze geen vaste partner. Haar seksuele geaardheid is op haar eigen verzoek *niet ingevuld.* Bij wijze van wat ik beschouw als een houd afstand-teken draagt ze een gouden mannenzegelring aan haar ringvinger. Ze loopt met grote licht deinende passen. Diezelfde golving is ook te horen in haar manier van spreken, waaruit duidelijk blijkt dat ze op het Cheltenham Ladies College heeft gezeten, maar die wordt doorspekt met de krachttermen van een bootwerker. Mijn eerste ervaring met deze onwaarschijnlijke combinatie heb ik tijdens een gesprek over Operatie Rosebud. We zijn met z'n vijven: Dom, Percy Price en ik, een hoogdravende inbreker van het Bureau die Eric heet, en Florence, nog in haar proeftijd. De vraag is op dat moment of het handig zou kunnen zijn om een stroomstoring te organiseren bij wijze van afleidingsmanoeuvre, terwijl Erics jongens en meisjes in Orsons dubbele appartement aan het werk zijn. Florence, die zich tot nog toe koest heeft gehouden, komt tot leven:

'Maar *Eric*,' werpt ze tegen. 'Waar denken we in hemelsnaam dat Orsons computers op draaien? Op van die klote staafbatterijen?'

Een dringend probleem dat mij wacht is het verwijderen van de toon van morele verontwaardiging die haar conceptverzoek aan het Directoraat Operaties doordrenkt. Ik mag dan niet de ongekroonde koning van het papierwerk van het Bureau zijn – mijn persoonlijke verslagen suggereren het tegenovergestelde – maar ik weet wel wat onze dierbare planners tegen de haren in strijkt. Als ik haar dit in ongezouten taal duidelijk maak ontploft ze. Is dit Steff met wie ik te maken heb of mijn rechterhand?

'Ach *Jjzus*,' verzucht ze. 'Jij gaat me toch niet vertellen dat je iets hebt tegen bijwoorden.'

'Zoiets ga ik je helemaal niet vertellen. Ik zeg je alleen maar dat het het Directoraat Ops *en* de Afdeling Rusland, geen ene reet kan schelen, zoals jij het zou uitdrukken, of Orson nou de laaghartigste man op aarde of een toonbeeld van deugdzaamheid is. Daarom schrappen we alle verwijzingen naar gerechtvaardigde zaken en obscene geldbedragen die van de verworpenen der aarde worden gestolen. Wij hebben het over intentie, dividend, risiconiveau en loochenbaarheid en we zorgen er verdomd goed voor dat de paraaf van de Haven als watermerk op elke pagina staat en niet op mysterieuze wijze wordt vervangen door die van iemand anders.'

'Zoals die van Dom bijvoorbeeld?'

'Zoals die van wie dan ook.'

Ze beent terug naar haar werkkamertje en smijt de deur achter zich dicht. Geen wonder dat Giles verliefd op haar werd: hij heeft geen dochter. Ik bel Percy en zeg hem dat het conceptvoorstel voor Rosebud eraan zit te komen. Als mijn voorraad excuses voor de vertraging zijn uitgeput, geef ik Dom een volledig en openhartig verslag van onze vorderingen tot op heden – waarmee ik bedoel, voldoende om hem koest te houden. Die maandagavond wens ik de Haven, met een vergeeflijk gevoel van zelfvoldaanheid een goedenavond en ga ik op pad naar de Athleticus en mijn lang uitgestelde badmintontreffen met Edward Stanley Shannon, researcher.

5

Volgens mijn papieren agenda, waarin nooit van zijn leven informatie heeft gestaan die ik niet in een bus of thuis zou willen achterlaten, hebben Ed en ik in totaal vijftien games badminton in de Athleticus gespeeld, meestal maar niet altijd op maandag, en soms twee keer in de week, veertien vóór de Val en eentje erna. Mijn gebruik van het woord *Val* is arbitrair. Het heeft niets te doen met een apparaatje om muizen mee te vangen of met Adam en Eva. Ik weet niet goed of het woord de lading dekt maar ik heb vruchteloos naar een beter woord gezocht.

Als ik de Athleticus vanuit het noorden nader, vind ik het prettig om het laatste stukje erheen af te ronden met een frisse wandeling door het Battersea Park. Als ik rechtstreeks vanuit mijn huis kom, hoef ik slechts vijfhonderd meter te lopen. De Athleticus is voor een belangrijk deel van mijn volwassen leven mijn onwaarschijnlijke sociëteit en toevluchtsoord geweest. Prue noemt het mijn babybox. Als ik in het buitenland was hield ik mijn lidmaatschap aan en gebruikte ik mijn verlofperiodes om op de ladder te blijven. Elke keer dat het Bureau me terugriep voor een operationele bijeenkomst, vond ik wel tijd voor een spelletje. In de Athleticus ben ik voor Jan en alleman gewoon Nat, niemand kan het een bal schelen hoe ik of wie dan ook zijn geld verdient en niemand vraagt ernaar. Er zijn drie keer zoveel Chinese en andere Aziatische leden als Europese. Steff heeft al vanaf het moment dat ze 'nee' heeft leren zeggen geweigerd te spelen, maar er was wel een periode dat ik haar mee kon tronen voor een ijsje en een potje zwemmen. Prue is zo sportief om mee te komen als ik dat vraag, maar ze heeft er bar weinig zin in en de laatste tijd, met al haar pro-Deowerk en de groepsprocessen waar haar maatschap in verwikkeld raakt, al helemaal niet.

We hebben een leeftijdloze barkeeper met slaapproblemen uit Shantou die Fred heet. We hebben een junior lidmaatschap dat voor de club waanzinnig onvoordelig is, maar dat geldt maar tot je tweeëntwintigste. Daarna is het tweehonderdvijftig ballen per jaar en een stevige som inschrijfgeld. En we hadden de tent moeten sluiten of het inschrijfgeld nog verder verhogen als een Chinees lid dat Arthur heette niet uit het niets een anonieme donatie van honderdduizend euro had gedaan, en daar zit een verhaal aan vast. Als eresecretaris van de Club was ik een van de weinigen wie het was toegestaan Arthur voor zijn gulhartigheid te bedanken. Op een avond werd mij verteld dat hij in de bar zat. Hij was van mijn leeftijd maar zijn haar was al wit en hij droeg een chic pak en een das en staarde voor zich uit. Hij dronk niets.

'Arthur,' zeg ik, terwijl ik naast hem ga zitten, 'wij weten niet hoe we je moeten bedanken.'

Ik wacht tot hij zijn hoofd omdraait, maar zijn blik blijft gericht op oneindig.

'Het is voor mijn jongen,' antwoordt hij na een eeuwigheid.

'En is je jongen vanavond onder ons?' vraag ik, terwijl

ik kijk naar een groepje Chinese kinderen die bij het zwembad rondhangen.

'Niet meer,' antwoordt hij, nog steeds zonder zijn hoofd naar me toe te keren.

Niet meer? Wat bedoelde hij daarmee?

Ik stel discreet een onderzoek in. Chinese namen zijn nogal lastig. Er was een junior lid dat dezelfde achternaam leek te hebben als onze donateur, maar zijn jaarlijkse lidmaatschap was al zes maanden niet betaald en hij had niet gereageerd op de gebruikelijke reeks aanmaningen. Alice moest eraan te pas komen om de samenhang te zien. Kim, herinnerde ze zich nog. Dat enthousiaste schriele ventje. Een lieverdje dat opgaf dat hij zestien was maar eruitzag als zestig. Een Chinese vrouw kwam met hem mee, ze was heel beleefd, had zijn moeder kunnen zijn of misschien zijn verzorgster. Hij betaalde contant voor een beginnerscursus van zes lessen, maar ach, die jongen, die wist geen shuttle te raken, zelfs niet als hij serveerde. De trainer stelde voor dat hij thuis maar eens moest oefenen, alleen hand-oogcoördinatie, shuttle op racket en over een paar weken maar eens terug moest komen. Die jongen, ach, dat heeft hij nooit gedaan. De verzorgster evenmin. We dachten dat hij het had opgegeven of terug naar China was gegaan. Ach lieve Heer, zeg dat niet. Ach God, zegen die arme Kim.

Ik weet niet goed waarom ik dit incident zo gedetailleerd beschrijf, maar ik ben nu eenmaal dol op die club en wat zij in de loop der jaren voor mij heeft betekend, en het is de plek waar ik mijn vijftien partijtjes tegen Ed heb gespeeld en van alle vijftien heb genoten, op het laatste na.

***

Onze eerste afspraak die maandag begon niet direct zo florissant als de verslagen doen vermoeden. Ik ben een punctueel mens – ziekelijk punctueel volgens Steff. Voor onze afspraak, die drie volle weken eerder was gemaakt, kwam Ed buiten adem slechts drie minuten voor aanvang opdagen in een verkreukeld pak met fietsklemmen rond zijn enkels. Hij was gewapend met een bruine imitatieleren aktetas en hij had behoorlijk de smoor in.

Vergeet niet dat ik hem slechts één keer eerder had gezien en dan nog in badmintonoutfit. Vergeet bovendien niet dat hij minstens twintig jaar jonger was dan ik, mij onder de toeziende ogen van mijn medeleden had uitgedaagd en dat ik zijn uitdaging ook had aangenomen om zijn gezicht te redden. Vergeet daarnaast ook niet dat ik niet alleen de clubkampioen was, maar dat ik de ochtend had gespendeerd aan opeenvolgende overdrachtsgesprekken met twee van Giles' minst talentvolle en minst productieve agenten, toevallig allebei vrouwen, die allebei om voor de hand liggende redenen weinig zin hadden in een verandering van spionnenmeester; dat ik mijn lunchuur had besteed aan het sussen van Prues gevoelens nadat ze een kwetsende e-mail had ontvangen van Steff die eiste dat haar mobieltje, dat ze op het tafeltje in de gang had laten liggen, aangetekend zou worden opgestuurd naar een onbekend adres t.a.v. Juno – wie is Juno in jezusnaam? – en dat ik die middag nog meer niet ter zake doende verklaringen over Orsons schandalige levensstijl had doorgespit, nadat ik Florence tweemaal opdracht had gegeven die te verwijderen.

Vergeet ten slotte ook niet dat ik, tegen de tijd dat Ed de kleedkamer in komt stormen en een goede imitatie ten beste geeft van iemand die op de vlucht is, al ruim tien minuten in volledige badmintonuitrusting kribbig rondhang en steeds op de klok kijk. Terwijl hij begint zich om te kleden moppert hij iets half verstaanbaars over de een of andere 'klote fietsenhatende vrachtwagenchauffeur' die bij de stoplichten iets onaardigs tegen hem had gedaan en over zijn werkgevers die hem verdomme zonder enige reden hadden laten overwerken, waarop ik alleen maar kan reageren met 'wat vervelend voor je', en vervolgens op de bank ga zitten om de rest van zijn chaotische voortgang in de spiegel gade te slaan.

Ik mag dan misschien een minder ontspannen man zijn dan degene die hij een paar weken eerder heeft leren kennen, maar de Ed tegenover mij lijkt ook weinig op de verlegen jongeling die de voorspraak van Alice nodig had om mij aan te spreken. Bevrijd van zijn jasje laat hij zijn bovenlichaam een duik omlaag maken zonder zijn knieën te buigen, smijt hij de deur van zijn locker open, haalt daar een koker met shuttles en een paar rackets uit en vervolgens een opgerold bundeltje dat bestaat uit een shirt, een korte broek, sokken en sneakers.

Grote voeten, valt me op. Daar zou zijn snelheid wel eens onder kunnen lijden. En juist als ik dat denk, heeft hij zijn bruine aktetas in zijn locker geslingerd en *die op slot gedaan*. Waarom? De man is nog maar halverwege het aantrekken van zijn badmintonkleren. Over dertig seconden gaat hij zijn dagelijkse plunje in diezelfde locker proppen met diezelfde razende snelheid waarmee hij die momenteel bezig is uit te trekken. Dus waarom doet hij die locker *nu* op slot, als hij hem een halve minuut later weer moet *openen*? Is hij bang dat iemand zijn tas zal pikken als hij er met zijn rug naartoe staat?

Ik doe geen bewuste poging zo te denken. Het is mijn *déformation professionnelle*. Het is wat ik geleerd heb te doen en mijn hele werkzame leven heb gedaan, of het object van mijn belangstelling nu Prue is die zich opmaakt aan haar kaptafel in Battersea of het echtpaar van middelbare leeftijd in een hoekje van een café dat daar te lang heeft gezeten, dat te ernstig met elkaar praat en dat geen enkele keer in mijn richting kijkt.

Hij heeft zijn overhemd over zijn hoofd uitgetrokken en toont zijn naakte bovenlijf. Goede bouw, een tikkeltje knokig, geen tatoeages, geen littekens, geen andere bijzondere kenmerken, en van waar ik zit, heel, heel lang. Hij zet zijn bril af, opent zijn locker, gooit de bril erin en *doet het weer op slot.* Hij trekt een T-shirt aan, dan de lange korte broek die hij ook droeg toen hij mij voor het eerst aansprak, en een paar enkelsokken, die oorspronkelijk wit zijn geweest.

Zijn knieën bevinden zich nu ter hoogte van mijn gezicht. Zonder bril is zijn gezicht bloot en ziet hij er nog jonger uit dan toen hij me voor de eerste maal benaderde. Vijfentwintig hooguit. Hij buigt zich over me heen en kijkt in de spiegel aan de muur. Hij doet zijn contactlenzen in. Hij knippert zijn ogen helder. Het valt me ook op dat hij tijdens al deze handelingen zijn knieën nog steeds niet heeft gebogen. Alles gebeurt vanuit zijn middel, of hij nu zijn schoenveters vastmaakt of zijn nek strekt om zijn lenzen in te doen. Dus ondanks zijn lengte heeft hij misschien problemen als hij laag en ver moet reiken. En opnieuw ontsluit hij zijn locker, bergt zijn pak, overhemd en schoenen erin op, slaat het deurtje dicht, draait de sleutel om, haalt hem uit het slot, kijkt met half dichtgeknepen ogen hoe die in de palm van zijn hand ligt, haalt zijn schouders op, peutert het lint dat eraan vastzit los, opent de pedaalemmer naast zich met zijn voet, gooit het lint erin en stopt het sleuteltje in de rechter broekzak van zijn lange korte broek.

'Zijn we zover?' vraagt hij, alsof ik, en niet hij, ons geduld op de proef heeft gesteld.

We gaan naar de baan. Ed loopt, friemelend aan zijn racket en nog steeds in zichzelf mopperend over zijn fietsers hatende vrachtwagenchauffeur en zijn achterlijke werkgevers of iets anders wat hem ergert maar tot dusverre nog niet uitgesproken is, voor me uit. Hij weet de weg. Ik durf te wedden dat hij hier stiekem heeft getraind, waarschijnlijk al sinds hij mij heeft uitgedaagd. Mijn werk vereist van me dat ik goed kan opschieten met mensen om wie ik normaliter met een boog heen zou zijn gelopen, maar deze jongeman tart mijn tolerantie en de badmintonbaan is de plek om dat recht te zetten.

***

Die eerste dag speelden we zeven felle games. Kampioenschapswedstrijden incluis kan ik me niet herinneren me ooit strijdvaardiger te hebben gevoeld of meer vastbesloten om een jonge tegenstander op zijn nummer te zetten. Ik won er vier van de zeven, maar alleen met de grootste moeite. Hij speelde goed, maar gelukkig inconsistent en dat werkte in mijn voordeel. Ondanks zijn jeugd zat hij, schatte ik, al op zijn top, en dan had hij ook nog vijftien tot achttien centimeter meer bereik dan ik. En zijn concentratie varieerde, godzijdank. Twaalf punten achtereen viel hij aan, smashte en mepte hij, sloeg hij lobs en dropshots, snelde hij achteruit en wrong hij zijn lichaam in de meest onwaarschijnlijke bochten, en had ik de grootste moeite om hem bij te benen. En dan volgden er drie of vier rally's die hij liet lopen alsof het hem niet meer kon schelen of hij won of verloor. Daarna kwam hij weer tot leven, maar toen was het te laat.

En van de eerste tot en met de laatste rally wisselden we geen woord, afgezien van zijn overdreven precieze roepen van de stand, een verantwoordelijkheid die hij zich vanaf het eerste punt had toegeëigend, en zo nu en dan *shit!* als hij missloeg. We moeten minstens tien toeschouwers hebben verzameld toen we aan de beslissende game toe waren en er klonk zelfs een applausje aan het slot. En ja, hij bewoog niet soepel op die grote voeten. En ja, zijn lage slagen in de hoeken waren krampachtig, een beetje ongecontroleerd, ook al was hij zoveel langer dan ik.

Maar dat gezegd hebbende, moest ik toegeven dat hij speelde en verloor met onverwachte gratie, zonder ook maar één enkele beslissing over in of uit te betwisten of een replay te eisen, wat lang niet altijd het geval is in de Athleticus of waar dan ook. En zodra de wedstrijd voorbij was, wist hij een brede grijns tevoorschijn te toveren, de eerste die ik van hem zag sinds de dag dat hij me voor het eerst had benaderd – de grijns van een boer met kiespijn, maar wel degelijk sportief en des te aangenamer omdat ik die niet verwacht had.

'Dat was echt een heel goede match, Nat, de beste ooit, tja,' verzekert hij me oprecht, terwijl hij mijn hand pakt en die pompend op en neer beweegt. 'Heb je nog tijd voor een snuitje? Als ik trakteer?'

Snuitje? Ik ben te lang uit Engeland weggeweest. Of *snuifje*? De absurde gedachte komt bij me op dat hij me cocaïne aanbiedt uit zijn bruine aktetas. Dan dringt tot me door dat hij me simpelweg een beschaafd drankje aan de toog aanbiedt, dus zeg ik vanavond niet, ben ik bang, Ed, bedankt, maar ik ben bezet, en dat is ook zo: ik had nog een laat overdrachtsgesprek, ditmaal met Giles' enig overgebleven vrouwelijke agent, codenaam Starlight, een vreselijk mens en volgens mij volslagen onbetrouwbaar, maar Giles is ervan overtuigd dat hij precies weet wat voor vlees hij in de kuip heeft.

'Wat zou je dan zeggen van een revanche volgende week?' dringt Ed aan met de volharding die ik van hem begin te verwachten. 'Geen punt als een van ons zal moeten afzeggen. Ik reserveer wel vast. Heb je daar oren naar?'

Waarop ik, opnieuw naar waarheid, antwoord dat er nogal aan me wordt getrokken dus dat we dat beter nog even kunnen uitstellen. En overigens zal ik dan de baan reserveren, het is mijn beurt. Gevolgd door weer zo'n rare op en neer pompende handdruk van hem. Het laatste wat ik van hem zie nadat we afscheid van elkaar hebben genomen is hoe hij dubbelgevouwen, met zijn klemmen om zijn broekspijpen, het slot van zijn voorwereldse fiets losmaakt. Iemand zegt tegen hem dat hij de stoep verspert en hij antwoordt dat ze moeten oprotten.

Het geval wil dat ik hem een sms'je moest sturen om de afspraak voor de volgende maandag af te zeggen vanwege Rosebud dat – aangezien Florence, zij het met tegenzin, ermee had ingestemd haar morele verontwaardiging wat af te zwakken, en door wat heimelijk gelobby van mijn kant – nu echt handen en voeten begon te krijgen. Hij stelde in plaats daarvan de komende woensdag voor, maar ik moest hem zeggen dat ik de hele week op mijn huid werd gezeten. En toen de volgende maandag aanbrak hingen wij nog steeds aan een zijden draadje en moest ik met gepaste verontschuldigingen opnieuw afzeggen, en de rest van de week leek ook al ondoenlijk. Ik voelde me bezwaard dat ik hem zo aan het lijntje moest houden en was des te meer opgelucht dat ik elke keer dat ik afzegde een hoffelijk 'geen probleem' terugkreeg. De derde vrijdagavond wist ik nog steeds niet zeker of ik in staat zou zijn de komende maandag of welke dag dan ook vrij te maken, wat zou betekenen dat ik drie keer in successie zou hebben afgezegd.

Het is voorbij sluitingstijd. De ploeg die dit weekend dienst heeft bij de Haven komt al binnen. Kleine Ilja heeft zich opnieuw uit eigen beweging aangemeld. Hij heeft het geld nodig. Mijn Bureau-telefoon begint te rinkelen. Het is Dom. Ik voel er veel voor om hem te laten rinkelen, maar ik zwicht.

'Ik heb wat nogal verheugend nieuws voor je, Nat,' kondigt hij aan met zijn openbare-vergaderingsstem. 'Een zekere dame genaamd Rosebud is in goede aarde gevallen bij onze hoge heren van de Afdeling Rusland. Ze hebben ons voorstel doorgezonden naar het Directoraat Operaties voor een definitief besluit en strategie. Ik wens je een fijn weekend. Je hebt het verdiend, als ik zo vrij mag zijn.'

'*Ons* voorstel, Dom? Of alleen maar het voorstel van London General?'

'Ons *gezamenlijke* voorstel, Nat, zoals tussen ons overeengekomen. De Haven en London General trekken gezamenlijk op.'

'En de geaccrediteerde auteur is wie precies?'

'Jouw stoutmoedige rechterhand wordt vermeld als de bedenker van de operatie, ondanks het feit dat ze nog in haar proeftijd zit, en in die hoedanigheid zal zij aanstaande vrijdag stipt om halfelf haar officiële presentatie in overeenstemming met de tradities in de controlekamer houden. Kan dat jouw goedkeuring wegdragen?'

Niet voordat ik het op schrift heb, Dom. Ik bel Viv, in wie ik een bondgenoot vind. Ze e-mailt de officiële bekrachtiging. Florence wordt erkend als auteur. Pas nu voel ik me vrij om Ed te sms'en. Sorry voor de late melding enzovoort, en is hij toevallig komende maandag nog vrij voor een partijtje badminton?

Ja, dat is Ed.

***

Geen bezweet grijs pak en geen broekspijpklemmen ditmaal, geen gemopper over vrachtwagenchauffeurs of achterlijke werkgevers, geen imitatieleren aktetas. Alleen een spijkerbroek, sneakers, een overhemd met een open boordje en een brede, heel blije grijns onder de fietshelm die hij bezig is af te zetten. En ik moet zeggen dat na drie volle weken dag en nacht zwoegen, die grijns en die pompende handdruk een verademing zijn.

'Je was eerst bang, hè, en toen heb je je moed bij elkaar geschraapt, toch?'

'Ik doe het haast in mijn broek,' beken ik welgemutst wanneer wij als de lichte infanterie naar de kleedkamer marcheren.

We speelden opnieuw op het scherp van de snede. Maar ditmaal zonder toeschouwers, dus alleen met de juiste soort spanning. Evenals de vorige keer ging het gelijk op tot aan de laatste paar rally's, maar tot mijn ergernis – maar ook tot mijn opluchting, want wie wil er nou een tegenstander die hij elke keer kan inmaken? – versloeg hij me duidelijk en eerlijk op het nippertje, waarna ik er zelfs nog sneller dan hij op aandrong dat we naar de bar verkasten voor dat snuitje van hem. Op maandag zijn er nooit meer dan een paar leden, maar uit een ingeving of uit gewoonte zette ik koers naar de traditionele uitkijkhoek, een tafeltje met een metalen blad voor twee, ver weg van het zwembad en tegen de muur van waaruit je de deur in de gaten kon houden.

En vanaf dat moment werd dat apart staande, blikken tafeltje, zonder dat we er een van beiden iets over zeiden, wat mijn moeder in haar Duitse ogenblikken onze *Stammtisch* zou hebben genoemd – of, in de woorden van mijn *chers collègues* te spreken, onze plaats delict – of dat nu op onze reguliere maandagavonden was of op gestolen avonden door de week daartussenin.

***

Ik had niet verwacht dat zo'n eerste biertje na de wedstrijd meer zou zijn dan de gebruikelijke formaliteit: de verliezer betaalt de eerste pint, de winnaar de tweede als iemand nog wat wil, een uitwisseling van beleefdheden, een afspraak voor de volgende krachtmeting, douchen, en elk gaat zijns weegs. En omdat Ed van de leeftijd was waarbij het leven pas om negen uur 's avonds begint, veronderstelde ik dat we alleen die eerste pint zouden doen en ik voor mezelf een ei ging bakken, want Prue zou in Southwark in overleg zijn met haar geliefde pro-Deocliënten.

'Ben jij een echte Londenaar, Nat?' vraagt Ed, als we over onze pinten gebogen zitten.

Ik beaam dat ik dat inderdaad ben.

'Wat voor soort dan wel?'

Dit gaat dieper dan gesprekken in de club normaliter gaan, maar afijn.

'Ik ben een beetje aan het dwalen,' antwoord ik. 'Ik heb mijn brood een poosje in het buitenland verdiend. Nu ben ik weer thuis en op zoek naar iets om mijn tanden in te zetten.' En om er nog een schepje bovenop te doen: 'En intussen help ik een oude maat zijn zaakjes op orde te brengen,' voeg ik er routinematig aan toe. 'En hoe zit het met jou, Ed? Alice heeft zich laten ontvallen dat jij een *researcher* bent. Klopt dat ongeveer?'

Hij denkt na over mijn vraag alsof nog nooit iemand hem dat heeft gevraagd. Hij lijkt licht geïrriteerd dat hij in een hokje wordt gezet.

'Researcher, ja. Dat ben ik.' En na een tijdje nadenken: 'Research. Spul komt binnen. Zoek het uit. Speel het door aan de klanten. Ja.'

'Het dagelijkse nieuws dus, in feite?'

'Ja. Wat dan ook. Binnenlands, buitenlands, nepnieuws.'

'En over het bedrijfsleven, neem ik aan?' opper ik, terugdenkend aan zijn gescheld op zijn werkgevers.

'Tja. Een erg bedrijfsmatig denkkader. Loop in het gareel of je bent de lul.'

Ik neem aan dat hij alles heeft gezegd wat hij wil zeggen, want hij zit weer verzonken in zijn eigen gedachten. Maar hij vervolgt:

'Nou ja. Evengoed heeft het me wel een paar jaar in Duitsland opgeleverd, toch?' zegt hij om zichzelf wat op te beuren. 'Ik was gek op dat land, maar het werk beviel niet zo. Dus ben ik teruggekomen.'

'Voor hetzelfde soort baan?'

'Ja, ach, dezelfde shit, maar wel een andere branche. Ik dacht dat het beter zou worden.'

'Maar dat werd het niet?'

'Niet echt. Kwestie van uitzitten, denk ik. Er maar het beste van maken. Yup.'

En dat was alles wat wij aan informatie over onze respectieve beroepen uitwisselden, wat ik allang best vond en ik denk dat wij dat allebei vonden, want ik kan me niet herinneren dat een van ons daar ooit op is teruggekomen, hoezeer het ook duidelijk was dat mijn *chers collègues* anders wensten te geloven. Maar ik herinner me nog wel alsof het vanavond was hoe ons gesprek abrupt van richting veranderde nadat we de kwestie van onze beroepsbezigheden achter ons hadden gelaten.

Ed had een poosje kwaad voor zich uit zitten kijken en was, afgaande op de grimassen die hij trok, met zichzelf in debat over een gewichtige kwestie.

'Mag ik je iets vragen, Nat?' vraagt hij in een uitbarsting van plotselinge vastberadenheid.

'Natuurlijk mag je dat,' zeg ik gastvrij.

'Je moet weten dat ik eigenlijk een diep respect voor je heb. Hoewel ik je nog maar zo kort ken. Het duurt niet lang voor je iemand kent als je eenmaal tegen hem hebt gespeeld.'

'Ga verder.'

'Dank je. Dat zal ik doen. Het is mijn weloverwogen mening dat voor Groot-Brittannië en Europa, en voor de liberale democratie over de gehele wereld in zijn totaliteit, het vertrek van de Britten uit de Europese Unie in het tijdperk van Donald Trump, en Engelands consequente onvoorwaardelijke afhankelijkheid van de Verenigde Staten, in een tijdsgewricht waarin de VS regelrecht aansturen op institutioneel racisme en neofascisme, de grootste *clusterfuck* uit de geschiedenis is. En wat ik vraag is: ben jij het in grote lijnen met me eens, of heb ik je beledigd en zou het beter zijn als ik nu opstond en vertrok? Ja of nee?'

Verbaasd over dit niet uitgelokte beroep op mijn politieke voorkeuren door een jongeman die ik nog nauwelijks ken doe ik er wat Prue mijn gepaste zwijgen noemt toe. Een poosje staart hij zonder iets te zien naar de mensen in het zwembad en dan komt hij terug bij mij.

'Mijn punt is dat ik hier *niet* met jou wens te zitten onder valse voorwendselen, aangezien ik bewondering heb opgevat voor jouw spel en voor jou. De Brexit is naar mijn mening de belangrijkste beslissing waar Groot-Brittannië zich sinds 1939 voor gesteld ziet. Ze zeggen wel 1945 maar ik weet niet precies waarom, om je de waarheid te zeggen. Het enige wat ik je dus vraag is, ben je het met me eens? Ik weet dat ik er te zwaar aan til. Dat is me vaker gezegd. Daarbij komt dat een heleboel mensen mij niet mogen omdat ik zeg waar het op staat, en daar hebben ze gelijk in.'

'Op de werkvloer?' informeer ik, nog steeds om tijd te winnen.

'De werkvloer is een totaal fiasco als het gaat om wat ik vrijheid van meningsuiting zou noemen. Op de werkvloer is het streng verboden een uitgesproken mening te hebben over welk onderwerp dan ook. Als je daar toch uiting aan geeft dan ben je een paria. Daarom heb ik besloten om te allen tijde op de werkvloer mijn mond stijf dicht te houden en daarom vinden ze me daar een stuk chagrijn. Maar ik zou je heel wat andere plekken kunnen noemen waar mensen het niet prettig vinden om de harde waarheid te horen, niet van mij tenminste. Zelfs als die mensen bewondering koesteren voor de westerse democratie, willen ze toch liever door met hun gemakkelijke leventje in plaats van hun plicht als verantwoordelijk tegenstander van de oprukkende fascistische vijand te onderkennen. Maar het valt me op dat je nog steeds geen antwoord hebt gegeven op mijn vraag.'

Laat ik hier en nu, precies zoals ik dat tot vervelens toe heb herhaald tegen mijn chers collègues, zeggen dat, hoewel het woord *clusterfuck* tot dan toe nog niet in mijn vocabulaire was opgenomen, de Brexit al lange tijd op mij had gewerkt als een rode lap op een stier. Ik ben geboren en getogen in Europa, ik heb Frans, Duits, Brits en Oud-Russisch bloed in mijn aderen en ben even thuis op het vasteland van Europa als in Battersea. En als het om zijn bredere redenatie ging, de dominantie van witte racisten in Trumps Amerika – nou, op dat punt waren wij het ook roerend eens, en heel wat van mijn chers collègues waren dat ook, al zouden zij later misschien wel heel graag willen dat zij zich toen wat neutraler hadden opgesteld.

Evengoed was ik nog wel wat huiverig om hem het antwoord te geven dat hij wenste. De eerste vraag als altijd: luist hij me erin, probeert hij me iets te ontlokken of me te compromitteren? Waarop ik met absoluut vertrouwen nee kon antwoorden: niet deze jongeman, in geen duizend jaar. De volgende vraag is dus: negeer ik de met de hand gekrabbelde en op de spiegel achter de bar geplakte boodschap van de oude Fred, onze barkeeper uit Shantou: NIET HARDOP PRATEN OVER DE BREXIT?

En ten slotte: vergeet ik dat ik een rijksambtenaar ben, zij het een geheime, en dat ik steun heb beloofd aan het beleid van mijn regering, er even van uitgaand dat er überhaupt sprake is van een beleid? Of is het beter om tegen mezelf te zeggen: dit is een moedige en oprechte jonge knaap – excentriek, oké, geen allemansvriend, en in mijn opinie pleit dat voor hem – met het hart op de juiste plaats, die behoefte heeft aan een luisterend oor, die nog maar zeven of acht jaar ouder is dan mijn dochter – wier radicale standpunten over welk onderwerp dan ook een onderdeel van ons gezinsleven zijn – en die een zeer fatsoenlijke partij badminton speelt?

Voeg aan dat mengsel nog een ingrediënt toe, eentje dat ik nu pas toe wil geven, hoewel ik geloof dat het in me aanwezig was sinds onze eerste onwaarschijnlijke ontmoeting. Ik heb het over het besef bij mij dat ik me in het gezelschap bevond van iets wat zeldzaam was in het leven dat ik tot dusverre had geleid, en vooral bij een man die nog zo jong was: namelijk ware overtuiging, niet gedreven door motieven als gewin of afgunst of wraak of egotripperij, maar echte, oprechte overtuiging, en niets meer of minder.

Fred de barman tapt zijn gekoelde biertjes langzaam en met toewijding in fluiten met een schuimkop, en dit was het glas waarboven Ed zat te peinzen terwijl hij met de toppen van zijn lange vingers tegen de beslagen zijkanten van zijn glas tikte en met gebogen hoofd op mijn antwoord wachtte.

'Zeg, Ed,' antwoord ik, als ik voldoende tijd voorbij heb laten gaan om aan te duiden dat ik er goed over heb nagedacht. 'Laat ik het zo zeggen. Ja, de Brexit is inderdaad een volslagen *clusterfuck*, hoewel ik betwijfel of we nu nog veel kunnen doen om de klok terug te draaien. Heb je daar wat aan?'

Nee, natuurlijk niet, dat weten we allebei. Mijn zogenaamd gepaste zwijgen valt in het niet bij Eds langgerekte stiltes die ik in de loop der tijd zou gaan beschouwen als een natuurlijk onderdeel van onze gesprekken.

'En wat vind je van *president Donald Trump*?' vraagt hij, de naam nadrukkelijk uitsprekend alsof het de duivel zelve was. 'Beschouw je Trump wel, zoals ik doe, of niet als een bedreiging en een uitdaging voor de gehele beschaafde wereld, waarbij hij ook nog eens presideert over de systematische ongebreidelde nazificatie van de Verenigde Staten?'

Ik geloof dat ik inmiddels ben gaan glimlachen maar ik zie geen reactie op Eds onheilspellende gezicht dat in een hoek naar mij toe is gedraaid, alsof hij mijn antwoord alleen in woorden nodig heeft, zonder enige relativerende gezichtsuitdrukking.

'Tja, zij het op een minder fundamentalistische manier, ja, ook daarin ben ik het met je eens, Ed, als dat je enige troost biedt,' geef ik minzaam toe. 'Maar hij is niet voor eeuwig president, toch? En de grondwet is er ook nog om hem tegen te houden, en niet om hem maar de vrije teugel te geven.'

Maar daar neemt hij geen genoegen mee:

'En hoe zit het met die fanatiekelingen met tunnelvisie die hij om zich heen heeft verzameld? De fundamentalistische christenen die denken dat Jezus de hebzucht heeft uitgevonden? *Díe* gaan heus niet weg, hoor, of wel soms?'

'Ed,' zeg ik, en nu maak ik er maar een grapje van. 'Als Trump eenmaal verdwenen is dan zullen die mensen als as door de wind worden verstrooid. Laten we nu in hemelsnaam die tweede pint pakken.'

Inmiddels verwacht ik echt die brede grijns die alles wegwast. Die komt niet. In plaats daarvan krijg ik zijn grote knokige hand die hij over tafel naar me uitsteekt.

'Dan zit het wel snor tussen ons, wat jij?' zegt hij.

En ik schud zijn hand op mijn beurt en zeg, ja, dat zit het, en pas dan haalt hij nog een glas bier voor ons.

***

Bij de stuk of twaalf matches op maandagavond die we daarna met elkaar speelden deed ik geen enkele poging ook maar iets wat hij tegen me zei te ontkennen of af te zwakken, wat betekende dat sinds onze tweede ontmoeting – Match No. 2 in mijn agenda – geen enkele post-badmintonsessie aan onze *Stammtisch* compleet was zonder dat Ed een politieke monoloog aangaande een actuele brandende kwestie afstak.

En mettertijd werd hij er steeds beter in. Vergeet zijn onbehouwen openingssalvo. Ed was niet onbehouwen. Hij was alleen heel betrokken. En – het is niet moeilijk om dat nu te zeggen – omdat hij zo intens betrokken was, was hij geobsedeerd. Tegen de tijd dat we Match Nr. 4 speelden of misschien nog eerder had hij ook laten blijken dat hij een goedgeïnformeerde nieuwsjunkie was en elke draai en wending op het politieke wereldtoneel – of het nu de Brexit, Trump, Syrië of een andere langlopende ramp betrof – ging hem persoonlijk zo aan het hart dat het van mijn kant ronduit ongepast was geweest om hem in de rede te vallen. Het grootste geschenk dat je de jeugd kunt geven is tijd, en ik was me er voortdurend van bewust dat ik Steff daar onvoldoende van had gegeven, en misschien waren Eds ouders in dat opzicht ook niet al te genereus geweest.

Mijn chers collègues wilden maar al te graag geloven dat ik hem, door hem überhaupt de ruimte te gunnen, ophitste. Ze wezen op ons verschil in leeftijd en op wat zij maar wat graag aanduidden als mijn 'professionele charme'. Kletskoek. Zodra Ed had vastgesteld dat ik, in zijn eenvoudige bestiarium, in principe een welwillend toehoorder was, had ik net zo goed een vreemde kunnen zijn die naast hem in de bus zat. Zelfs nu kan ik me geen enkele gelegenheid herinneren waarbij mijn eigen opvattingen, hoezeer die ook met de zijne overeenkwamen, zelfs maar de minste indruk op hem maakten. Hij was gewoon dankbaar dat hij een publiek had weten te vinden dat niet geschokt was, niet tegen hem in ging of gewoon bij hem wegliep om met iemand anders te gaan praten, want ik weet niet zeker hoelang hij een ideologische of een politieke ruzie zou hebben volgehouden zonder uit zijn dak te gaan. Het feit dat zijn opinies over willekeurig welk onderwerp al voordat hij zijn mond opende voorspelbaar waren, stoorde me absoluut niet. Toegegeven, hij bereed maar één stokpaardje. Ik kende de soort. Ik had er een paar gerekruteerd. Hij was geopolitiek alert. Hij was jong, hoogst intelligent binnen de marges van zijn uitgesproken stellingnames en – hoewel ik nooit de gelegenheid had het uit te proberen – hij werd snel woedend als er tegengas werd gegeven.

Wat de relatie mij persoonlijk opleverde – afgezien van onze verbeten gevechten op de badmintonbaan? – weer een vraag waar mijn chers collègues halsstarrig op terugkwamen. Ten tijde van mijn inquisitie had ik geen vastomlijnd onderwerp binnen handbereik. Alleen in de nasleep herinner ik me het gevoel van morele betrokkenheid waar Ed blijk van gaf, hoe dat op me overkwam als een beroep op mijn geweten, gevolgd door de brede en enigszins schuldbewuste grijns die het allemaal wegspoelde. Alles bij elkaar genomen kreeg ik het gevoel dat ik een soort toevluchtsoord bood aan een bedreigde diersoort. En ik moet iets van dien aard hebben gezegd tegen Prue toen ik voorstelde hem mee naar huis te nemen voor een borreltje, of hem uit te nodigen op een zondagslunch. Maar Prue in haar wijsheid was onvermurwbaar:

'Het klinkt alsof jullie elkaar een dienst bewijzen, schat. Houd hem voor jezelf en laat mij jullie niet voor de voeten lopen.'

Dus nam ik graag haar raad ter harte en hield Ed voor mezelf. Het verloop van onze wedstrijdavonden veranderde nooit, zelfs niet op het laatst. We waren verwoede tegenstanders op de badmintonbaan, haalden onze jasjes op, gooiden misschien een sjaal om onze nek en koersten naar onze *Stammtisch*, waar de verliezer meteen doorliep naar de bar. We wisselden enkele beleefdheden uit – bespraken misschien nog een enkele actie op de badmintonbaan. Hij informeerde vaaglijk naar mijn gezin, en ik vroeg hem of hij een goed weekend had gehad, en we gaven allebei nietszeggende antwoorden. Daarna volgde een soort verwachtingsvolle stilte van zijn kant die ik, dat had ik al snel door, niet diende te verbreken, en dan stak hij van wal met zijn oratie van de dag. En ik was het met hem eens of deels met hem eens of zei hoogstens wow, Ed, rustig aan een beetje en dan grinnikte ik even als de oudere, wijzere man. Slechts zelden ging ik op zijn meer ongezouten beweringen in en dan nog alleen in de mildste bewoordingen – maar altijd met omzichtigheid, want vanaf het prilste begin van onze relatie voelde ik met mijn klompen aan dat Ed kwetsbaar was.

Soms was het alsof iemand anders door zijn mond sprak. Zijn stem, die goed was zolang hij gewoon zichzelf bleef, ging dan een octaaf omhoog, bereikte een bepaalde hoogte en bleef daar op één didactische toon hangen. Niet lang, maar wel zo lang dat ik dacht: hallo, ik ken dit stemregister, en Steff heeft er ook zo een. Het is dat ene register waar je niets tegen in kunt brengen, want het davert maar door alsof je er niet bij bent, dus kun je maar het beste meegaand knikken en wachten tot het is uitgeraasd.

De essentie? In zekere zin elke keer weer diezelfde mix. De Brexit betekent zelfverbranding. Het Britse volk wordt linea recta naar een afgrond gemarcheerd door een stelletje rijke, elitaire zakkenvullers die zich voordoen als mannen van het volk. Trump is de antichrist. Poetin eveneens. Voor Trump, het dienstplicht ontduikende rijkeluiszoontje dat werd opgevoed in een grootse, zij het onvolmaakte democratie, is er in deze wereld of de volgende geen verlossing. Voor Poetin, die nooit een democratie heeft gekend, is er nog een sprankje hoop. Aldus Ed, wiens non-conformistische achtergrond stukje bij beetje een opmerkelijk element van deze uitbarstingen is geworden.

Was er vooruitgang, Nat? vroegen mijn chers collègues me. Gingen zijn opvattingen steeds verder? Had je het gevoel dat hij op weg was naar een of ander soort absolute oplossing? Opnieuw kon ik hun geen uitsluitsel bieden. Misschien sprak hij wel wat meer vrijuit en werd hij openhartiger naarmate hij meer vertrouwen had in zijn publiek: mij. Misschien werd ik in de loop der tijd voor hem een sympathiekere toehoorder, hoewel ik me niet kan herinneren ooit bepaald *on*sympathiek tegen hem te zijn geweest.

Maar ik geef toe dat Ed en ik een paar sessies aan de *Stammtisch* hebben gehad waarbij ik me niet te veel zorgen maakte over Steff, of over Prue, of over de een of andere pas aangenomen spion die nukken vertoonde, of de griepepidemie die de helft van onze spionnenbegeleiders voor een paar weken uitschakelde en waarbij ik hem nagenoeg mijn volle aandacht heb geschonken. Bij zulke gelegenheden voelde ik me soms wel geneigd op een van zijn meer radicale uitbarstingen in te gaan, niet zozeer om de kwestie te betwisten maar meer om de assertiviteit waarmee die werd uitgedragen te temperen. Dus als je het zo bekijkt: tja, misschien dan wel geen vooruitgang, maar wel een groeiend vertrouwen van mijn kant, en van Eds kant een bereidheid om, zij het slechts met tegenzin, af en toe om zichzelf te lachen.

Maar vergeet één ding alsjeblieft niet, en ik zeg dit niet om mezelf vrij te pleiten, maar omdat het een vaststaand feit is: ik heb niet altijd heel goed geluisterd, en soms was ik er zelfs helemaal niet bij met mijn gedachten. Als ik onder druk stond bij de Haven – wat steeds vaker het geval was – dan zorgde ik altijd wel dat mijn kantoormobieltje in mijn achterzak zat voordat we ons naar de *Stammtisch* begaven, en ik raadpleegde dat dan stiekem terwijl hij doordaverde.

En van tijd tot tijd, als zijn monologen in al hun jeugdige argeloosheid en strijdbaarheid me te veel dreigden te worden, dan ging ik na onze laatste pompende handdruk bij voorkeur niet rechtstreeks terug naar Prue, maar dan nam ik de langere route door het park om mijn gedachten de tijd te gunnen zich te ordenen.

***

Nog een laatste woord over wat het badmintonspel voor Ed en trouwens ook voor mij betekent. Voor ongelovigen is badminton een slappe versie van squash voor corpulente mannen die bang zijn een hartaanval te krijgen. Voor ware gelovigen bestaat er geen andere sport. Squash is meppen en afmaken. Badminton is sluwheid, geduld, snelheid en onwaarschijnlijk terugkomen uit een achterstandspositie. Dat ligt op de loer om jou in de val te laten lopen terwijl de shuttle rustig zijn boog beschrijft. In tegenstelling tot squash kent badminton geen rangen en standen. Het hoort niet bij dure privéscholen. Het heeft niets van de openluchtallure van tennis of vijf-tegen-vijf voetbal. Het beloont je niet voor een prachtige slag. Het schenkt geen vergiffenis, het spaart de knieën maar schijnt erg slecht voor de heupen te zijn. Toch vereist het, en dat is een bewezen feit, een sneller reactievermogen dan squash. Er is weinig spontane gemoedelijkheid tussen ons spelers, die in zijn algemeenheid een nogal eenzaam stelletje zijn. In de ogen van andere sporters zijn we een beetje raar, een beetje alleen.

Mijn vader speelde badminton in Singapore toen hij daar gestationeerd was. Louter enkelspel. Hij kwam vóór zijn teloorgang uit voor het leger. Hij speelde het met mij. In de zomervakantie op Normandische stranden. In de tuin in Neuilly over een waslijn in plaats van een net, met een mahoniekleurige tumbler met Schotse whisky in zijn vrije hand. Badminton was mijn vader op zijn best. Toen ik naar die afgrijselijke kostschool in Schotland werd gestuurd, speelde ik daar badminton, net zoals hij had gedaan en daarna speelde ik voor mijn universiteit in de Midlands. Toen ik op het Bureau rondhing terwijl ik wachtte op mijn eerste aanstelling in het buitenland, trommelde ik een paar van mijn medestagiairs op en onder de geuzennaam *Zootje ongeregeld* namen wij het tegen alle nieuwkomers op.

En Ed? Hoe was *hij* bekeerd tot de sport aller sporten? We zitten aan de *Stammtisch*. Hij staart in zijn pils alsof het een glazen bol is, zoals hij dat deed als hij de wereldproblemen aan het oplossen was of zich suf prakkiseerde wat er mis was met zijn backhand, of gewoon helemaal niet praatte maar ergens op zat te broeden. Geen vraag was ooit eenvoudig als je die eenmaal aan hem gesteld had. Alles moest tot de bron toe worden opgespoord.

'We hadden een gymlerares bij ons op het gymnasium,' zegt hij ten slotte. Brede grijns. 'Die heeft een paar van ons op een avond mee naar haar club genomen. Toen was ik meteen verkocht. Zij met haar korte rokje en glanzende witte dijen. Tja.'

6

Hier is, ter stichting van mijn chers collègues, de som van alles wat ik toevallig tegen de tijd dat de Val plaatsvond had opgepikt over Eds leven buiten de badmintonbaan. Nu ik eraan toekom het op te schrijven, zou het me moeten verbazen hoeveel ik eigenlijk van hem wist, ware het niet dat ik gewend ben te luisteren en dingen te onthouden, want daar ben ik in geschoold en het is een gewoonte geworden.

Hij was een van twee kinderen die tien jaar scheelden en geboren in een oud geslacht van methodistische mijnwerkers in de North Country. Zijn grootvader was toen hij in de twintig was uit Ierland gekomen. Toen de mijnen dichtgingen, werd zijn vader zeeman op de koopvaardij: *Daarna heb ik hem weinig meer gezien, eigenlijk. Hij kwam thuis en kreeg kanker alsof die op hem lag te wachten* – Ed.

Zijn vader was ook een communist van de oude stempel die na de Sovjet-invasie in Afghanistan in 1979 zijn lidmaatschapskaart van de Partij had verbrand. Ik vermoed dat Ed hem op zijn sterfbed heeft verzorgd.

Na zijn vaders dood verhuisde het gezin naar ergens in de buurt van Doncaster. Ed kreeg een beurs voor een gymnasium, vraag me niet welk. Zijn moeder bracht elk moment dat ze vrij had van haar werk door op een school voor volwassenen totdat die werd wegbezuinigd:

Mam heeft meer verstand dan ze ooit heeft mogen gebruiken en dan had ze ook nog Laura om voor te zorgen – Ed.

Laura is zijn jongere zusje dat leerproblemen heeft en gedeeltelijk gehandicapt is.

Op zijn achttiende nam hij afstand van het christelijke geloof ten gunste van wat hij een 'all-inclusive humanisme' noemde, waaruit ik opmaakte dat hij een non-conformisme zonder God beleed, maar uit tactische overwegingen deed ik hem deze suggestie maar niet aan de hand.

Na het gymnasium ging hij naar een 'nieuwe' universiteit, ik weet niet precies welke; Computerwetenschappen en Duits als facultatief bijvak. De hoogte van de graad die hij behaalde wordt niet vermeld, maar ik vermoed een middelmatige omdat hij zelf de term 'nieuwe' minachtend gebruikte.

Waar het ging om meisjes – altijd een gevoelig onderwerp voor Ed en geen onderwerp dat ik ongenood zou hebben aangesneden – of zij moesten niets van hem hebben of hij niets van hen. Ik vermoed dat zijn prangende preoccupatie met de problemen van de wereld en andere licht excentrieke gewoonten hem tot een veeleisende levenspartner maakten. Ik vermoed ook dat hij niet wist hoe aantrekkelijk hij was.

En waar het mannelijke vrienden betreft, de mensen met wie hij eigenlijk op de sportschool zou moeten rondhangen, of de wereld zou moeten verbeteren, of joggen of fietsen of in de kroeg zitten? Ed heeft geen enkele maal gewag gemaakt van dat soort vrienden, en ik vraag me af of die er überhaupt waren. Ik vermoed dat hij diep in zijn hart zijn isolement droeg als een erepenning.

Hij had in het papegaaiencircuit van de badmintonwereld over mij gehoord en mij vervolgens tot zijn vaste tegenstander uitgeroepen. Ik was zijn prijs. Hij wenste me met niemand te delen.

Toen ik een reden had om hem te vragen wat hem ertoe had gebracht een baan aan te nemen bij de media als hij daar zo'n lage dunk van had, was zijn reactie aanvankelijk ontwijkend:

Ik zag ergens een personeelsadvertentie, ging ervoor op sollicitatiegesprek. Ze lieten me een soort proefwerk maken, zeiden prima, kom er maar bij. Dat was het ongeveer. Tja – Ed.

Maar toen ik hem vroeg of hij op zijn werkplek geen sympathieke collega's had, schudde hij alleen maar zijn hoofd alsof die vraag er niet toe deed.

En het goede nieuws in Eds voor het overige solitaire universum voor zover ik dat kon bepalen? Duitsland. En nog eens Duitsland.

Ed was ernstig besmet met het Duitse virus. Ik geloof dat ik er zelf ook aan lijd, al kwam dat alleen maar door de onwillige Duitse die in mijn moeder huisde. Hij had een jaar in Tübingen gestudeerd en twee jaar in Berlijn voor zijn broodheren in de media gewerkt. Duitsland was het neusje van de zalm. Duitse burgers waren simpelweg de beste Europeanen ooit. *Geen enkele staat kan in de schaduw staan van de Duitsers qua begrip van waar het in de Europese eenheid nu eigenlijk om draait* – Ed op pompeuze toon. Hij had overwogen het bijltje erbij neer te gooien en daar een nieuw leven te beginnen, maar het was niets geworden met het meisje, een researchstudente aan de universiteit van Berlijn. Het was, voor zover ik kon nagaan dankzij haar, dat hij een soort studie had gemaakt van de opkomst van het Duitse nationalisme in de jaren twintig van de vorige eeuw, wat haar specialisme schijnt te zijn geweest. Wat vaststaat is dat hij zich op grond van dergelijke willekeurige studies in staat achtte verontrustende parallellen tussen de opkomst van dictators in Europa en de opkomst van Donald Trump te trekken. Snijd dat onderwerp aan en je hebt Ed op zijn hoogste stokpaardje.

In Eds wereld bestond er geen scheidslijn tussen Brexit-fanaten en Trump-fanaten. Ze waren allebei racistisch en xenofoob. Beiden knielden voor hetzelfde altaar van nostalgisch imperialisme. Had hij dit thema eenmaal aangesneden, dan verloor hij alle objectiviteit. De Trumpisten en de Brexiteers zweerden samen om hem van zijn Europese geboorterecht te beroven. Hij mocht dan op andere gebieden een eenling zijn, als het om Europa ging schrok hij er niet voor terug om te beweren dat hij namens zijn generatie sprak of om met een beschuldigende vinger naar mijn generatie te wijzen.

Het gebeurde een keer toen wij na onze gebruikelijke felle strijd op de badmintonbaan tijdelijk uitgeput in de kleedkamer van de Athleticus zaten. Hij dook in zijn locker om zijn mobieltje te pakken en wilde per se dat ik daarop naar een video-opname keek van Trumps kernkabinet dat bijeen was gekomen rond een tafel waar ieder op zijn beurt een eed van eeuwige trouw aan de beminde leider aflegt.

'Ze zweren verdomme trouw aan hun klote Führer,' vertrouwt hij mij met ademloze stem toe. 'Het is een herhaling, Nat. Kijk.'

Ik keek gehoorzaam. En inderdaad, het was *zum Kotzen.*

Ik heb het hem nooit gevraagd, maar ik denk dat het Duitslands boetedoening voor haar zonden in het verleden is, wat Eds geseculariseerde methodistische ziel het meeste aansprak: de gedachte dat een grote natie die een ravage heeft aangericht spijt moest betuigen voor haar misdaden jegens de wereld. Welk ander land had ooit iets dergelijks gedaan? wilde hij weten. Had Turkije zijn excuses aangeboden voor de afslachting van de Armenen en de Koerden? Had Amerika zijn spijt betuigd tegenover het Vietnamese volk? Hadden de Britten geboet voor de kolonisatie van driekwart van de wereld en het tot slaaf maken van een ontelbaar aantal van de burgers?

De pompende handdruk? Hij heeft het me nooit verteld, maar ik vermoed dat hij zich die eigen heeft gemaakt toen hij in Berlijn woonde bij de Pruisische familie van het meisje en dat hij uit een vreemd gevoel van loyaliteit die gewoonte in stand hield.

7

Het is tien uur op een zonovergoten vrijdagochtend in de lente en de vogels weten het allemaal, als Florence en ik, na een vroege koffieafspraak – ik vanuit Battersea en zij, naar ik aanneem vanuit Pimlico – langs de oever van de Theems op weg gaan naar het Hoofdbureau. Als ik in het verleden voor Bureau-overleg of voor verlof terugkeerde van verre buitenposten, heb ik me zo nu en dan afgeschrikt gevoeld door ons overdreven opvallende, veel torens tellende Camelot met zijn fluisterende liften, zijn steriele gangen en toeristen die er vanaf de brug met open mond naar staren.

Vandaag niet.

Over een halfuur zal Florence London Generals eerste volwaardige speciale operatie in drie jaar presenteren en die zal het stempel van de Haven dragen. Ze is gekleed in een elegant broekpak en is maar heel licht opgemaakt. Als ze plankenkoorts heeft dan laat ze daar niets van blijken. De afgelopen drie weken zijn we samen nachtuilen geweest en hebben we met de koppen bij elkaar tot in de kleine uurtjes aan de gammele klaptafel in de raamloze controlekamer van de Haven gezeten, gebogen over stadsplattegronden, observatieverslagen, onderschept telefoon- en e-mailverkeer, en het laatste woord van Orsons ontevreden maîtresse Astra.

Astra was de eerste die rapporteerde dat Orson op het punt stond zijn dubbele appartement aan Park Lane te gebruiken om indruk te maken op een duo op Cyprus gestationeerde, Moskougezinde witwassers van Slowaakse afkomst met een particuliere bank in Nicosia en een filiaal ervan in de City van Londen. Beiden zijn geïdentificeerde leden van een door het Kremlin goedgekeurd misdaadsyndicaat dat vanuit Odessa opereert. Toen Orson op de hoogte werd gesteld dat ze zouden komen gaf hij opdracht tot een elektronisch onderzoek van zijn appartement. Er werd geen afluisterapparatuur ontdekt. Nu was het aan de insluiperseenheid van Percy Price om die omissie te verhelpen.

Met toestemming van de afwezige directeur, Bryn Jordan, is de Afdeling Rusland zelf ook wat in de melk gaan brokkelen. Een van hun employees heeft zich voorgedaan als Florences nieuwsredacteur van *The Daily Mail* en de deal met de nachtportier beklonken. Op het gasbedrijf dat de energie levert voor Orsons woning is met succes een beroep gedaan om melding te maken van een lek. Een team van drie insluipers onder leiding van de hoogdravende Eric heeft, vermomd als monteurs van het gasbedrijf, de woning verkend en foto's gemaakt van de sloten op de gepantserde deur die toegang biedt tot de computerruimte. De Britse slotenmakers hebben voor duplicaatsleutels gezorgd en instructies gegeven hoe de juiste cijfercombinatie moet worden gedecodeerd.

Het enige wat Rosebud nu nog nodig heeft is het officiële groene licht van een plenair comité van de bonzen van het Hoofdbureau, dat algemeen bekendstaat als het Directoraat Operaties.

***

Hoewel de relatie tussen Florence en mij nadrukkelijk afstandelijk is, waarbij wij allebei ons uiterste best doen om elkaars handen niet aan te raken of op een andere wijze lichamelijk contact te maken, is die niettemin intiem. Het blijkt dat onze levens in meer opzichten overlappingen vertonen dan we, gezien het verschil in leeftijd, hadden kunnen vermoeden. Haar vader de oud-diplomaat was twee achtereenvolgende periodes gestationeerd geweest op de Britse ambassade in Moskou, waar hij zijn vrouw en drie kinderen, van wie Florence de oudste is, mee naartoe had genomen. Prue en ik hadden hen net een halfjaar misgelopen.

Toen ze op de Internationale School in Moskou zat had ze de Russische muze met al het vuur van de jeugd omhelsd. Ze had zelfs een Madame Galina in haar leven: de weduwe van een 'toegestane' dichter uit de Sovjettijd met een bouwvallige datsja in de oude kunstenaarsenclave Peredelkino. Tegen de tijd dat Florence klaar was om naar een Engelse kostschool te gaan, hadden de talentscouts van de Dienst al een oogje op haar. Toen ze eindexamen moest doen, stuurden ze hun eigen Russische taalexpert om haar taalvaardigheden te beoordelen. Ze behaalde de hoogste cijfers die niet-Russische kandidaten konden behalen en werd benaderd toen ze krap negentien was.

Op de universiteit vervolgde ze haar studies onder supervisie van het Bureau en bracht ze een deel van haar vakanties door in *low-grade* trainingskampen: Belgrado, Sint-Petersburg en meest recentelijk Tallinn, waar we elkaar opnieuw hadden kunnen tegenkomen als haar dekmantel niet die van student bosbouw was geweest en de mijne die van diplomaat. Ze was, net als ik, dol op hardlopen: ik in het Battersea Park en zij tot mijn verrassing op de Hampstead Heath. Toen ik haar erop wees dat Hampstead een heel eind weg was vanuit Pimlico, antwoordde ze zonder te aarzelen dat er een bus was die haar van deur tot deur bracht. Toen ik even niets te doen had heb ik het gecontroleerd en het was waar: de 24 reed helemaal tot daar.

Wat wist ik nog meer van haar? Dat ze een uitgesproken gevoel voor rechtvaardigheid had dat me aan Prue deed denken. Dat ze dol was op de spanning van operationeel werk en dat ze daar een gave voor bezat die meer dan normaal was. Dat het Bureau haar regelmatig op haar zenuwen werkte. Dat ze terughoudend, zelfs op haar hoede was waar het haar privéleven betrof. En dan was er een avond, na een lange dag werken, dat ik haar ineengedoken in haar kamertje aantrof met gebalde vuisten en tranen die over haar wangen biggelden. Een ding heb ik door schade en schande van Steff geleerd: vraag *nooit* wat er is, geef haar gewoon de ruimte. Ik gaf haar de ruimte, vroeg niets en de oorzaak van haar tranen bleef haar geheim.

Maar vandaag de dag heeft ze niets anders aan haar hoofd dan Operatie Rosebud.

***

Als ik terugdenk aan die ochtendbijeenkomst met de topmensen van het Bureau lijkt die wel een soort droom; er is dat gevoel van dingen die hadden kunnen zijn en een herinnering aan dingen die voorgoed voorbij zijn: de vergaderkamer op de hoogste verdieping met zijn door de zon beschenen dakramen en honingkleurige lambrisering, de intelligente, aandachtige, naar Florence en mij gerichte gezichten die schouder aan schouder zaten op de belangstellende plaats aan tafel. Al onze toehoorders kende ik uit vorige levens, en ieder van hen was op een of andere manier mijn respect waard: Ghita Marsden, mijn voormalige Hoofd van Dienst in Triëst en de eerste gekleurde vrouw die de hoogste verdieping had bereikt;

Percy Price, chef van de zich voortdurend uitbreidende afdeling bewaking en onderzoek van de Dienst. De lijst gaat door. Guy Brammel, het gezette, scherpzinnige, vijfenvijftigjarige hoofd van Russische Zaken die momenteel de honneurs waarnam voor Bryn Jordan die in Washington was gestrand. Marion, een hooggeplaatst lid van onze Zusterdienst, was toegevoegd. Daarnaast nog twee van Guy Brammels hoogst gewaardeerde vrouwelijke collega's, Beth (Noord-Kaukasus) en Lizzie (Russische Oekraine). En als laatste en veruit de minste, Dom Trench, als hoofd van London General, die er een punt van maakt om pas binnen te komen als iedereen al zit, uit angst dat hem een mindere plaats wordt toebedeeld.

'*Florence*,' zegt Guy Brammel toegeeflijk van de andere kant van de tafel. 'Laat ons je pitch maar eens horen, hè?'

En opeens is ze daar, niet langer aan mijn zijde maar op nog geen twee meter afstand van me in haar broekpak: Florence, mijn getalenteerde, zij het temperamentvolle rechterhand in het tweede jaar van haar proeftijd, die wijze woorden spreekt tegen haar meerderen terwijl onze eigen kleine Ilja van de Haven als een elf in de projectiekamer gehurkt zit met een *cue sheet* om haar te begeleiden met zijn diashow.

Er klinkt vandaag geen gepassioneerde trilling in Florences stem, geen spoor van het vuur dat de laatste paar maanden in haar heeft gewoed of van de speciale plek die ze in haar privé-inferno voor Orson heeft gereserveerd. Ik heb haar gewaarschuwd dat ze haar emoties in bedwang moet houden en niet mag vloeken. Percy Price, onze hoofdbewaker, is een devoot kerkganger en moet niets hebben van Angelsaksische krachttermen. En Ghita, vermoed ik, ook niet, alhoewel ze onze heidense fratsen wel tolereert.

En tot dusverre heeft Florence zich aan de instructies gehouden. Als ze Orsons aanklachtenlijst voorleest is ze verontwaardigd noch hoogdravend – dat kan ze in een handomdraai allebei zijn – maar zo beheerst als Prue wanneer ik soms even de rechtszaal binnenglip, enkel om te genieten van de wijze waarop zij de tegenpartij hoffelijk aan flarden scheurt.

Eerst presenteert ze ons Orsons onverklaarde rijkdom – immens, offshore, beheerd vanaf Guernsey en vanuit de City, waar anders? –, dan Orsons andere overzeese bezittingen, in Madeira, Miami, Zermatt en aan de Zwarte Zee, dan zijn onverklaarde aanwezigheid op een receptie van de Russische ambassade in Londen voor toonaangevende Brexiteers, en zijn contributie van een miljoen pond aan een zakelijk strijdfonds voor voorstanders van de Brexit. Ze beschrijft een geheime bijeenkomst waar Orson bij was in Brussel met zes Russische cyberexperts die worden verdacht van grootscheeps hacken van westerse democratische fora. Dit alles en meer zonder een trilling van emotie.

Pas als ze toe is aan de voorgestelde plaatsing van verborgen microfoons in het dubbele appartement van het doelwit laat haar koelbloedigheid haar in de steek. Ilja's diaprojectie toont ons er een stuk of tien, allemaal aangegeven met een eigen rode stip. Marion wil daar graag iets tegen inbrengen:

'Florence,' zegt ze streng, 'ik begrijp niet waarom je voorstelt speciale maatregelen te treffen tegen minderjarige kinderen.'

Ik geloof niet dat ik Florence ooit eerder met stomheid geslagen heb gezien. Als hoofd van haar bijkantoor schiet ik haar haastig te hulp.

'Ik denk dat Marion doelt op onze aanbeveling dat *alle* kamers in Orsons appartement moeten worden afgeluisterd, ongeacht wie erin verblijft,' mompel ik tegen haar op een souffleurstoon.

Maar Marion laat zich niet vermurwen.

'Ik vraag me af of het ethisch toelaatbaar is om audio- én videoapparatuur te plaatsen in een kinderkamer. En ook in de slaapkamer van het kindermeisje. Dat vind ik al even aanvechtbaar, zo niet meer. Of moeten wij ervan uitgaan dat Orsons kinderen én het kindermeisje ons geheime informatie kunnen opleveren?'

Florence heeft zichzelf inmiddels weer in de hand. Of, als je haar kent zoals ik haar ken, zich gewapend voor de strijd. Ze zucht en spreekt met haar allerliefste vrouwelijke studentenverenigingsstem.

'De *kinderkamer*, Marion, is waar Orson zijn zakenvriendjes mee naartoe neemt als hij ze iets hoogst geheims te vertellen heeft. De kamer van het *kindermeisje* is waar hij zijn hoeren neukt als de kinderen met het kindermeisje in Sotsji zijn voor een vakantie aan zee en zijn vrouw juwelen aan het kopen is bij Cartier. Bron Astra vertelt ons dat Orson graag tegen zijn vrouwen opschept over zijn slimme deals terwijl hij ze neukt. We dachten dat het goed was als we hem dat kunnen horen doen.'

Maar het is al in orde. Iedereen lacht en Guy Brammel lacht het hardst; zelfs Marion lacht. Dom lacht, wat betekent dat hij glimlachend schuddebuikt, ook al komt er geen geluid uit zijn mond. We staan op en er vormen zich kleine groepjes bij de koffietafel. Ghita feliciteert Florence van vrouw tot vrouw. Een ongeziene hand sluit zich om mijn bovenarm, iets wat ik zelfs onder ideale omstandigheden onprettig vind.

'Nat. *Wat* een geweldige vergadering. Een medaille voor London General, een medaille voor de Haven, en een medaille voor jou persoonlijk.'

'Blij dat je ervan hebt genoten, Dom. Florence is een veelbelovende kracht. Fijn dat haar auteurschap wordt erkend. Dat soort dingen wordt zo gemakkelijk over het hoofd gezien.'

'En altijd die bescheiden stem van jou op de achtergrond,' kaatst Dom terug, terwijl hij doet alsof hij mijn kleine kwinkslag niet heeft gehoord. 'Ik kon het bijna horen: dat is dat vaderlijke dat jij in je hebt.'

'Nou zeg, dank je wel, Dom. Dank je wel,' antwoord ik grootmoedig, en ik vraag me af wat hij in zijn schild voert.

***

In de naglans van een naar behoren uitgevoerde taak wandelen Florence en ik in het zonlicht terug over het voetpad langs de rivier, en we zeggen tegen elkaar – hoewel Florence het meeste aan het woord is – dat we, als Rosebud slechts een kwart oplevert van het dividend dat we voorspellen, er redelijk zeker van kunnen zijn dat het doek valt voor Orsons rol als Russische aangever in Londen en dat – haar liefste wens – eveneens het doek valt voor al zijn smerige geld dat verspreid over het zuidelijk halfrond wordt rondgepompt door de voortdurend op volle toeren draaiende witwasmachine van de City van Londen.

Dan wachten we, omdat we nog niet hebben gegeten en de tijd sowieso een beetje onwerkelijk is na al die nachtelijke uren die we in dit moment hebben geïnvesteerd, nog even voor we de metro nemen en duiken we een café in, vinden een stil hoekje voor onszelf en onder het genot van vispastei en een fles rode bourgogne – ook Steffs favoriete wijn, kan ik niet nalaten tegen haar te vermelden, en ze zijn ook allebei gek op vis – bespreken we in gepast omfloerste taal de gang van zaken van die ochtend, die eigenlijk veel meer om het lijf hadden en veel technischer waren dan ik hierboven heb weergegeven, met bijdragen van Percy Price en Eric de hoogdravende insluiper over zaken als het markeren en monitoren van te schaduwen doelwitten, het impregneren van de schoenen of kleding van het doelwit, het gebruik van een helikopter of drone, en wat er moet gebeuren in geval Orson en zijn entourage onverhoopt naar het beoogde dubbele appartement terugkomen, terwijl het insluipersteam nog binnen is. Antwoord: hun zal door een geüniformeerde politieman beleefd worden medegedeeld dat er melding is gemaakt van indringers in het gebouw, dus zouden de dames en heren alstublieft de politie ter wille willen zijn en een lekker kopje thee drinken terwijl het onderzoek wordt voortgezet?

'Dus dat is het dan toch, hè?' mijmert Florence boven haar tweede of misschien derde glas rode wijn. 'We zitten gebakken. Citizen Kane, uw dag is eindelijk aangebroken.'

'Nee, dat is het pas wanneer de dikke dame gaat zingen,' waarschuw ik haar.

'Wie is dat, verdomme?'

'Een sub-comité van het ministerie van Financiën moet zijn zegen geven.'

'En dat comité bestaat uit?'

'Eén mandarijn van Financiën, één van Buitenlandse Zaken, één van Binnenlandse Zaken en één van Defensie. Plus een paar gedweeë parlementariërs van wie men zeker weet dat ze zullen doen wat hun wordt opgedragen.'

'En dat is?'

'Een stempel van goedkeuring op de operatie zetten en de boel terugsturen naar het Hoofdbureau om tot actie over te gaan.'

'Godsamme, wat een tijdverspilling, als je het mij vraagt.'

We keren met de metro terug naar de Haven en ontdekken dat Ilja voor ons uit is gesneld om de grote overwinning aan de grote klok te hangen, met Florence als de heldin van de dag. Zelfs de knorrige Igor, de vijfenzestigjarige Litouwer, komt uit zijn hol om haar de hand te schudden en – hoewel hij stiekem denkt dat elke vervanging van Giles een Russisch complot moet zijn – ook de mijne. Ik ontsnap naar mijn kantoor, gooi mijn jasje en das over een stoel en ben net bezig mijn computer af te sluiten als de privételefoon tegen me begint te kwaken. Ervan uitgaande dat het Prue is en hopend dat het eindelijk dan toch Steff is, steek ik mijn hand in de zak van mijn jasje. Het is Ed en hij klinkt wanhopig.

'Ben jij dat, Nat?'

'Verbazingwekkend genoeg is dat het geval. En jij moet Ed zijn,' antwoord ik frivool.

'Ja, ach.' Een lange stilte. 'Maar het gaat om Laura, zie je. Op maandag.'

Laura, het zusje dat leerproblemen heeft.

'Dat geeft niet, hoor Ed. Als je met Laura hebt afgesproken, dan doen we het toch niet. Dan spelen we een andere keer. Je hoeft maar een kik te geven en dan zie ik wel wanneer ik weer kan.'

Dat is echter niet de reden waarom hij belde. Er is iets anders aan de hand, bij Ed is dat altijd het geval. Als je maar lang genoeg wacht, dan vertelt hij het je wel.

'Maar ze wil een dubbelspel, met z'n vieren, begrijp je.'

'Wil Laura dat?'

'Met badminton. Tja.'

'Aha, met badminton dus.'

'Ze speelt als een bezetene als ze het op haar heupen heeft. Ze speelt niet goed, hoor. Ik bedoel, echt helemaal niet goed. Maar, je weet wel. Enthousiast.'

'Natuurlijk. Dat klinkt uitstekend. Dus wat voor soort vier?'

'Nou, gemengd dubbel, weet je. Met een vrouw. Misschien jouw vrouw.' Hij kent Prues naam, maar lijkt niet in staat die uit te spreken. Ik zeg hem *Prue* voor en hij zegt: 'Ja, Prue.'

'Sorry, maar Prue kan niet, Ed. Ik hoef het haar niet eens te vragen. Maandag heeft ze spreekuur voor minvermogende cliënten, weet je nog? Heb je niet iemand bij jou op kantoor?'

'Niet echt. Niemand die ik het kan vragen. Laura speelt écht heel slecht, weet je. Tja.'

Inmiddels is mijn blik afgedwaald naar de gespikkelde glazen deur die mij scheidt van Florences kantoortje. Ze zit aan haar bureau met haar rug naar me toe en sluit ook haar computer af. Maar iets valt haar op. Ik ben opgehouden met praten, maar ik heb de verbinding niet verbroken. Ze draait zich om, kijkt me aan, staat dan op, doet de glazen deur open en steekt haar hoofd om de hoek.

'Heb je me nodig?' vraagt ze.

'Ja. Speel jij *heel slecht badminton*?'

8

Het is de zondagavond voorafgaand aan het geplande gemengde dubbelspel met Ed, Laura en Florence van maandag. Prue en ik genieten van een van onze absoluut beste weekends sinds mijn terugkeer uit Tallinn. Het gegeven dat ik van nu af aan altijd thuis ben is nog nieuw voor ons en we zijn ons er allebei van bewust dat daar zorgvuldig mee moet worden omgegaan. Prue is dol op haar tuin. Ik wil best het gras maaien en het zware tilwerk verrichten, maar verder ben ik op mijn best als ik haar op slag van zessen een gin-tonic breng. Het collectieve proces van haar advocatenkantoor tegen Big Pharma, de grote farmaceutische bedrijven, verloopt naar wens en daar zijn we allebei blij om. Ik ben wat minder blij dat onze zondagochtenden zijn opgeofferd aan 'werkbrunches' van haar toegewijde juridische team dat, afgaande op het weinige dat ik hoor over hun beraadslagingen, meer klinkt als anarchistische samenzweerders dan door de wol geverfde juristen. Als ik dat tegen Prue zeg, schatert ze het uit en zegt: 'Maar dat zijn ze nou net, lieverd!'

's Middags gingen we naar een film – ik ben vergeten welke, behalve dat we ervan genoten. Toen we thuiskwamen verordonneerde Prue dat we samen een kaassoufflé moesten maken, wat volgens Steff het gastronomische equivalent is van ouderwets stijldansen, maar we zijn er dol op. Dus rasp ik de kaas en klopt zij de eieren terwijl we luisteren naar Fischer-Dieskau met de volumeknop helemaal open, en daardoor horen we geen van beiden het gepiep van mijn Bureau-telefoon totdat Prue haar duim van de knop van de mixer haalt.

'Het is Dom,' zeg ik haar en ze trekt een grimas.

Ik ga naar de zitkamer en sluit de deur achter me, want we hebben adgesproken dat, als het om Bureau-zaken gaat, Prue er liever niets van wil weten.

'*Nat.* Vergeef me dat ik je zondagsrust zo schandalig verstoor.'

Ik vergeef hem, zij het kortaf. Ik leid uit zijn welwillende toon af dat hij op het punt staat me te vertellen dat we het groene licht van Financiën hebben gekregen voor Rosebud, informatie die evengoed tot maandag had kunnen wachten. Maar dat is niet zo:

'Nee, dat is nog niet helemaal in kannen en kruiken, vrees ik, Nat. Maar dat kan het ongetwijfeld ieder ogenblik komen.'

Niet helemaal? Wat betekent dat? Zoiets als *niet helemaal* zwanger? Maar dat is niet de reden dat hij belt.

'*Nat'* – dit recentelijk ontwikkelde *Nat* aan het begin van nagenoeg elke zin, betekent dat ik aan de bak moet –' zou je mij *mogelijkerwijs* een *enorme* dienst willen bewijzen? Ben jij morgen *toevallig* vrij? Ik weet dat maandagen altijd lastig zijn, maar alleen deze *ene* keer?'

'Wat wil je dat ik doe?'

'Ik wil dat je even heen en weer reist naar Northwood voor me. Het multinationale hoofdkwartier. Ben je daar al eens geweest?'

'Nee.'

'Nou, dan is dit een kans uit duizenden. Onze Duitse vrienden hebben een belangrijke nieuwe levende bron binnengehaald met betrekking tot Moskous hybride oorlogsvoeringsprogramma. Ze hebben een publiek van NAVO-professionals bijeengebracht. Dat leek me typisch een kolfje naar jouw hand.'

'Wil je dat ik daar iets aan *bijdraag* of zo?'

'Nee, nee, nee. *Veel* beter van niet. Helemaal het verkeerde klimaat. Het is zuiver pan-Europees, dus de Britse stem zal niet goed worden ontvangen. Het goede nieuws is dat ik een auto voor je heb geregeld. Luxe sedan, met chauffeur. Hij zal je erheen rijden, wachten tot zolang als het duurt en je daarna weer naar Battersea terugbrengen.'

'Dit is iets voor de Afdeling Rusland, Dom,' breng ik er geërgerd tegenin, 'niet voor London General. En al helemaal niet voor de Haven, in jezusnaam. Dat is net zoiets als je kleine broertje erop afsturen.'

'*Nat.* Guy Brammel heeft het materiaal gezien en verzekerde mij *persoonlijk* dat de Afdeling Rusland bij deze samenkomst geen rol voor zichzelf ziet weggelegd. Wat in feite betekent dat je niet alleen London General vertegenwoordigt maar tegelijkertijd óók de Afdeling Rusland. Ik dacht dat je dat wel leuk zou vinden. Het is een dubbele eer.'

Het is helemaal geen eer; het is stomvervelend. Niettemin is Dom, of ik dat nu wil of niet, mijn baas en daar valt niets op af te dingen.

'Oké, Dom. Laat die auto met chauffeur maar zitten. Ik neem mijn eigen auto wel. Ik ga ervan uit dat ze wel een parkeerplaats hebben in Northwood?'

'Volslagen nonsens, Nat! Ik sta erop. Dit is een chique Europese vergadering. Het Bureau moet goed voor de dag komen. Ik heb dat sterk benadrukt bij de afdeling vervoer.'

Ik ga terug naar de keuken. Prue zit aan tafel met haar bril op en leest *The Guardian*, terwijl ze wacht tot onze soufflé begint te rijzen.

***

Eindelijk is het maandagavond en tijd voor badminton met Ed, het is ons benefiet gemengd dubbel ten behoeve van zijn zuster Laura, waar ik me, dat moet gezegd, op mijn eigen manier best op verheug. Ik heb een ellendige dag opgesloten gezeten in een ondergrondse vesting in Northwood waar ik deed of ik luisterde naar een opsomming van Duitse statistieken. Tussen de sessies door heb ik als een lakei aan de buffettafel gestaan en mij tegenover een assortiment Europese professionals op het gebied van informatievoorziening verontschuldigd voor de Brexit. Omdat bij aankomst mijn telefoon was afgepakt, ben ik pas tijdens mijn terugrit naar huis in mijn limousine met chauffeur tijdens een stortbui in staat Viv te bellen – Dom zelf is weer eens 'onbereikbaar', een nieuwe trend – en krijg te horen dat de beslissing van het sub-comité van Financiën aangaande Rosebud 'tijdelijk in de wacht' is gezet. Normaal gesproken zou mij dat niet bijzonder dwars hebben gezeten, maar Doms 'nog niet helemaal in kannen en kruiken' blijft door mijn hoofd zingen.

Het is spitsuur in de regen en er is een verkeersopstopping op de Battersea Bridge. Ik zeg tegen de chauffeur dat hij me rechtstreeks naar de Athleticus moet rijden. We komen daar op tijd aan om Florence, gehuld in een plastic cape, de trappen van het bordes op te zien lopen.

Wat er van nu af aan gebeurt moet ik zorgvuldig boekstaven.

***

Ik spring uit de limousine en sta op het punt om Florence te roepen als ik me herinner dat zij en ik in de verwarring waarmee ons gemengde dubbelspel op touw werd gezet zijn vergeten onze dekmantels op elkaar af te stemmen.

Wie waren wij, hoe hebben we elkaar ontmoet en waarom was zij toevallig in dezelfde kamer toen Ed mij opbelde? Dat moet nog even op elkaar worden afgestemd, dus zodra we de kans zien moeten we even de koppen bij elkaar steken.

Ed en Laura staan in de lobby op ons te wachten. Ed staat breed te grijnzen in een ouderwetse regenjas en met een soort zuidwester op die naar ik vermoed van zijn zeevarende vader is geweest. Laura verschuilt zich achter zijn jaspanden, trekt aan zijn been en wil niet tevoorschijn komen. Ze is klein en stevig met een soort mutsje van kroezend bruin haar, een stralende glimlach en een blauwe dirndljurk. Ik sta nog steeds in dubio hoe ik haar moet begroeten – blijven staan en vrolijk wuiven of om Eds lichaam heen mijn hand uitsteken om de hare te schudden – als Florence naar haar toe stuitert met: 'Wow, Laura, wat een prachtige jurk! Is die nieuw?' waarop Laura straalt en zegt: 'Ed heeft hem voor me gekocht. 'In *Duitsland*' – met een lage, hese stem en ze kijkt in aanbidding op naar haar broer.

'De enige plek op de wereld om er een te kopen,' verkondigt Florence en dan pakt ze Laura's hand en marcheert met haar naar de dameskleedkamer met een 'tot zo, jongens' over haar schouder, terwijl Ed en ik haar nastaren.

'Waar heb je *haar* in hemelsnaam gevonden?' gromt Ed, die een kennelijk enthousiaste belangstelling tracht te maskeren, en voor mij zit er niets anders op dan met mijn helft van een geïmproviseerde dekmantel voor de dag te komen die ik nog niet met Florence overeen ben gekomen.

'Iemands energieke assistente is het enige wat ik weet,' beweer ik en ik loop in de richting van de herenkleedkamer voordat hij me met meer vragen kan bestoken.

Maar in de kleedkamer geeft hij er tot mijn opluchting de voorkeur aan stoom af te blazen over Trumps ontbinding van Obama's nucleaire verdrag met Iran.

'Amerika's woord wordt hierbij en voortaan officieel tot van nul en generlei waarde verklaard,' verkondigt hij. 'Mee eens?'

'Mee eens,' antwoord ik – en ga hier alsjeblieft over door totdat ik de kans heb gehad Florence bij te praten, wat ik vastbesloten ben zo snel als maar mogelijk is te doen, want de gedachte dat Ed de indruk zou kunnen krijgen dat ik wel eens iets anders dan een parttime-zakenman ben begint me danig op te breken.

'*En* wat hij zojuist in *Ottawa* heeft geflikt' – nog steeds fulminerend tegen Trump, terwijl hij zijn lange korte broek aantrekt – 'weet je wat?'

'Wat?'

'Hij heeft er eigenlijk voor gezorgd dat het Russische standpunt over Iran heel redelijk lijkt, en dat is verdomme nog nooit iemand gelukt,' zegt hij met grimmige voldoening.

'Ongehoord,' beaam ik, en ik bedenk dat hoe sneller Florence en ik op de baan staan hoe liever het me is – en misschien heeft zij wel iets gehoord over Rosebud wat ik nog niet weet, dus daar zal ik haar ook meteen naar vragen.

'*En* wij Britten zijn zo wanhopig gebrand op vrijhandel met Amerika dat we zullen zeggen: *ja* Donald, *nee*, Donald, mogen-we-je-kont-kussen, alsjeblieft, Donald, helemaal tot aan Armageddon' – en hij richt zijn hoofd op om me de volle, strakke blik in zijn ogen te tonen. 'Nou, dat zullen we toch, Nat? Nou?'

Dus stem ik voor de tweede of is het al de derde keer in met zijn woorden en het enige wat me opvalt is dat hij gewoonlijk pas met het verbeteren van de wereld begint als wij achter onze pilsjes aan de *Stammtisch* zitten. Maar hij is nog niet uitgepraat, en dat komt mij wel zo goed uit:

'Die man is een pure hater. Hij haat Europa, dat heeft hij zelf gezegd. Hij haat Iran, hij haat Canada, hij haat internationale verdragen. Waar houdt hij eigenlijk wel van?'

'Van golf misschien?' opper ik.

Baan drie is tochtig en versleten. Hij heeft zijn eigen keet aan de achterkant van de club, dus geen toeschouwers en geen voorbijgangers, wat denk ik de reden is dat Ed juist deze baan heeft gereserveerd. Dit was een cadeautje voor Laura, en hij wilde vast geen pottenkijkers. We hangen wat rond in afwachting van de meisjes. Hier had Ed opnieuw die netelige vraag kunnen stellen hoe Florence en ik elkaar hebben leren kennen, maar ik spoor hem aan door te oreren over Iran.

De deur van de dameskleedkamer wordt van binnenuit geopend. Alleen in haar fraaie uitmonstering schrijdt Laura met ongelijke passen de catwalk op: splinternieuwe korte broek, smetteloze geblokte sportschoenen, T-shirt met Che Guevara erop en een professioneel standaardracket dat nog steeds in zijn verpakking zit.

Dan verschijnt ook Florence, niet in een van de gevechtspakken die ze op kantoor draagt, niet in een representatief broekpak of met kletsnat geregende laarzen; gewoon een onafhankelijke, zelfverzekerde jonge vrouw met een kort rokje aan en de glanzend witte dijen uit Eds puberteit. Ik kijk tersluiks even naar hem. In plaats van onder de indruk te zijn heeft hij zijn meest ongeïnteresseerde gezicht opgezet. Mijn eigen reactie is er een van speelse verontwaardiging: Florence, je wordt niet geacht er zo uit te zien. Dan weet ik me weer te beheersen en word ik weer een verantwoordelijke thuiswonende echtgenoot en vader.

We spelen in de enig logische opstelling. Laura en Ed versus Florence en Nat. In de praktijk komt het erop neer dat Laura met haar neus tegen het net staat en naar alles mept dat haar kant op komt, en Ed alles oppikt wat zij niet weet te raken. Het betekent ook dat Florence en ik tussen de rally's ruimschoots de tijd hebben om heimelijk enkele woorden te wisselen.

'Je bent een p.a. op topniveau,' zeg ik haar als ze van de achterlijn van de baan een shuttle opraapt. 'Dat is het enige wat ik van je weet. Ik ben een vriend van jouw baas. Voor de rest verzin je maar wat.'

Geen reactie, geen reactie verwacht. Brave meid. Ed is bezig iets te repareren aan Laura's sportschoenen dat los is geraakt, dat zegt ze tenminste, want Eds aandacht is van vitaal belang voor haar.

'We zijn elkaar tegen het lijf gelopen op het kantoor van een vriendje van mij,' vervolg ik. 'Jij zat achter je computer, ik kwam binnenlopen. Verder weten we totaal niets van elkaar.' En heel zachtjes, alsof het me op het laatste moment te binnen schiet: 'Heb je nog iets gehoord over Rosebud toen ik in Northwood was?'

Geen spoor van een reactie op alles wat ik zeg.

We spelen op het scherp van de snede met z'n drieën en Laura aan het net wordt overgeslagen. Florence is een door God uitverkoren atlete: moeiteloze timing en reacties, lenig als een gazelle en eleganter dan ze eigenlijk zou moeten zijn. Ed springt en rent zoals gewoonlijk maar houdt tussen de rally's zijn ogen angstvallig op de grond gericht. Ik vermoed dat zijn demonstratieve gebrek aan belangstelling voor Florence ten behoeve van Laura is: hij wil zijn kleine zusje niet tegen de haren in strijken.

Na nog een rally tussen ons drieën begint Laura te jammeren dat zij wordt overgeslagen en dat het helemaal niet leuk meer is. We houden met alles op terwijl Ed op zijn hurken gaat zitten om haar te troosten. Dit is het ideale moment voor Florence en mij om nonchalant met onze handen in onze zij tegenover elkaar te gaan staan en een dekmantel te verzinnen.

'Mijn vriend, jouw werkgever, heeft een handelsfirma en jij bent een hooggekwalificeerde tijdelijke kracht.'

Maar in plaats van mijn verhaal te beamen besluit ze zich bewust te worden van Laura's verdriet en Eds pogingen om haar op te vrolijken. Met een kreet van 'Hé, jullie tweeën, houd daar onmiddellijk mee op!' marcheert ze naar het net en verordonneert ze dat we onmiddellijk van partner gaan ruilen en dat er op leven en dood zal worden gespeeld tussen de mannen en de vrouwen, drie games achtereen en zij zal beginnen met serveren. Ze is al onderweg naar het andere veld als ik haar blote arm aanraak.

'Ga je ermee akkoord? Je hebt me goed verstaan. Nou?'

Ze keert zich om en kijkt me aan.

'Ik heb er verdomme geen zin in om nog langer te liegen,' bijt ze me met luide stem en vlammende ogen toe. 'Niet tegen hem of tegen wie dan ook. Gesnopen?'

Ik heb het gesnopen, maar heeft Ed dat ook? Gelukkig laat hij daar niets van blijken. Terwijl ze naar de andere kant van het net stapt, maakt ze Laura's hand los uit die van Ed en beveelt hem aan mijn kant van het net te gaan staan. We spelen onze epische krachtmeting, de mannen van de wereld tegen de vrouwen van de wereld. Florence mept naar elke shuttle die haar kant op komt. Met een heleboel hulp van ons mannen krijgen de vrouwen de overhand over ons en met hoog geheven rackets paraderen ze naar hun kleedkamer en Ed en ik naar de onze.

Is het haar liefdesleven? vraag ik me af. Die eenzame tranen die ik zag maar waar ik niets van zei? Of hebben we hier te maken met een geval van wat de psychiaters van het Bureau zo graag het kamelenrugsyndroom noemen, wanneer de dingen waarover je geacht wordt te zwijgen opeens belangrijker zijn dan de dingen die je bent, en je tijdelijk bezwijkt onder de druk?

Ik pak mijn Bureau-telefoon uit mijn locker en loop de gang op, druk op de Florence-toets en krijg een elektronische stem die me zegt dat de verbinding is uitgeschakeld. Ik probeer het nog een paar keer. Nog steeds geen succes. Ik ga terug naar de kleedkamer. Ed heeft gedoucht en zit met een handdoek om zijn nek op de lattenbank.

'Ik vroeg me af,' mijmert hij onwillig, zich er niet van

bewust dat ik de ruimte had verlaten en inmiddels ben teruggekeerd. 'Nou ja, je weet wel. Alleen als je er niets op tegen hebt, zoiets. Misschien kunnen we ergens iets gaan eten. Niet aan de bar. Dat vindt Laura niet leuk. Ergens buiten. Met z'n vieren. Ik trakteer.'

'*Nu*, bedoel je?'

'Ja. Als jij ervoor te porren bent. Waarom niet?'

'Met Florence?'

'Zoals ik al zei. Wij vieren.'

'Hoe weet je of ze vrij is?'

'Dat is ze. Ik heb het gevraagd. Ze zei ja.'

Snel even nadenken, dan, ja, dat lijkt me wel wat. En zodra ik de kans krijg – bij voorkeur vóór de maaltijd en niet erna – probeer ik uit te vinden wat er in godsnaam in haar hoofd is gevaren.

'Verderop in de straat is de Golden Moon,' opper ik. 'Chinees. Die blijven tot laat open. Je zou het daar kunnen proberen.'

Ik heb dit nauwelijks voorgesteld of mijn beveiligde Bureau-telefoon laat een *joepie* geluidje horen. Eindelijk Florence, denk ik. Godzijdank. Het ene moment lapt ze de Bureau-voorschriften ineens aan haar laars en het volgende zijn we met zijn vieren op weg naar een dinertje.

Iets mompelend dat Prue me even wil spreken, loop ik de gang weer in. Maar het is niet Prue en het is niet Florence. Het is Ilja, vanavond wachtcommandant in de Haven, en ik verwacht dat hij eindelijk afkomt met de verlate mededeling dat we het groene licht hebben van het sub-comité voor Rosebud en dat werd verdomme hoog tijd.

Maar dat is niet de reden dat Ilja heeft gebeld.

'Spoedbericht binnengekomen. Nat. Van jouw boerende vriend. Bestemd voor Peter.'

Lees voor 'boerende vriend' Pitchfork, een Russische research-student, Universiteit van York, geërfd van Giles. Lees voor Peter: Nat.

'En wat had hij te zeggen?' vraag ik.

'Of je hem zo snel je kunt een bezoek wilt brengen. Jij persoonlijk, niemand anders. Plus dat het uiterst dringend is.'

'Zijn eigen woorden?'

'Ik kan ze je toesturen als je wilt.'

Ik keer terug naar de kleedkamer. Geen kunst aan, zoals Steff zou zeggen. Soms zijn we klootzakken, soms zijn we samaritanen en soms zitten we er gewoon glad naast. Maar een spion in zijn uur van nood één keer laten zitten en je hebt het voorgoed bij hem verbruid, zoals mijn mentor Bryn Jordan placht te zeggen. Ed zit nog steeds met gebogen hoofd op de lattenbank. Hij heeft zijn knieën gespreid en staart er tussendoor naar de grond, terwijl ik de reisplanner op mijn mobieltje bekijk. De laatste trein naar York vertrekt over achtenvijftig minuten vanuit station King's Cross.

'Ik vrees dat ik je moet verlaten, Ed,' zeg ik. 'Uiteindelijk toch geen chinees voor mij. Ik heb nog iets zakelijks te regelen voor er iets helemaal misgaat.'

'Pech,' merkt Ed op, zonder zijn hoofd op te heffen.

Ik haast me naar de deur.

'Hé, Nat.'

'Wat is er?'

'Nog bedankt, hè? Dat was ontzettend aardig van je. En ook van Florence. Dat heb ik haar al gezegd. Jullie hebben Laura een onvergetelijke dag bezorgd. Het spijt me alleen dat je niet mee kunt naar de chinees.'

'Dat spijt mij ook. Neem de pekingeend maar. Daar krijg je pannenkoeken met jam bij. Wat is er in hemelsnaam met jou aan de hand?'

Ed heeft met een theatraal gebaar zijn handen opengevouwen en maakt een rollende beweging met zijn hoofd alsof hij wanhopig is.

'Zal ik je eens wat zeggen?'

'Als het niet lang duurt.'

‘Europa is verdomme de lul als er niemand met ballen is die een tegengif tegen Trump kan vinden.’

‘En wie zou dat kunnen zijn?’ vraag ik.

Geen antwoord. Hij is weer in gedachten verzonken en ik ben op weg naar York.

9

Ik doe wat er gedaan moet worden. Ik beantwoord de roep die elke spionnenmeester op aarde meeneemt in zijn graf. De melodieën variëren, de tekst varieert, maar uiteindelijk is het altijd weer hetzelfde liedje: ik kan niet met mezelf leven, Peter, de stress is me te machtig, Peter, de last van mijn verraad is te zwaar voor me, mijn maîtresse heeft me verlaten, mijn vrouw bedriegt me, mijn buren verdenken me, mijn hond is overreden en jij, mijn vertrouwde begeleider, bent de enige op aarde die mij kan overhalen niet mijn polsen door te snijden.

Waarom komen wij spionnenmeesters elke keer weer opdraven? Omdat we dat onze spionnen verschuldigd zijn.

Maar ik heb niet het gevoel dat ik de opmerkelijk rustige spion Pitchfork veel verschuldigd ben en hij is ook niet mijn grootste zorg, wanneer ik mijn plaats inneem in de vertraagde trein naar York in een wagon stampvol met krijsende kinderen die van een dagje Londen terugkeren naar huis. Ik denk aan Florences weigering mee te werken aan mijn dekmantel, die voor onze geheime levens net zo gewoon is als je tanden poetsen. Ik denk aan het groene licht voor Operatie Rosebud dat nog steeds niet is gegeven. Ik denk aan Prues antwoord toen ik haar opbelde om te zeggen dat ik vannacht niet thuis zou komen en vroeg of ze nog iets van Steff had gehoord:

'Alleen dat ze verhuisd is naar een chic nieuw onderkomen in Clifton en niet wil zeggen met wie.'

'*Clifton*. Wat is de huurprijs daar wel niet?'

'Dat gaat ons niets aan, vrees ik. Een e-mail. Beantwoording onmogelijk' – en ze kan voor een keer de wanhoop in haar stem niet verbloemen.

En als Prues verdrietige stem niet in mijn oor klinkt, dan heb ik die van Florence nog om me te bestoken: *Ik heb er verdomme geen zin in om nog langer te liegen. Niet tegen hem of tegen wie dan ook. Gesnopen?* Wat mij op zijn beurt terugvoert naar de vraag die aan mij knaagt sinds Doms glibberige telefoontje met zijn aanbod van een auto met chauffeur, want Dom doet nooit iets zonder reden, hoe verwrongen ook. Ik probeer Florence nog een paar keer via haar Bureau-mobiel te bereiken, en krijg steeds weer dat elektronische gejank. Maar in gedachten ben ik nog steeds bij Dom: waarom wilde je mij vandaag uit je buurt hebben? En ben jij soms toevallig de reden dat Florence heeft besloten niet meer te liegen voor haar land, wat een tamelijk radicale beslissing is als liegen voor je land je gekozen beroep is?

Het duurt dus tot Peterborough voordat ik, verscholen achter een gratis exemplaar van *The Evening Standard*, een eindeloze reeks cijfers intik en me buig over de onbevredigende staat van dienst van spion Pitchfork.

***

Zijn naam luidt Sergei Borisowitsj Koesnetsov, en voortaan zal ik hem, in strijd met alle regels van mijn professie gewoon Sergei noemen. Hij is de in Sint-Petersburg geboren zoon en kleinzoon van Tsjekisten, zijn grootvader was een gedecoreerde generaal van het Volkscommissariaat voor Binnenlandse Zaken die begraven ligt binnen de muren van het Kremlin, zijn vader was een voormalige KGB-kolonel die overleed aan een groot aantal wonden die hij in Tsjetsjenië had opgelopen. Tot dusverre geen vuiltje aan de lucht. Maar of Sergei de ware opvolger is van dit nobele geslacht valt nog te bezien.

De bekende feiten spreken in zijn voordeel. Maar het zijn er een boel en sommigen zouden zeggen te veel. Op zijn zestiende werd hij naar een speciale school in de buurt van Perm gestuurd, waar je naast natuurkunde ook werd onderwezen in 'politieke strategie', wat een eufemisme is voor samenzwering en spionage. Op zijn negentiende schreef hij zich in aan de Moskouse Staatsuniversiteit. Na cum laude te zijn afgestudeerd in de natuurwetenschappen en Engels werd hij uitgekozen voor verdere training op een speciale school voor nog niet geactiveerde spionnen in het buitenland. Vanaf de eerste dag van zijn twee jaar durende opleiding was hij, volgens zijn eigen getuigenis, vastbesloten over te lopen naar willekeurig welk westers land waarnaar hij werd uitgezonden, wat verklaart waarom hij na aankomst op het vliegveld van Edinburgh om tien uur 's avonds beleefd verzocht te mogen spreken met een 'hoge functionaris binnen de Britse inlichtingendienst'.

De kennelijke redenen om dit te doen waren onberispelijk. Hij beweerde dat hij al vanaf zijn prilste jeugd heimelijk de grote uitblinkers op het gebied van zowel de natuurkunde als van het humanisme als Andrei Sacharov, Niels Bohr, Richard Feynman en onze eigen Stephen Hawking verafgoodde. Hij had altijd gedroomd van vrijheid voor iedereen, wetenschap voor iedereen, humanisme voor iedereen. Hoe kon hij dan geen haat koesteren jegens de barbaarse autocraat Vladimir Poetin en zijn ontaarde beleid?

Sergei was ook homoseksueel volgens eigen zeggen. Dit feit op zichzelf zou, wanneer zijn medestudenten of docenten erachter waren gekomen, voldoende zijn geweest om hem stante pede van de opleiding te trappen. Maar volgens Sergei is dat nooit gebeurd. Op de een of andere manier slaagde hij erin een heteroseksuele pose vol te houden door te flirten met de meisjes op de opleiding en door zelfs met een paar van hen naar bed te gaan – volgens hemzelf zuiver om de schijn op te houden.

En kijk, om al het bovengenoemde te staven, alleen maar eens naar de onverwachte schatkist die voor zijn verbijsterde ondervragers op tafel staat: twee koffers en één rugzak die tezamen een volledige gereedschapskist voor de authentieke spion bevatten: carbonpapier voor onzichtbare schrijfsels geïmpregneerd met de bijna-nieuwste koolstofverbindingen; een fictieve vriendin om mee te corresponderen in Denemarken, waarbij de geheime boodschap tussen de regels door in onzichtbare carbon diende te worden geschreven; een kleiner dan miniatuur camera ingebouwd in de band van een sleutelring; drieduizend pond aan startkapitaal in briefjes van tien en twintig, verborgen in de dubbele bodem van een van de koffers; een stapeltje *one-time pads* en als *bonne bouche* het telefoonnummer in Parijs dat alleen in noodgevallen mag worden gebeld.

En alles helemaal kloppend, tot de geschreven portretten van zijn onder pseudoniem opererende trainers en collega-trainees aan toe, de spionagetrucs die hem waren geleerd, de trainingsoefeningen waaraan hij heeft meegedaan en zijn heilige missie als een loyale Russische spion in wording, die hij opsomde alsof het een mantra was: studeer ijverig, verwerf je het respect van je wetenschappelijke collega's, omhels hun waarden en filosofie, schrijf artikelen voor hun vaktijdschriften. Probeer in geval van nood onder geen beding contact op te nemen met de afgeslankte *rezidentura* op de Russische ambassade in Londen, want niemand daar zal ooit van je hebben gehoord en daarbij komt dat *rezidenturas* zich niet bemoeien met slapende spionnen die op zichzelf een elite vormen aangezien die praktisch vanaf hun geboorte zijn opgevoed door en onder bevel staan van hun eigen exclusieve team bij de Moskouse Centrale. Waai met alle winden mee, neem elke maand contact met ons op en droom elke nacht van Moedertje Rusland.

Het enige wat nieuwsgierigheid opwekte – en bij zijn ondervragers iets meer dan nieuwsgierigheid – was dat er geen greintje nieuwe of bruikbare informatie in dit alles te vinden was. Elk juweeltje dat hij onthulde was al door eerdere overlopers onthuld: de personages, de leermethodes, de spionagetechnieken, zelfs de spionnenspeeltjes, waarvan er twee al waren nagemaakt en te zien waren in het zwarte museum dat zich in de suite voor hoog bezoek op de begane grond van het Hoofdbureau bevond.

***

Ongeacht de bedenkingen van de ondervragers beloonde de Afdeling Rusland, onder de nu afwezige Bryn Jordan, Pitchfork met het warme overloperswelkom, nam hem mee uit eten en naar voetbalwedstrijden, hielp hem met het samenstellen van zijn maandelijkse rapporten aan zijn denkbeeldige vriendin in Denemarken over het doen en laten van zijn wetenschappelijke collega's, bracht afluisterapparatuur aan in zijn kamers, hackte zijn berichten en hield hem met regelmaat heimelijk in de gaten. En ze wachtten af.

Maar waarop wachtte ze? Zes, acht, twaalf kostbare maanden gingen voorbij en geen sprankje leven van zijn begeleiders van de Moskouse Centrale: geen brief met of zonder zijn geheime onderliggende boodschap, geen e-mail, telefoontje of magisch woord gebezigd via een van tevoren afgesproken commerciële radio-uitzending op een van tevoren afgesproken uur. Hebben ze hem opgegeven? Hebben ze hem doorzien? Zijn ze achter zijn verhulde homoseksualiteit gekomen en hebben ze hun conclusies getrokken?

Naarmate de ene vruchteloze maand de andere opvolgde begon het geduld van de Afdeling Rusland meer op te raken, totdat Pitchfork op een dag werd overgedragen aan de Haven voor 'onderhoud en non-actieve ontwikkeling' – of, zoals Giles het zei: 'om te worden aangepakt met een dik paar rubberhandschoenen en een heel lange asbestgrijper, want als ik ooit een *triple* heb geroken, heeft deze jongen daar alle tekenen en nog meer van.'

De tekenen misschien, maar als dat zo was dan waren die van gisteren. Vandaag de dag was Sergei Borisowitsj, als mijn ervaring mij niet bedroog gewoon een van de talloze slechte spelers in de eindeloze kring van het Russisch dubbel-dubbelspel, die zijn uur van glorie heeft gehad en bij het grofvuil is gezet. En nu heeft hij besloten dat het tijd is om op de alarmknop te drukken.

***

De luidruchtige kinderen zijn vertrokken naar de restauratiewagon. Alleen op mijn plek in de hoek bel ik Sergei op het mobieltje dat wij hem hebben gegeven en krijg dezelfde keurige, uitdrukkingsloze stem die ik me herinner van de overdrachtsceremonie met Giles in februari. Ik zeg hem dat ik reageer op zijn telefoontje. Hij bedankt me. Ik vraag hoe het met hem gaat. Hij maakt het goed, Peter. Ik zeg hem dat ik niet vóór halftwaalf vanavond in York zal arriveren en moeten we vanavond nog samenkomen of kan het wachten tot morgen? Hij is moe, Peter, dus misschien is morgen beter, dank je. Dat heet dus 'uiterst dringend'. Ik zeg hem dat we ons zullen houden aan onze 'traditionele procedure' en vraag: 'Kun je daarmee leven?' Want hoe dubieus de spion in het veld ook mag zijn, hij moet altijd het laatste woord hebben als het om spionagezaken gaat. Dank je, Peter, hij kan heel goed leven met de traditionele procedure.

Vanuit mijn onwelriekende hotelkamer probeer ik opnieuw Florences Bureau-telefoon te bellen. Het is inmiddels over twaalven. Opnieuw elektronisch gejank. Omdat ik geen ander nummer van haar heb, bel ik Ilja in de Haven. Heeft hij nog iets gehoord over Rosebud?

'Sorry, Nat, geen ene jota.'

'Nou, daar hoef je anders niet zo verdomd luchtig over te doen,' bijt ik hem toe en verbolgen verbreek ik de verbinding.

Ik had hem kunnen vragen of hij toevallig nog iets heeft gehoord van Florence, en of hij toevallig misschien weet waarom haar Bureau-mobieltje uit staat, maar Ilja is jong en wispelturig en ik wil niet de hele Haven-familie in beroering brengen. Het is alle werkzame leden verplicht een vast nummer achter te laten waarop ze bereikbaar zijn voor het geval ze via hun mobiele telefoon geen bereik hebben. Het laatste vaste nummer dat Florence heeft opgegeven was in Hampstead, waar ze ook altijd graag gaat joggen, herinner ik me. Het schijnt niemand te zijn opgevallen dat Hampstead niet precies overeenkomt met haar bewering dat ze bij haar ouders in Pimlico woont, maar per slot is er, zoals Florence mij verzekerde, altijd nog bus 24.

Ik toets het nummer in Hampstead in, krijg haar voicemail en zeg dat ik Peter van Klantenbeveiliging ben en dat we reden hebben om aan te nemen dat haar account is gehackt, dus wil ze voor haar eigen veiligheid alsjeblieft maar zo spoedig mogelijk dit nummer bellen. Ik drink een heleboel whisky en probeer te slapen.

***

De 'traditionele procedure' die ik Sergei opdraag dateert uit de tijd dat hij werd behandeld als een actieve dubbelspion, met een serieus vooruitzicht op toekomstige successen. Het trefpunt was het voorplein van de renbaan in York. Hij moest met de bus komen, gewapend met een exemplaar van de *Yorkshire Post* van de vorige dag onder zijn arm, terwijl zijn spionnenmeester hem in een parkeerhaven opwachtte in een auto van het Bureau. Sergei zou dan lang genoeg tussen de menigte blijven treuzelen om Percy Prices bewakingsteam te laten controleren of de ontmoeting door de oppositie werd gemonitord, een mogelijkheid die niet zo vergezocht is als het misschien klinkt. Als het thuisteam het groene licht had gegeven zou Sergei naar de bushalte slenteren en de dienstregeling bestuderen. Krant in zijn linkerhand betekende wegwezen. Krant in zijn rechterhand betekende dat de ontmoeting kon doorgaan.

De procedure voor onze overhandigingsceremonie zoals uitgedacht door Giles was in tegenstelling daartoe heel wat minder traditioneel, daar hij erop had gestaan dat die plaats zou vinden in Sergei's eigen behuizing op de campus van de universiteit, met sandwiches gerookte zalm en een fles wodka om die mee weg te spoelen. Onze vliesdunne dekmantel, mochten wij verantwoording voor onze aanwezigheid moeten afleggen? Giles was een professor uit Oxford die hier was op talentenjacht en ik was de Nubische slaaf van deze *headhunter.*

Maar nu zijn we terug bij onze traditionele procedure, zonder gerookte zalm. Ik heb een krakkemikkige Vauxhall gehuurd, het beste vervoermiddel dat het verhuurbedrijf me op zo korte termijn kon aanbieden. Ik rijd met één oog in de achteruitkijkspiegel en geen idee waar ik naar moet kijken, maar ik kijk niettemin. Het is een grijze dag, het motregent en er is meer slecht weer voorspeld. De weg naar de renbaan is recht en vlak. Misschien hebben de Romeinen hier ook nog geracet. Links van mij flitsen witte vangrails voorbij. Een met vlaggen getooid hek doemt voor me op. Met een slakkengangetje baan ik me een weg tussen de voetgangers en dagjesmensen in de regen.

En ja hoor, bij de bushalte staat Sergei te midden van een kluitje wachtende reizigers een geel dienstregelingenbord te bestuderen. Het opgevouwen exemplaar van de *Yorkshire Post* heeft hij in zijn rechterhand en in zijn linker heeft hij een muziektas die niet in het script staat, met een opgevouwen paraplu onder de klep gestoken. Ik stop op een paar meter voorbij de bushalte, draai mijn raampje omlaag en roep: 'Hé Jack! Ken je me nog? Peter!'

Aanvankelijk doet hij of hij me niet hoort. Dat is zoals in het boekje staat en zo hoort het ook na twee jaar op een school voor mollen. Hij kijkt verbaasd om, ziet wie ik ben en speelt verbazing en blijdschap.

'Peter! Mijn vriend! Jij bent het. Ik kan zowaar mijn ogen niet geloven.'

Oké, dat is wel voldoende, stap in. Dat doet hij. We omhelzen elkaar vluchtig ten behoeve van de toeschouwers. Hij draagt een nieuwe Burberry-regenjas, lichtbruin. Hij trekt hem uit, vouwt hem op en legt hem met zorg op de achterbank maar houdt de muziektas tussen zijn knieën. Als we wegrijden trekt een man bij de bushalte een vreemde grimas naar de vrouw naast hem. Zag je wat ik net heb gezien? Nicht van middelbare leeftijd pikt op klaarlichte dag een knappe schandknaap op.

Ik kijk of er iemand achter ons aanrijdt of zijn auto, bestelwagen of motorfiets start. Voor zover ik kan zien niet. Volgens de traditionele procedure krijgt Sergei niet van tevoren te horen waar hij heen wordt gebracht, en dat krijgt hij nu ook niet. Hij is magerder en gejaagder dan ik me hem herinner van onze overdracht. Hij heeft een verwarde bos zwart haar en treurige slaapkamerogen. Zijn spichtige vingers trommelen op het dashboard. In zijn kamers op de universiteit trommelden ze op dezelfde manier op de houten armleuning van zijn stoel. Zijn nieuwe sportieve jasje van Harris-tweed is te breed voor zijn schouders.

'Wat zit er in die muziektas?' vraag ik.

'Dat is papier, Peter. Voor jou.'

'Alleen papier?'

'Alsjeblieft. Het is heel belangrijk papier.'

'Ik ben blij dat te horen.'

Hij laat zich niet afschrikken door mijn afgemeten reactie. Misschien verwachtte hij niet anders. Misschien verwacht hij die altijd. Misschien veracht hij mij, zoals ik vermoed dat hij Giles verachtte.

'Heb je iets op je lijf, in je kleren of waar dan ook behalve dat papier in de muziektas waar ik van zou moeten weten? Niets wat filmt, opneemt of iets dergelijks doet?'

'Alsjeblieft, Peter, dat heb ik niet. Ik heb uitstekend nieuws. Je zult er blij mee zijn.'

Dat is genoeg zakelijks tot we er zijn. Met het lawaai van de dieselmotor en het ratelende chassis ben ik bang dat hij voor de dag komt met dingen die ik niet kan verstaan en die mijn Bureau-telefoon niet kan opnemen of doorzenden naar de Haven. We spreken Engels en dat blijven we spreken totdat ik anders beslis. Giles sprak nauwelijks een woord Russisch. Ik zie niet in waarom ik Sergei zou laten merken dat dat niet voor mij geldt. Ik heb een heuveltop uitgekozen die zo'n dertig kilometer buiten de stad ligt met een prachtig uitzicht over de venen, maar alles wat we kunnen zien als ik de Vauxhall stilzet en de motor uitschakel is grijze wolken onder ons en slagregens tegen de voorruit. Volgens de wetten van de moderne spionage zouden we nu wel overeen zijn gekomen wie we zijn als we gestoord worden en waar en wanneer we elkaar terugzien, en heeft hij nog zaken die hem ernstig zorgen baren? Maar hij heeft de muziektas plat op zijn schoot gelegd en hij maakt de riemen al los en haalt er een niet dichtgeplakte gecapitonneerde bruine A4-envelop uit.

'De Moskouse Centrale heeft eindelijk contact met me opgenomen, Peter. Na een heel jaar wachten,' verklaart hij met een mengeling van academische minachting en opgekropte opwinding. 'Het is overduidelijk van groot gewicht. Mijn Anette in Kopenhagen heeft me een prachtige en erotische brief in het Engels geschreven en daaronder in onze geheime doorslag een brief van mijn begeleider bij de Moskouse Centrale die ik voor jou in het Engels heb vertaald' – waarbij hij doet alsof hij mij de envelop wil overhandigen.

'Wacht eens even, Sergei.' Ik heb de gecapitonneerde envelop in ontvangst genomen maar er nog niet in gekeken. 'Even voor de goede orde. Jij hebt een liefdesbrief ontvangen van jouw vriendin in Denemarken. Toen heb je de noodzakelijke chemische verbinding erop aangebracht en daarmee de geheime onderliggende tekst naar boven gehaald, die gedecodeerd en de inhoud ten behoeve van mij in het Engels vertaald. Helemaal alleen. In je uppie. Klopt dat?'

'Zo is dat, Peter. Ons gezamenlijke geduld is beloond.'

'Maar *wanneer* heb je die brief uit Denemarken precies ontvangen?'

'Op vrijdag. Rond het middaguur. Ik kon mijn ogen niet geloven.'

'En vandaag is het dinsdag. Je hebt tot gistermiddag gewacht voor je contact opnam met mijn kantoor.'

'Ik heb het hele weekend terwijl ik aan het werk was alleen maar aan jou gedacht. Dag en nacht was ik zo blij dat ik alles ontwikkelde en meteen in mijn gedachten vertaalde en ik wou alleen dat onze goede vriend Norman bij ons was om in ons succes te delen.'

Norman staat voor Giles.

'Dus de brief van jouw Moskouse spionnenmeesters is sinds vrijdag in je bezit. Heb je die ondertussen aan iemand anders laten zien?'

'Nee, Peter. Dat heb ik niet. Kijk alsjeblieft in de envelop.'

Ik negeer zijn verzoek. Is er dan niets meer wat hem schokt? Staat hij door zijn academische status hoog boven de gemiddelde spion?

'En terwijl jij bezig was met het ontwikkelen en decoderen en vertalen, heb je er toen nooit aan gedacht dat je nadrukkelijk is opgedragen elke brief of andere vorm van communicatie die je ontvangt van je Russische spionnenmeesters *onmiddellijk* aan jouw begeleider te rapporteren...?'

'Maar natuurlijk. Dat is precies wat ik heb gedaan, zodra ik gedecodeerd had wat...'

'... voordat er verder enige actie wordt ondernomen door jou, ons, of wie dan ook? En dat dat ook de reden is dat je ondervragers de ontwikkelingsmaterialen van je hebben afgenomen zodra je een jaar geleden in Edinburgh arriveerde? Zodat je niet zelf dingen kon ontwikkelen?'

En toen ik lang genoeg had gewacht om mijn niet geheel gespeelde woede te laten bezinken en nog steeds geen antwoord ontving behalve een zucht van coulantie jegens mijn ondankbare reactie:

'Hoe ben je aan de ontwikkelaar gekomen? De dichtstbijzijnde drogist binnengewandeld en een lijst met ingrediënten voorgelezen zodat iedereen die stond te luisteren zou denken: ah, geweldig, hij heeft een geheime brief die moet worden ontwikkeld? Misschien is er wel een drogisterij op de campus. Is die er?'

We zitten naast elkaar en luisteren naar de regen.

'Alsjeblieft, Peter. Ik ben niet achterlijk. Ik heb een bus genomen naar de stad. Ik heb bij diverse drogisterijen ingrediënten gekocht. Ik heb contant betaald. Ik heb met niemand gesproken, ik ben discreet geweest.'

Dezelfde zelfbeheersing. Dezelfde natuurlijke superioriteit. En ja, deze man zou heel goed de zoon en kleinzoon van vooraanstaande Tsjekisten kunnen zijn.

***

Pas nu ben ik bereid een blik in de envelop te werpen.

Eerst twee lange brieven, de dekmantelbrief en de ontwikkelde onderliggende tekst. Hij had elk stadium van het ontwikkelen gekopieerd of gefotografeerd en de geprinte teksten lagen hier voor mij ter inzage, netjes op volgorde en genummerd.

Vervolgens de envelop met het Deense poststempel met zijn naam en campusadres in een meisjesachtig Europees handschrift op de voorkant en op de achterkant de naam en het adres van de afzender: Anette Pedersen, die woont op nummer vijf op de begane grond van een flatgebouw in een buitenwijk van Kopenhagen.

Het derde wat ik eruit haalde was de oppervlaktetekst in het Engels die zes dicht beschreven velletjes besloeg in hetzelfde meisjesachtige handschrift als op de envelop, en waarin zijn seksuele daadkracht in puberale termen werd geroemd en waarin werd beweerd dat alleen al het denken aan hem voldoende was om de schrijfster een orgasme te bezorgen.

Dan de ontwikkelde onderliggende tekst met rijen en rijen groepjes van vier cijfers. Dan de Russische versie, gedecodeerd vanaf zijn eigen one-time pad.

En ten slotte zijn eigen vertaling van de Russische *en clair* tekst in het Engels ten behoeve van mij, daar ik het Russisch niet machtig ben. Ik kijk fronsend naar de Russische versie, leg die met een uitdrukking van onbegrip terzijde, pak dan zijn Engelse vertaling en lees die twee of drie keer door terwijl Sergei doet alsof hij tevreden is en zijn handen plat op het dashboard legt om de spanning te verminderen.

'Moskou zegt dat je je zodra de zomervakantie begint in Londen moet vestigen,' merk ik achteloos op. 'Waarom willen ze dat van je, denk je?'

'*Zij* zegt dat,' verbetert hij mij met hese stem.

'Wie zegt dat?'

'Anette.'

'Dus je zegt dat jouw Anette een bestaande vrouw is. Niet zomaar een man in de Centrale die zich uitgeeft voor een vrouw?'

'Ik ken deze vrouw.'

'De *echte* vrouw? Anette. Jij kent haar, beweer je?'

'Zo is dat, Peter. Diezelfde vrouw die zich Anette noemt om redenen van samenspanning.'

'En hoe ben je op deze buitengewone ontdekking gestuit, als ik vragen mag?'

Hij onderdrukt een zucht om aan te geven dat hij op het punt staat een territorium te betreden waar ik hem niet zal kunnen volgen.

'Elke week kregen wij op de mollenschool een uur les van deze vrouw, alleen voor de Engelse les. Ze *bereidde ons voor* op samenzweringsactiviteiten in Engeland. Ze *vertelde* veel interessante verhalen en gaf ons veel raad en moed voor ons geheime werk.'

'En je vertelt me nu dat zij Anette heette?'

'Net als alle instructeurs en alle studenten had zij alleen een werknaam.'

'En wat was de hare?'

'Anastasia.'

'Dus niet Anette?

'Dat doet er niet toe.'

Ik zwijg knarsetandend. Na een poosje gaat hij verder op dezelfde betuttelende toon.

'*Anastasia* is een buitengewoon intelligente vrouw die in staat is ook over gecompliceerde natuurkunde mee te praten. Ik heb haar tot in de details beschreven voor jouw ondervragers. Jij schijnt die informatie niet te kennen.'

Het was waar. Hij had Anastasia beschreven. Alleen niet in zulke precieze en vlammende bewoordingen en al helemaal niet als een toekomstige correspondentievriendin die zich Anette noemde. Voor de ondervragers was zij gewoon een van de vele apparatsjiks van de Moskouse

Centrale die bij een mollenschool aanwipte om haar imago op te poetsen.

'En jij denkt dat de vrouw die zich op de mollenschool Anastasia noemde deze brief persoonlijk aan jou heeft geschreven?'

'Daar ben ik van overtuigd.'

'Alleen de onderliggende tekst of ook de leesbare brief?'

'Allebei. Anastasia is Anette geworden. Dit is een bewijs van herkenning voor mij. Anastasia, onze wijze instructeur van de Moskouse Centrale, is Anette mijn hartstochtelijke minnares in Kopenhagen geworden die niet bestaat. Ik herken ook haar handschrift. Toen Anastasia ons les gaf op de mollenschool gaf ze ons advies over Europese manieren van schrijven zonder de invloed van het Cyrillisch. Alles wat ze ons leerde diende maar één enkel doel: om te assimileren met de westerse vijand: "Na verloop van tijd zullen jullie hen *worden*. Jullie zullen net zo *praten* als zij. Jullie zullen je *voelen* zoals zij en jullie zullen *schrijven* zoals zij. Alleen in jullie geheime harten zullen jullie een van ons blijven." Net als ik stamde ook zij af van oude Tsjekistische familie. Haar vader, ook haar grootvader. Daar was zij erg trots op. Na haar laatste les aan ons nam ze mij apart en zei tegen mij: jij zult mijn naam nooit te weten komen, maar jij en ik zijn van hetzelfde bloed, wij zijn puur, wij zijn oude Tsjekisten, wij zijn Rusland, ik feliciteer je met mijn ziel met je grote roeping. Ze omhelsde me.'

Was dit het moment waarop de eerste zwakke echo's uit mijn operationele verleden in het oor van mijn geheugen begonnen te weerklinken? Waarschijnlijk wel, want mijn eerste instinct was het gesprek een andere kant op te sturen:

'Wat voor schrijfmachine heb je gebruikt?'

'Alleen handmachine, Peter. Ik gebruik niets elektronisch. Dat is ons geleerd. Elektronisch is te gevaarlijk.

Anastasia, Anette, zij is niet elektronisch. Zij is traditioneel en verlangt van haar studenten dat zij ook traditioneel zijn.'

Gebruikmakend van mijn tot in den treure beproefde zelfbeheersing, doe ik alsof ik Sergei's obsessie met de vrouw Anette of Anastasia negeer en ga verder met het lezen van zijn gedecodeerde en vertaalde onderliggende tekst.

'Je moet een kamer of een flat huren voor de maanden juli en augustus in één van drie speciale districten in Noord-Londen? – ja? – die je begeleider – je zegt, die voormalige vrouwelijke instructeur – dan vervolgens voor jou zal specificeren. Zeggen die instructies je iets?'

'Zo heeft ze het ons geleerd. Om een samenzweerdersontmoeting voor te bereiden is het van het grootste belang dat je over alternatieve locaties beschikt. Alleen zo kunnen logistieke wijzigingen worden geregeld en kan veiligheid worden gegarandeerd. Dit is ook haar operationele credo.'

'Ben jij al eens in een van deze Noord-Londense districten geweest?'

'Nee, Peter, dat ben ik niet.'

'Wanneer heb je Londen voor het laatst bezocht?'

'Alleen voor één weekend in mei.'

'Met wie?'

'Dat doet er niet toe, Peter.'

'Dat doet het wel degelijk.'

'Met een vriend.'

'Mannelijk of vrouwelijk?'

'Dat doet er niet toe.'

'Een man dus. Heeft die vriend ook een naam?'

Geen antwoord. Ik ga verder met lezen:

'Terwijl je in de maanden juli en augustus in Londen bent zul je de naam aannemen van Markus Schweizer, een Duits sprekende Zwitserse freelancejournalist, waarvoor je de nodige documentatie zult ontvangen. Ken jij een Markus Schweizer?'

'Peter, ik ken niemand van die naam.'

'Heb je wel eens eerder van zo'n alias gebruikgemaakt?'

'Nee, Peter.'

'Nooit van gehoord?'

'Nee, Peter.'

'Was Markus Schweizer de naam van de vriend die je mee naar Londen hebt genomen?'

'Nee, Peter. Bovendien heb ik hem niet meegenomen. Hij heeft mij vergezeld.'

'Maar jij spreekt Duits.'

'Ik spreek het redelijk.'

'Volgens je ondervragers spreek je het meer dan redelijk. Zij zeiden dat je de taal vloeiend spreekt. Ik ben meer geïnteresseerd in de vraag of jij een verklaring hebt voor de instructies van de Moskouse Centrale?'

Ik ben hem weer kwijtgeraakt. Hij is in een Ed-achtig soort contemplatie verzonken, zijn blik strak gericht op de kletsnatte voorruit. Plotseling heeft hij iets te melden:

'Peter, tot mijn spijt ben ik niet in staat deze Zwitserse persoon te zijn. Ik zal niet naar Londen gaan. Het is een provocatie. Ik neem ontslag.'

'Ik vraag je *waarom* Moskou zou willen dat jij de *onafhankelijke Duits sprekende freelancejournalist* Markus Schweizer wordt, die twee zomermaanden in een van drie geselecteerde districten in Noord-Oost Londen verblijft,' dring ik aan, deze uitbarsting negerend.

'Dat is om moord op mij te faciliteren. Een dergelijke deductie is duidelijk voor iedere geest die bekend is met de handelswijze van de Moskouse Centrale. Misschien niet voor jou. Door de Centrale een adres in Londen te verschaffen zal ik hun instructies sturen aangaande waar en hoe ik ga worden geliquideerd. Dat is schering en inslag in het geval van vermoedelijke verraders. Het zal Moskou een genoegen zijn om een allerpijnlijkste dood voor mij te kiezen. Ik zal niet gaan.'

'Een ietwat omslachtige manier om dat aan te pakken,

vind je niet?' opper ik onaangedaan. 'Je helemaal naar Londen slepen, enkel om je dood te maken. Waarom nemen ze je niet gewoon mee naar een afgelegen plek zoals deze, graven er een kuil, schieten je dood en gooien je erin? Vervolgens lekken ze naar je vrienden in York dat je veilig en wel in Moskou bent aangekomen en klaar is kees? Waarom geef je me geen antwoord? Houdt jouw ommezwaai op de een of andere manier verband met de vriend over wie je niets wilt loslaten? Degene die je mee hebt genomen naar Londen?' Ik heb het gevoel dat ik hem zelfs heb ontmoet. Is dat mogelijk?'

Ik maak een intuïtieve gedachtesprong. Ik tel twee en twee bij elkaar op en kom uit op vijf. Ik herinner me een voorval dat zich voordeed tijdens de gemoedelijke overdracht met Giles in Sergei's onderkomen op de campus van de universiteit. De deur gaat open zonder kloppen, een opgeruimde jongeman met een oorbelletje en een paardenstaart steekt zijn hoofd om de hoek en begint met: 'Zeg, Serge, heb jij misschien een...' – dan ziet hij ons en doet met een onderdrukt 'oeps' de deur zachtjes weer achter zich dicht alsof hij wil zeggen dat hij er nooit geweest is.

In een ander deel van mijn hoofd is de herinnering met volle kracht teruggekeerd. Anastasia alias Anette, en welke andere namen zij ook maar graag gebruikt, is niet langer een vluchtige schaduw die ik mij maar half uit mijn verleden herinner. Zij is een solide personage van vlees en bloed en operationele macht, ongeveer net zoals Sergei haar zojuist zelf heeft beschreven.

'Sergei,' zeg ik op vriendelijker toon dan ik tot dusverre heb aangeslagen, 'waarom zou je nog meer geen Markus Schweizer willen zijn die de zomermaanden in Londen doorbrengt? Heb je een vakantie gepland met je vriend? Het is een stressvol bestaan. We hebben begrip voor zulke dingen.'

'Ze willen me alleen maar doodmaken.'

'En als je inderdaad vakantieplannen hebt gemaakt, en je me kunt vertellen wie je vriend is, dan kunnen we misschien een wederzijds bevredigende regeling treffen.'

'Ik heb zulke plannen niet, Peter. Ik denk eerlijk gezegd dat je aan projectie doet. Misschien heb jij plannen voor jezelf. Ik weet niets van je af. Norman was aardig tegen mij. Jij bent een muur. Jij bent Peter. Jij bent niet mijn vriend.'

'Maar wie is je vriend dan wél?' dring ik aan. 'Kom op, Sergei. Wij zijn ook maar mensen. Na een jaar in je eentje hier in Engeland heb je toch vast en zeker wel iemand gevonden om mee op te trekken? Oké, misschien had je ons moeten inlichten. Laten we dat buiten beschouwing laten. Laten we aannemen dat het helemaal niet zo serieus is. Gewoon iemand om mee op vakantie te gaan. Een vakantievriendje. Waarom niet?'

Hij keert zich met Russische verontwaardiging naar me toe en blaft:

'Hij is niet mijn vakantievriendje! Hij is de vriend van mijn hart!'

'Tja, in *dat* geval,' zeg ik, 'klinkt hij precies als het soort vriend dat je nodig hebt en moeten we een manier verzinnen om hem gelukkig te houden. Niet in Londen, maar we vinden wel iets. Is hij een student?'

'Hij is aan het promoveren. Hij is *kulturny...*' en opdat ik het maar goed begrijp: 'Hij is gecultiveerd in alle vormen van kunst.'

'En misschien ook natuurkundige, net als jij?'

'Nee. Engelse literatuur. Voor jullie grote dichters. Voor alle dichters.'

'Weet hij dat jij een Russische spion bent?'

'Hij zou me verachten.'

'Zelfs als je voor de Britten werkt?'

'Hij veracht alle vormen van bedrog.'

'Dan hebben we niets om ons zorgen over te maken, toch? Schrijf alleen zijn naam even voor me hier op dit papiertje.'

Hij pakt mijn blocnote en pen aan, draait zijn rug naar me toe en schrijft.

'En zijn geboortedatum, die weet je vast wel,' voeg ik eraan toe.

Hij schrijft opnieuw, scheurt het blaadje van mijn blocnote, vouwt het op en reikt het me aan met een aanmatigend gebaar. Ik vouw het open, werp een blik op de naam, stop het in de gecapitonneerde envelop bij zijn andere geschenken en neem mijn blocnote terug.

'Zo, Sergei,' zeg ik, op een veel hartelijkere toon. 'Wij zullen de kwestie met jouw Barry binnen enkele dagen oplossen. Op een bevredigende manier. Creatief, dat staat vast. Dan hoef ik Hare Majesteits ministerie van Binnenlandse Zaken niet te vertellen dat je niet langer met ons samenwerkt, nietwaar? En dat je daarmee de voorwaarden van jouw verblijfsvergunning hebt geschonden.'

Een nieuwe vlaag regen ranselt de voorruit.

'Sergei accepteert,' verkondigt hij.

***

Ik heb een stuk gereden en geparkeerd onder een bosje kastanjebomen waar de wind en regen minder vat op hebben. Naast me gezeten heeft Sergei een houding aangenomen van superieure afstandelijkheid en doet hij alsof hij het landschap bestudeert.

'Laten we nog wat meer praten over die Anette van jou,' stel ik voor op mijn meest ontspannen toon. 'Of zullen we haar toch maar weer Anastasia noemen, omdat je haar onder die naam kende toen je les van haar kreeg? Vertel me wat meer over haar vaardigheden.'

'Ze is een competente linguïst en een vrouw van grote kwaliteiten en opleiding en hoogst bedreven in de kunst van het samenzweren.'

'Leeftijd?'

'Ik zou zeggen, misschien vijftig. Drieënvijftig misschien. Niet mooi, maar met veel waardigheid en charisma. Ook in haar gezicht. Zo'n vrouw zou in God kunnen geloven.'

Sergei gelooft ook in God, heeft hij zijn ondervragers verteld. Maar voor zijn geloof wil hij geen bemiddelaars. Als intellectueel moet hij weinig hebben van de clerus.

'Lengte?' vraag ik.

'Een meter vijfenzestig, zou ik zeggen.'

'Stem?'

'Anastasia sprak alleen Engels met ons, een taal die ze werkelijk uitstekend beheerste.'

'Je hebt haar nooit Russisch horen spreken?'

'Nee, Peter. Nooit.'

'Geen enkel woord?'

'Nee.'

'Duits?'

'Ze heeft maar één keer Duits gesproken en dat was toen ze Heine citeerde. Dat is een Duitse dichter uit de romantiek, ook een Jood.'

'Denk eens goed na. Nu, of misschien toen je haar hoorde spreken. Hoe zou je haar geografisch plaatsen? Uit welke regio?'

Ik had verwacht dat hij daar demonstratief over na zou gaan zitten denken, maar hij antwoordde onmiddellijk:

'Het was mijn indruk dat deze vrouw, afgaande op haar houding en donkere ogen en huidskleur en ook op haar manier van spreken, afkomstig was uit Georgië.'

Dimmen een beetje, druk ik mezelf op het hart. Wees je middelmatige professionele zelf.

'Sergei?'

'Zeg het eens, Peter?'

'Wat is de datum voor jouw geplande vakantie met Barry?'

'De hele maand augustus, is de bedoeling. Dat zal zijn om als pelgrims te voet jullie historische Britse plaatsen van cultuur en geestelijke vrijheid te bezoeken.'

'En wanneer beginnen de colleges op de universiteit weer?'

'Op 24 september.'

'Waarom stel je je vakantie dan niet uit tot september? Zeg tegen hem dat je een belangrijk onderzoeksproject in Londen hebt.'

'Dat kan ik niet doen, Barry zal me alleen maar willen vergezellen.'

Maar in mijn hoofd duizelt het al van de alternatieven.

'Denk hier dan eens over na. Wij sturen je – het is maar een voorbeeld – een officiële brief op, laten we zeggen, briefpapier van de faculteit voor Natuurwetenschappen van de universiteit van Harvard, waarin we je feliciteren met je voortreffelijke werk in York. We bieden je een zomerbeurs aan om twee maanden onderzoek te doen op de campus van Harvard in juli en augustus, alle kosten vergoed plus een honorarium. Die zou je aan Barry kunnen laten zien, en zodra je klaar bent met je tijd in Londen als Markus Schweizer kunnen jullie de draad weer oppakken waar je hem hebt losgelaten en de tijd van jullie leven hebben met al die prachtige dollars die Harvard je zal hebben gegeven voor je onderzoeksproject. Lijkt je dat wat? Nou, ja of nee?'

'Vooropgesteld dat zo'n brief geloofwaardig is en het honorarium realistisch, geloof ik wel dat Barry trots op me zou zijn,' verkondigt hij.

Sommige spionnen zijn lichtgewichten die zich voordoen als zwaargewichten. Sommigen zijn zwaargewichten tegen wil en dank. Als mijn overspannen geheugen mij niet bedriegt, heeft Sergei zichzelf zojuist gepromoveerd naar de klasse der zwaargewichten.

***

Samen voor in de auto gezeten bespreken wij als twee professionals het soort antwoorden dat we naar Anette in Kopenhagen zullen sturen: een eerste concept voor de onderliggende tekst om de Centrale te laten weten dat Sergei zich aan zijn instructies zal houden, dan de dekmanteltekst, waarbij ik voorstel die aan zijn erotische fantasie over te laten, met dien verstande dat ik die tekst samen met de onderliggende tekst heb goedgekeurd voor de brief wordt verzonden.

Na te hebben geconcludeerd – en niet het minst omdat mij dat beter uitkomt – dat Sergei waarschijnlijk meer op zijn gemak is met een vrouwelijke begeleider, vertel ik hem dat hij voortaan zal samenwerken met Jennifer, alias Florence, waar het alle routine-aangelegenheden betreft. Ik neem de taak op me om Jennifer mee naar York te nemen voor een kennismakingsexpeditie en om te bespreken welke dekmantel het best bij hun toekomstige werkrelatie past: misschien geen vriendin, want Jennifer is lang en knap en Barry zou daar aanstoot aan kunnen nemen. Ik zal Sergei's spionnenmeester blijven, Jennifer zal van alle ontwikkelingen aan mij rapport uitbrengen. En ik weet nog dat ik bij mezelf dacht dat ik, ongeacht wat er in Florence was gevaren op de badmintonbaan, haar hierbij een uitdagende spionageoperatie cadeau gaf om haar moraal op te vijzelen en haar vaardigheden te testen.

Bij een benzinestation in een van de buitenwijken van York betaal ik voor twee sandwiches met ei en waterkers en twee flesjes priklimonade. Giles zou ongetwijfeld met een picknickmand van Fortnum & Mason zijn komen aanzetten. Als we onze sandwich op hebben en samen alle kruimels uit de auto hebben geveegd, zet ik Sergei af bij een bushalte. Hij doet een poging me te omhelzen. Ik schud hem in plaats daarvan de hand. Tot mijn verbazing is het nog steeds vroeg in de middag. Ik breng de gehuurde auto terug naar het depot en heb het geluk meteen in een sneltrein te kunnen stappen die me op tijd terug naar Londen zal brengen om Prue mee te nemen naar het Indiase restaurant in onze buurt. Daar er over Bureau-zaken niet mag worden gesproken gaat ons gesprek over de schandalige praktijken van Big Pharma. Thuisgekomen kijken we via 'uitzending gemist' naar het nieuws op Channel 4 en na deze weinig bevredigende bezigheid gaan we naar bed, waar ik de slaap maar moeilijk kan vatten.

Florence heeft nog steeds niet gereageerd op de door mij ingesproken boodschap. Het vonnis van het subcomité van Financiën over Rosebud kan, volgens een raadselachtige late e-mail van Viv 'elk moment worden geveld maar is nog hangende'. Als ik deze voorspellingen niet zo onheilspellend vind als ik ze had kunnen vinden, komt dat omdat ik in gedachten nog geniet van de onwaarschijnlijke verbindingsketen die Sergei en zijn Anette mij hebben geopenbaard. Ik moet denken aan een aforisme van mijn oude mentor Bryn Jordan: als je lang genoeg spioneert komt de show nog wel een keer voorbij.

10

Toen ik die woensdagochtend vroeg met de metro naar Camden Town reed keek ik nog eens met een klare blik naar de diverse om voorrang strijdende taken die mij wachtten. In hoeverre moest ik iets ondernemen tegen Florences insubordinatie? Moest ik haar aangeven bij Personeelszaken en een uitgebreid disciplinair tribunaal instigeren met Moira aan het hoofd? God bewaar me. Het was beter om het achter gesloten deuren onder vier ogen met haar uit te praten. En haar, om er iets positiefs tegenover te stellen, te belonen met het zich snel ontwikkelende dossier van spion Pitchfork.

Als ik mezelf in de smoezelige hal van de Haven binnenlaat, word ik getroffen door de ongebruikelijke stilte. Ilja's fiets staat er, maar waar is Ilja? Waar is iedereen? Ik loop de trap op naar de eerste overloop: geen geluid. Alle deuren dicht. Ik beklim de tweede trap. De deur van het kantoortje van Florence is verzegeld met afplakband. Een rood bord met 'Verboden Toegang' is erop geplakt, en de deurknop is met was bespoten. Maar de deur naar mijn eigen kantoor staat wagenwijd open. Op mijn bureau liggen twee uitdraaien.

De eerste is een intern memo van Viv dat geadresseerden mededeelt dat het bevoegde sub-comité van Financiën na ampele overwegingen heeft besloten Operatie Rosebud af te blazen op grond van buitenproportionele risico's.

De tweede is een intern memo van Moira dat alle relevante afdelingen laat weten dat Florence maandag ontslag heeft genomen van de Dienst en dat een volledige ontslagprocedure in overeenstemming met de voorschriften van het Hoofdbureau over verbreking van een dienstverband in gang is gezet.

***

Denk nu, doe de crisis later.

Volgens Moira kwam Florences ontslag slechts vier uur voor ze kwam opdagen bij het gemengd dubbelspel met Ed en Laura in de Athleticus, wat heel wat duidelijk maakt over haar afwijkende gedrag. Wat had haar doen besluiten ontslag te nemen? Op het eerste gezicht, het afblazen van Operatie Rosebud, maar loop niet te hard van stapel. Na beide documenten langzaam voor een derde keer te hebben gelezen, liep ik terug de gang op, vormde met mijn handen een kommetje voor mijn mond en riep:

'Iedereen zijn hok uit, alsjeblieft. *Nu!*'

Als mijn team voorzichtig opduikt vanachter gesloten deuren plak ik het verhaal aan elkaar, tenminste voor zover iedereen dat kent of bereid is prijs te geven. Rond elf uur op maandagochtend, toen ik veilig weg was gestopt in de diepste duisternis van Northwood, had Florence Ilja meegedeeld dat ze een afspraak had met Dom Trench op zijn kantoor. Volgens Ilja, doorgaans een betrouwbare bron, leek ze eerder bezorgd dan opgewonden over dat vooruitzicht.

Om ongeveer kwart over een, toen Ilja boven was om de communicatiecentrale te bemannen en de rest van het team beneden was om hun boterhammen te nuttigen en hun mobieltjes te lezen, verscheen Florence na haar afspraak met Dom in de deuropening van de keuken. De Schotse Denise had in de pikorde altijd het dichtst bij Florence gestaan en had in principe altijd haar spionnen overgenomen als Florence verhinderd of met verlof was.

'Ze stond daar alleen maar, Nat, minutenlang, en ze staarde ons aan alsof we gek waren' – Denise, verbijsterd.

'Had Florence eigenlijk nog iets *gezegd*?'

'Geen stom woord, Nat. Ze staarde ons alleen maar aan.'

Vanuit de keuken was Florence naar haar kantoortje boven gegaan, had de deur achter zich op slot gedaan en – terug naar Ilja – 'vijf minuten later kwam ze naar buiten met een Tesco-draagtas met daarin haar teenslippers, de foto van haar dode moeder die ze op haar bureau had staan, haar vest voor als de verwarming het niet doet, en van die meisjesspullen uit haar bureaula'. Hoe Ilja erin was geslaagd die hele collectie in één oogopslag te overzien is me een raadsel, dus laten we dat maar houden op dichterlijke vrijheid.

'Dan kust Florence me drie keer op z'n Russisch,' – Ilja, helemaal op dreef – 'omhelst me nog eens extra en zegt tegen me dat dat voor ons allemaal bedoeld is. Die omhelzing dan. Dus vraag ik, wat heeft dit allemaal te betekenen, Florence? Want wij weten dat we haar geen Flo mogen noemen. En Florence zegt: niets bijzonders eigenlijk, Ilja, behalve dat het schip is overgenomen door de ratten en dat ik het heb verlaten.'

Bij gebrek aan een verdere getuigenis waren dit dus de afscheidswoorden van Florence voor de Haven. Ze had haar onderhoud met Dom gehad, haar ontslag ingediend, was van het Hoofdbureau teruggekeerd naar de Haven, had haar spulletjes opgehaald en om ongeveer

15.05 uur stond ze weer op straat en was ze werkloos. Luttele minuten na haar vertrek waren twee zwijgzame vertegenwoordigers van de Binnenlandse Veiligheidsdienst – niet de ratten die het schip hadden overgenomen maar fretten, zoals iedereen ze noemde – gearriveerd in een groen Bureau-busje, hadden de computer van Florence en haar stalen kast meegenomen en wilden van al mijn personeelsleden om de beurt weten of zij nog iets aan hen in bewaring had gegeven of met hen de redenen van haar vertrek had besproken. Toen beide vragen naar tevredenheid waren beantwoord, hadden ze de kamer verzegeld.

***

Ik geef iedereen instructies zijn of haar werkzaamheden te hervatten alsof er niets is gebeurd, een ijdele hoop, ga de straat op, sla een zijstraatje in en loop tien minuten heel stevig door voordat ik in een café ga zitten en een dubbele espresso bestel. Rustig ademhalen. Zet je prioriteiten op een rijtje. Ik probeer Florences mobieltje nog een keer te bellen. Zo dood als een pier. Haar telefoonnummer in Hampstead bevat een nieuw welkomstbericht. Het is ingesproken door een jonge, arrogante man uit de betere kringen: '*Als je voor Florence belt, ze is niet langer op dit nummer bereikbaar, dus donder op.*' Ik bel Dom en krijg Viv aan de lijn:

'Helaas heeft Dom de hele dag de ene afspraak na de andere. Kan ik je misschien ergens mee van dienst zijn?'

'Ach, dat denk ik niet, dank je, Viv, nee. Zijn al die afspraken op eigen terrein, zou je zeggen, of zijn die verspreid over de stad?'

Gaat ze overstag? Ja, dat doet ze:

'Dom neemt geen telefoontjes aan, Nat,' zegt ze en verbreekt de verbinding.

***

'*Nat*, beste kerel,' zegt Dom op een toon van grote verbazing en lekker gebruikmakend van zijn nieuwe gewoonte om mijn naam als een wapen te gebruiken. 'Altijd welkom. Hebben wij een afspraak? Komt morgen je uit? Ik ben een beetje ondergesneeuwd om je de waarheid te zeggen.'

En hij heeft de papieren verspreid over zijn bureau liggen om het te bewijzen, waar ik uit opmaak dat hij me de hele ochtend al verwacht. Dom doet niet aan confrontaties, dat weten we allebei. Zijn leven is een zijdelingse benadering tussen twee dingen die hij niet onder ogen kan zien. Ik doe de grendel op zijn deur en neem plaats op een prestigestoel. Dom blijft, druk in de weer met paperassen, achter zijn bureau zitten.

'Jij blijft toch wel, hè?' vraagt hij na een poosje.

'Als jou dat uitkomt, Dom.'

Hij pakt een andere dossiermap uit zijn in-bakje, slaat die open en verdiept zich aandachtig in de inhoud.

'Jammer van Rosebud,' opper ik na een gepaste stilte.

Hij kan me niet horen. Hij gaat helemaal op in zijn werk.

'Jammer van Florence ook,' merk ik op. 'Een van de beste Russische krachten die de Dienst ooit heeft verloren. Mag ik het rapport zien? Misschien heb jij het daar?'

Het hoofd nog steeds voorovergebogen. 'Rapport? Wat lul je nou?'

'Het rapport voor het sub-comité van Financiën. Dat over buitenproportionele risico's. Mag ik dat zien, alsjeblieft?'

Het hoofd komt omhoog, maar niet ver. De open dossiermap voor hem interesseert hem nog steeds meer.

'Nat, ik moet je erop wijzen dat jij, als tijdelijk medewerker van London General, beslist niet in een positie bent die inzage van stukken op dat niveau rechtvaardigt.

Hebben we verder nog vragen?'

'Ja, Dom. Die hebben we. Waarom heeft Florence ontslag genomen? Waarom heb je mij met een smoesje op een onzinmissie naar Northwood gestuurd? Was je van plan haar te versieren?'

Bij die laatste opmerking schiet het hoofd met een ruk omhoog.

'Ik zou gedacht hebben dat *die* optie wel meer in jouw lijn zou liggen dan in de mijne.'

'Waarom dan?'

Leun achterover. Laat de vingertoppen elkaar vinden en hun huwelijksboog maken. Dat doen ze. De voorbereide toespraak kan nu beginnen.

'Nat, zoals je mag veronderstellen, werd ik, onder strikte geheimhouding, inderdaad eerder op de hoogte gesteld van het besluit van het sub-comité.'

'Wanneer?'

'Dat gaat jou helemaal niets aan. Mag ik verdergaan?'

'Alsjeblieft, ga door.'

'Florence is, dat weten wij allebei, niet wat jij en ik een volwassen persoon zouden noemen. Dat is de belangrijkste reden dat ze nog geen vaste aanstelling had gekregen. Getalenteerd, dat zal niemand betwisten en ik al helemaal niet. Maar tijdens haar presentatie van Operatie Rosebud zag ik duidelijk dat ze emotioneel – *te* emotioneel voor haar eigen en ons bestwil, zou ik durven zeggen – gericht was op de uitkomst ervan. Ik had gehoopt dat ik door haar officieus een seintje te geven vóór de officiële aankondiging van het besluit van het sub-comité dat haar teleurstelling een beetje zou verzachten.'

'Dus heb je mij naar Northwood gestuurd terwijl je haar voorhoofd bette. Heel meelevend.'

Maar Dom doet niet aan ironie, en al helemaal niet als die tegen hem is gericht.

'Maar over het geheel genomen zouden we onszelf geluk moeten wensen met haar plotselinge vertrek,' vervolgt hij. 'Haar reactie op het besluit van het sub-comité om Rosebud af te blazen om redenen van nationaal belang ging alle perken te buiten en was hysterisch. De Dienst mag blij zijn dat ze is opgehoepeld. Vertel me nu eens hoe het gisteren met Pitchfork is gelopen. Een virtuoos optreden van de Nat van eertijds, als ik zo vrij mag zijn. Hoe interpreteer je zijn instructies uit Moskou?'

Aan Doms gewoonte om van de hak op de tak te springen als een manier om vijandelijk vuur te ontwijken ben ik ook gewend. Maar in dit geval heeft hij me een dienst bewezen. Ik beschouw mezelf over het algemeen niet als geslepen, maar Dom vraagt erom. De enige die mij ooit zal vertellen wat zich tussen hem en Florence heeft afgespeeld is Florence, maar zij is niet beschikbaar. Dus recht op het doel af.

'Hoe *ik* zijn instructies interpreteer? Je kunt beter aan de Afdeling Rusland vragen hoe zij die zouden interpreteren,' antwoord ik hem met een hoogdravendheid die niet voor de zijne onderdoet.

'En hoe is dat?'

Hoogdravend maar ook stellig. Ik ben een oude Russische rot die koud water uitschenkt over de passie van een onervaren collega.

'Pitchfork is een mol, Dom. Dat schijn je te vergeten. Hij is hier voor de lange termijn. Hij is precies een jaar slapend gehouden. Het werd tijd voor de Moskouse Centrale om hem te doen ontwaken, het stof van hem af te blazen, hem op de proef te stellen en zich ervan te verzekeren dat hij er nog steeds voor hen is. Zodra ze dat weten, mag hij terug naar York om verder te slapen.'

Hij lijkt te willen protesteren, maar bedenkt zich.

'Dus onze tactiek, aangenomen dat jouw premisse juist is, waar ik niet voetstoots van uitga, is *wat* precies?' vraagt hij strijdlustig.

'Toezien en afwachten.'

'En stellen wij, terwijl wij toezien en afwachten, de

Afdeling Rusland op de hoogte van wat wij aan het doen zijn?'

'Als je wilt dat zij de zaak overnemen en Londen General wegretoucheren, dan kun je dat net zo goed nu meteen doen,' kaats ik terug.

Hij pruilt en wendt zijn blik van mij af alsof hij een hogere autoriteit raadpleegt.

'Goed dan, Nat' – om mij tegemoet te komen – 'we kijken toe en wachten af, zoals jij voorstelt. Ik verwacht dat jij me volledig op de hoogte houdt van alle volgende ontwikkelingen, ongeacht hoe triviaal, op het moment dat die zich voordoen. En bedankt dat je even hebt willen langskomen,' voegt hij eraan toe, waarna hij zich weer over de papieren op zijn bureau buigt.

'Maar,' zeg ik, zonder van mijn stoel op te staan.

'Maar *wat?*'

'Er zit een geheime tekst bij Pitchforks instructies die er naar mijn mening op wijst dat we wel eens te maken konden hebben met heel wat meer dan een standaard proeftest om een mol alert te houden.'

'Zojuist zei je precies het tegenovergestelde.'

'Dat is omdat er een element in Pitchforks verhaal zit dat ver boven jouw bevoegdheden uitstijgt.'

'Onzin. *Welk* element?'

'En dit is niet het moment om te proberen je naam toe te voegen aan de indoctrinatielijst, want dan zal de Afdeling Rusland willen weten waarom je dat doet. En dat zou jij, neem ik aan, net zomin willen als ik.'

'*Waarom* zou ik dat niet willen?'

'Omdat als mijn voorgevoel me niet bedriegt, we wel eens te maken zouden kunnen hebben – maar dat moet nog wel worden bevestigd – met een gouden kans voor de Haven en London General om een operatie op touw te zetten waaraan ons beider namen verbonden zijn en er geen sub-comité van Financiën is om de boel te torpederen. Wil je nu horen wat ik te zeggen heb of zal ik terugkomen op een geschikter tijdstip?'

Hij zucht en schuift zijn papieren opzij.

'Wellicht ben jij enigszins bekend met de zaak van mijn voormalige spion Woodpecker? Of ben je daar te jong voor?' vraag ik.

'Natuurlijk ben ik *bekend* met de zaak-Woodpecker. Ik heb erover gelezen. Wie niet? Triëst. Hun *rezident,* voormalig KGB, een oude rot in het vak, consulaire dekmantel. Jij hebt hem gerekruteerd bij het badmintonnen, als ik het me goed herinner. Later verviel hij in zijn oude gewoonten en sloot hij zich weer aan bij de oppositie, als hij die tenminste ooit had verlaten. Bepaald niet iets om trots op te zijn, zou ik denken. Waarom hebben we het opeens over Woodpecker?'

Voor een laatkomer heeft Dom zijn huiswerk behoorlijk goed gedaan.

'Woodpecker was een betrouwbare en gewaardeerde bron tot het laatste jaar dat hij voor ons werkte,' vertel ik hem.

'Als jij het zegt. Anderen zullen daar misschien anders over denken. Kunnen we nu ter zake komen, alsjeblieft?'

'Ik zou graag de instructies van de Moskouse Centrale aan Pitchfork met hem bespreken.'

'Met *wie*?'

'Met Woodpecker. Horen hoe hij daar tegenaan kijkt. De opinie van een insider.'

'Je bent niet goed bij je hoofd.'

'Misschien.'

'Hartstikke knots-knettergek. Woodpecker is officieel giftig verklaard. Dat betekent dat niemand van deze Dienst naar hem toegaat zonder de schriftelijke persoonlijke toestemming van het hoofd van de Afdeling Rusland, die toevallig in quarantaine zit in Washington D.C. Woodpecker is onbetrouwbaar, volkomen onoprecht en een verstokte Russische crimineel.'

'Betekent dat nee?'

'Het betekent over-mijn-lijk nee, nee, nee. En met onmiddellijke ingang. Ik zal dat nu meteen op schrift zetten, met een kopie naar de disciplinaire commissie.'

'Intussen zou ik, met jouw verlof, een weekje vrij willen nemen om te golfen.'

'Jij golft verdomme helemaal niet.'

'En voor het geval Woodpecker erin toestemt mij te woord te staan, en het blijkt dat hij een interessante kijk op Pitchforks instructies van de Moskouse Centrale heeft, dan zou jij, als puntje bij paaltje komt, *misschien* wel tot de conclusie komen dat jij mij toch die opdracht hebt gegeven om hem een bezoekje te brengen. En ondertussen stel ik voor dat je je wel twee keer bedenkt voordat je dat lelijke briefje aan de disciplinaire commissie schrijft.'

Ik ben bij de deur als hij me terugroept. Ik draai mijn hoofd om maar blijf bij de deur staan.

'Nat?'

'Ja.'

'Wat denk je trouwens van hem te horen te krijgen?'

'Met een beetje geluk, niets wat ik niet al weet.'

'Waarom ga je er dan heen?'

'Omdat niemand het Directoraat Operaties inschakelt op grond van een voorgevoel, Dom. Het Directoraat Ops houdt van informatie waarmee iets gedaan kan worden, die twee keer door de mangel is gehaald en liefst drie keer. Dat noemen ze *op grond van bewijzen*, voor het geval je die term nog niet kent. Dat betekent dat ze niet buitengewoon onder de indruk zullen zijn van het zelfgenoegzame gelul van een aan de grond gehouden veldwerker die klem zit in de rimboe van Camden, *of* diens enigszins onervaren hoofd van London General.'

'Je bent niet goed bij je hoofd,' zegt Dom nogmaals, terwijl hij zich terugtrekt achter zijn paperassen.

***

Ik ben terug in de Haven. Ik sluit me af van de lange gezichten van mijn team en begin aan het opstellen van een brief aan mijn voormalige spion Woodpecker, alias Arkadi. Ik schrijf in mijn denkbeeldige functie van secretaris van een badmintonclub in Brighton. Ik nodig hem uit met een groep spelers van beiderlei kunne naar onze prachtige stad aan de kust te komen. Ik stel data en speeltijden voor en bied gratis logies. Het gebruik van een open woordcode is ouder dan de Bijbel en berust op wederzijds begrip tussen adressant en geadresseerde. De overeenkomst tussen Arkadi en mij had niets te danken aan codeboeken en alles aan het concept dat elke premisse het tegengestelde inhoudt. Zo nodigde ik hem niet uit, maar hoopte op een uitnodiging van hem. De data waarop de denkbeeldige club hoopte zijn gasten te ontvangen waren de data waarop ik hoopte door Arkadi te worden ontvangen. Mijn aanbod voor logies te zorgen was een eerbiedig verzoek of hij me wilde ontvangen en waar dan wel. De tijden waarop zou worden gespeeld gaven aan dat elk moment mij schikte.

In een alinea die zo dicht bij de werkelijkheid kwam als de dekmantel toestond herinnerde ik hem aan de vriendschappelijke relaties die al lang tussen onze twee clubs hadden bestaan, ongeacht de voortdurend veranderende spanningen in de boze buitenwereld en ik ondertekende met de naam Nicola Halliday (mevrouw), want Arkadi had mij in de vijf jaar dat onze samenwerking duurde gekend als Nick, ondanks het feit dat mijn echte naam in reuzenletters op de officiële lijst met consulaire vertegenwoordigers in Triëst stond. Mevrouw Halliday vermeldde haar huisadres niet. Arkadi kende plekken te over om naar mij te schrijven als hij dat wenste te doen.

Toen leunde ik achterover en bereidde me voor op een lange wachttijd, want Arkadi haastte zich nooit als het om grote beslissingen ging.

***

Ik maakte me misschien wel wat bezorgd over wat ik me met Arkadi op de hals had gehaald maar ondertussen werden mijn badmintonmatches met Ed en onze politieke *tours d'horizon* aan de *Stammtisch* mij steeds dierbaarder – en dat in weerwil van het feit dat Ed, tot mijn onwillige bewondering, mij keer op keer versloeg.

Het leek van het ene moment op het andere te gebeuren. Plotseling speelde hij een sneller, vrijer, gelukkiger spel en het leeftijdsverschil tussen ons werd ineens heel groot. Het duurde een sessie of twee voordat ik in staat was objectief te genieten van zijn verbeterde spel, en ik mezelf zo goed als mogelijk kon gelukwensen met het aandeel dat ik daarin had. Onder andere omstandigheden had ik misschien rondgekeken of er geen jongere speler was om het tegen hem op te nemen, maar toen ik dat voorstelde was hij zo beledigd dat ik daar verder maar van afzag.

De grotere kwesties in mijn leven waren minder gemakkelijk oplosbaar. Elke ochtend controleerde ik de schuiladressen van het Bureau om te zien of er al een reactie was van Arkadi. Niets. En als Arkadi mijn probleem niet was, dan was Florence het wel. Ze had goed kunnen opschieten met Ilja en Denise maar, hoezeer ik ook aandrong, zij wisten net zomin waar ze uithing en wat ze uithaalde als enig ander lid van het team. Als Moira wist hoe ik haar te pakken kon krijgen, dan was ik wel de laatste aan wie ze dat zou vertellen. Elke keer als ik me probeerde voor te stellen hoe Florence, juist Florence, haar geliefde spionnen in de steek had kunnen laten, lukte me dat niet. Elke keer dat ik haar beslissende bespreking met Dom probeerde te reconstrueren, lukte ook dat me niet.

Na veel gewetensonderzoek probeerde ik het bij Ed. De kans was klein, dat wist ik. Mijn geïmproviseerde dekmantel stond niet toe dat Florence en ik elkaar beter kenden dan van die ene verzonnen ontmoeting op het kantoor van mijn verzonnen vriend en één potje badminton met Laura. Het enige wat mij misschien zou kunnen helpen was het groeiende vermoeden dat die twee zich op het eerste gezicht tot elkaar aangetrokken hadden gevoeld, maar aangezien ik nu wist in wat voor stemming Florence in de Athleticus was gearriveerd, was het moeilijk voorstelbaar dat zij zich überhaupt tot iemand aangetrokken had gevoeld.

We zitten aan de *Stammtisch*. We hebben onze eerste pint op en Ed heeft een tweede voor ons gehaald. Hij heeft me zojuist, tot zijn begrijpelijk genoegen maar niet zozeer tot het mijne, ingemaakt met vier tegen een.

'En hoe was de chinees?' vraag ik hem, als ik mijn kans schoon zie.

'Welke chinees?' Ed is zoals gebruikelijk met zijn gedachten ergens anders.

'Het Golden Moon-restaurant verderop, in jezusnaam. Waar wij allemaal zouden gaan eten totdat ik ineens als een haas weg moest om een zakendeal te redden, weet je nog?'

'Tja, juist. Geweldig. Ze was dol op de eend. Laura, bedoel ik. Het lekkerste wat ze ooit had gegeten. De obers hebben haar gruwelijk verwend.'

'En dat meisje? Hoe heette ze ook alweer? Florence? Was zij ook aardig?'

'O tja, nou. Florence. Die was ook geweldig.'

Klapt hij dicht om wat ik hem vraag of is hij gewoon zijn gebruikelijke nukkige zelf? Toch blijf ik het proberen:

'Je hebt zeker toevallig niet een nummer van haar, hè? Mijn maat belde me op, de man bij wie ze als uitzendkracht heeft gewerkt. Hij zei dat ze het fantastisch had gedaan en dat hij erover dacht haar een vaste betrekking aan te bieden, maar het uitzendbureau weigert mee te werken.'

Ed denkt daar een poosje over na. Hij fronst zijn voorhoofd. Pijnigt zijn hersens of doet demonstratief alsof.

'Nee, nou ja, dat kun je van ze verwachten, toch?' beaamt hij. 'Die klojo's van zo'n uitzendbureau zouden haar voor de rest van haar leven aan het lijntje houden als ze de kans kregen. Tja. Kan ik je niet mee helpen, vrees ik. Nee' – gevolgd door een schimprede tegen onze huidige minister van Buitenlandse Zaken, 'die klote narcistische elitegozer. Die Etonganger die geen enkele fatsoenlijke overtuiging in zijn donder heeft behalve zijn eigen carrière,' enzovoort enzoverder.

***

Als er, naast onze badmintonsessies op de maandagavonden, nog enige troost valt te putten uit deze eindeloze periode van afwachten, dan is dat Sergei, alias Pitchfork. In een mum van tijd is hij de sterspion van de Haven geworden. De dag dat zijn colleges eindigden heeft Markus Schweizer, Zwitsers freelancejournalist, zijn intrek genomen in de eerste van zijn drie districten in Noord Londen. Zijn doel, dat prompt door Moskou werd goedgekeurd, is om elk district achtereenvolgens uit te proberen en daar verslag over uit te brengen. Nu ik hem geen Florence meer te bieden heb, heb ik Denise aangewezen als zijn begeleider, op openbare scholen opgeleid en van kindsbeen af geobsedeerd door alles wat Russisch is. Sergei is verrukt van haar alsof ze zijn verloren gewaande zuster was. Om haar last te verlichten zeg ik haar de hulp toe van andere leden van het team van de Haven. Hun dekmantel is geen probleem. Ze kunnen zich voordoen als ambitieuze verslaggevers in de dop, werkloze acteurs of helemaal niets. Als de Moskouse *rezidentura* in Londen er haar complete contraspionagecavalerie op had gezet, had die niets kunnen vinden. De onophoudelijke vragen vanuit Moskou om lokale details zouden de ijverigste mol hebben uitgeput, maar Sergei kan ze aan, en Denise en Ilja staan klaar om hem te hulp te komen. De gevraagde foto's worden uitsluitend met Sergei's mobieltje gemaakt. Geen topografisch detail is te onbenullig voor Anette alias Anastasia. Zodra er een nieuwe lijst vereisten van de Moskouse Centrale binnenkomt, vertaalt Sergei zijn antwoorden in het Engels en keur ik die goed. Hij vertaalt ze in het Russisch en heimelijk keur ik ook de Russische versie goed voor die gecodeerd wordt door Sergei met behulp van een van de one-time pads uit zijn collectie. Op deze manier wordt Sergei theoretisch verantwoordelijk gemaakt voor zijn eigen fouten, en de geïrriteerde correspondentie met de Moskouse Centrale die volgt wekt de indruk authentiek te zijn. De afdeling Vervalsingen heeft zijn uiterste best gedaan op de uitnodiging van de faculteit Natuurwetenschappen van de universiteit van Harvard. Sergei's vriend Barry is naar behoren onder de indruk. Dankzij Bryn Jordans inspanningen in Washington zal een hoogleraar natuurkunde van Harvard alle verdwaalde vragen afkomstig van Barry of van wie dan ook naar genoegen beantwoorden. Ik stuur Bryn een persoonlijk briefje om hem te bedanken voor zijn inspanningen en ontvang geen antwoord.

Dan begint het wachten.

Wachten tot de Moskouse Centrale ophoudt met dralen en voor een definitieve locatie in Noord-Londen kiest. Wachten tot Florence haar hoofd boven de balustrade uitsteekt en me vertelt waarom ze haar spionnen en haar carrière in de steek heeft gelaten. Wachten tot Arkadi de knoop doorhakt. Of niet.

Toen begon er, zoals je altijd zult zien, opeens van alles tegelijk te gebeuren. Arkadi heeft geantwoord; niet wat je enthousiast zou kunnen noemen maar het is tenminste een reactie. En niet gericht aan Londen maar aan zijn favoriete schuiladres in Bern: één simpele envelop gericht aan N. Halliday, Tsjechische postzegel, getikt op een elektronische schrijfmachine, en daarin één ansichtkaart van het Tsjechische kuuroord Karlovy Vary en een brochure in het Russisch voor een hotel op tien kilometer afstand buiten diezelfde stad. En opgevouwen in die hotelbrochure een boekingsformulier met vakjes die moeten worden aangekruist: gewenste data, accommodaties, geschatte aankomsttijd, allergieën. Getypte kruisjes in de vakjes laten me weten dat ik maandag aanstaande om tien uur 's avonds verwacht word om in te checken. Gezien de hartelijkheid van onze vroegere relatie zou het lastig zijn je een stuggere reactie voor te stellen, maar hij zegt in ieder geval 'kom'.

Gebruikmakend van mijn nog altijd geldige paspoort op naam van Nicholas George Halliday – ik had dat na mijn terugkeer naar Engeland moeten inleveren maar niemand vroeg me erom – boek ik een vlucht naar Praag voor die maandagochtend en betaal met mijn privécreditcard. Ik e-mail Ed dat ik onze vaste badmintonafspraak helaas moet afzeggen. Hij reageert met: 'Lafaard'.

Op vrijdagmiddag ontvang ik een sms'je van Florence op mijn familie-mobieltje. Er staat in dat we kunnen 'praten als jij dat wilt' en ze geeft me een nummer dat niet van de telefoon is waarmee ze op dat moment sms't. Ik bel vanaf een prepaidtelefoon, krijg de voicemail en ontdek dat ik opgelucht ben dat ik niet rechtstreeks met haar praat. Ik laat een bericht achter dat ik het over een paar dagen nog eens zal proberen en bedenk dan dat ik klink als iemand die ik niet ken.

Om zes uur diezelfde avond stuur ik een 'aan alle betrokkenen' naar de Haven, met een kopie naar Personeelszaken, om hen ervan op de hoogte te stellen dat ik wegens familieomstandigheden een week verlof neem, van 25 juni tot 2 juli. Als ik me afvraag welke familieomstandigheden ik hiervoor zou kunnen aanvoeren, hoef ik niet verder te kijken dan Steff die, na weken radiostilte, heeft aangekondigd dat ze ons zondag met een bezoek zal vereren om te lunchen en dat ze 'een vegetarische kennis' meebrengt. Er zijn momenten die geknipt zijn voor een behoedzame verzoening. Wat mij betreft was dit er daar geen van, maar ik ken mijn plicht wanneer ik die zie.

***

Ik bevind me in onze slaapkamer om mijn reistas te pakken voor Karlovy Vary en speur mijn kleren af naar wasmerkjes en alles wat niet aan Nick Halliday zou moeten toebehoren. Prue, die net een lang telefoongesprek met Steff heeft gevoerd, is boven gekomen om me te helpen met inpakken en me er alles van te vertellen. Haar openingsvraag is niet bedoeld om de lieve vrede te bewaren.

'Moet je nu *echt* badmintonspullen helemaal meenemen naar Praag?'

'Tsjechische spionnen spelen het de hele tijd,' antwoord ik. 'Vegetarische *jongen* of vegetarisch *meisje*?'

'Jongen.'

'Eentje die we kennen of eentje met wie we nog kennis moeten maken?'

Er waren precies twee van Steffs talrijke vriendjes met wie ik een beetje kon opschieten. Ze bleken allebei homo te zijn.

'Deze heet *Juno,* als je die naam kunt onthouden en ze zijn samen op weg naar Panama. Juno is een afkorting van Junaid, zegt ze, en dat betekent kennelijk *vechter.* Ik weet niet of dat hem aantrekkelijker maakt voor jou?'

'Zou kunnen.'

'Vanaf Luton. Om drie uur 's nachts. Dus ze blijven niet bij ons logeren, dat zul jij wel plezierig vinden.'

Ze heeft gelijk. Een nieuw vriendje in Steffs slaapkamer en marihuanageur die onder de deur uitkomt passen niet in mijn beeld van een gelukkig gezinnetje, en al helemaal niet als ik aan het pakken ben voor Karlovy Vary.

‘Wie gaat er in jezusnaam nou naar Panama?’ vraag ik net zo geërgerd.

‘Nou, Steff, zou ik zeggen. Op nogal drastische wijze.’

Ik vergis me in haar toon en keer me met een ruk naar haar toe.

‘Hoe bedoel je? Gaat ze erheen en komt ze niet meer terug?’ – maar zie dan dat ze glimlacht.

‘Weet je wat ze tegen me zei?’

‘Nog niet.’

‘We zouden samen een *quiche* kunnen maken. Steff en ik. Saampjes. Een quiche maken voor de lunch. Juno is dol op asperges en we mogen niet praten over de islam want hij is een moslim en hij drinkt niet.’

‘Klinkt ideaal.’

‘Het moet vijf jaar geleden zijn dat Steff en ik ook maar *iets* samen kookten. Zij vond dat jullie mannen de keuken in moesten, weet je nog? En wij vrouwen niet.’

Om zo goed mogelijk bij te dragen aan de feestvreugde begeef ik me naar de supermarkt, koop ongezouten boter en sodabrood, de twee basiselementen van Steffs gastronomische regime, en als boetedoening voor mijn lompe gedrag een fles ijskoude champagne, ook al mag Juno daar niets van hebben. En als Juno dat niet mag, dan heb ik zo’n donkerbruin vermoeden dat Steff het ook niet mag, want ze zal nu inmiddels wel hard op weg zijn om zich tot de islam te laten bekeren.

Als ik terugkom van het boodschappen doen tref ik ze samen aan in de hal. Dan gebeuren er twee dingen tegelijkertijd. Een hoffelijke goedgeklede jonge Indiase man doet een stap naar voren en neemt de boodschappen van me over. Steff slaat haar armen om me heen, vlijt haar hoofd in de kromming van mijn schouder, laat het daar even en doet dan een stap achteruit en zegt: ‘Pap! *Kijk*, Juno, is hij niet *fantastisch*?’ De hoffelijke Indiase man doet nogmaals een stap voorwaarts, ditmaal om officieel te worden voorgesteld. Inmiddels heb ik een serieus uitziende ring aan Steffs ringvinger ontdekt, maar ik heb geleerd dat ik bij Steff beter kan wachten tot het me wordt verteld.

De vrouwen gaan naar de keuken om een quiche te maken, ik open de fles champagne en geef ze allebei een glas, dan loop ik terug naar de zitkamer en bied Juno er ook een aan omdat ik Steffs richtlijnen over haar mannen niet altijd serieus neem. Hij neemt het zonder bezwaar te maken aan en wacht tot ik hem uitnodig te gaan zitten. Dit is onontgonnen terrein voor mij. Hij zegt dat hij bang is dat dit alles wel een verrassing voor ons moet zijn. Ik verzeker hem dat waar het Steff betreft niets ons nog verrast en hij lijkt opgelucht. Waarom Panama? vraag ik hem. Hij legt uit dat hij afgestudeerd zoöloog is en dat het Smithsonian Institute hem heeft uitgenodigd een veldstudie uit te voeren naar grote vliegende vleermuizen op het eiland Barro Colorado aan het Panamakanaal en dat Steff hem daarbij vergezelt.

'Maar alleen als ik geen enge bacteriën heb, pap,' zegt Steff, die met haar schort om haar hoofd om de hoek van de deur steekt. 'Ik moet helemaal worden ontsmet en ik mag nergens op ademen en ik mag niet eens mijn nieuwe sexy schoenen aan, hè Juno?'

'Ze mag haar eigen schoenen aan, maar ze moet er wel hoezen overheen dragen,' legt Juno me uit, 'en er wordt niemand ontsmet. Dat zijn pure verzinsels, Steff.'

'En we moeten oppassen voor krokodillen als we aan land gaan, maar Juno gaat me dragen, hè Juno?'

'En die krokodillen een stevige maaltijd door de neus boren? Mooi niet. Wij zijn daar om de wilde dieren te beschermen.'

Steff schatert het uit en verdwijnt weer achter de keukendeur. Tijdens de lunch pronkt ze trots met haar verlovingsring, maar dat is voornamelijk om mij te imponeren, want in de keuken heeft ze alles al verklapt aan Prue.

Juno zegt dat ze wachten tot Steff is afgestudeerd,

hetgeen langer gaat duren omdat ze is overgestapt op geneeskunde. Steff was er nog niet aan toegekomen ons dat nieuws te melden, maar Prue en ik zijn er wel achter gekomen dat we niet al te heftig moeten reageren op dat soort levensveranderende onthullingen.

Juno had mij formeel om haar hand willen vragen, maar Steff bleef erbij dat haar hand van niemand anders dan van haarzelf was. Toch vraagt hij erom vanaf de overkant van de tafel, en ik zeg dat die beslissing louter en alleen aan hen is, en dat ze alle tijd moeten nemen die ze nodig achten. Hij belooft dat te doen. Ze willen kinderen – 'zes', komt Steff tussenbeide – maar pas later en intussen zou Juno ons graag willen voorstellen aan zijn ouders, die beiden lesgeven in Mumbai en die van plan zijn rond de kerstdagen naar Engeland te komen. En zou Juno misschien mogen weten wat mijn beroep is, want Steff was daar vaag over en zijn ouders zullen dat vast willen weten. Werkte ik nu bij het *Rijk* of bij de *Sociale Dienst*? Steff leek het niet goed te weten.

Hangend over tafel, met een hand onder haar kin en een voor Juno, wacht Steff op mijn antwoord. Ik had niet verwacht dat ze ons gesprek in de skilift voor zich zou houden en ik had het niet gepast gevonden haar te verzoeken dat te doen. Maar nu blijkt dat ze dat toch heeft gedaan.

'O, louter bij het *Rijk*,' beweer ik lachend. 'Bij de *Buitenlandse dienst* om precies te zijn. Als handelsreiziger voor de koningin met een bescheiden diplomatieke status ernaast en dat is het wel zo'n beetje.'

'Als handelsattaché?' vraagt Juno. 'Mag ik Brits handelsattaché zeggen?'

'Dat is prima,' verzeker ik hem. 'Een handelsattaché die naar het vaderland is teruggekeerd en op een zijspoor gezet.'

Waarop Prue zegt: 'Onzin, schat. Nat is altijd veel te bescheiden.'

En Steff zegt: 'Hij is een trouwe dienaar van de Kroon, Juno, en een verdomd linke, zo is het toch, pap?'

Als ze weg zijn zeggen Prue en ik tegen elkaar dat het allemaal misschien te veel op een sprookje leek, maar als ze morgen uit elkaar gaan dan zal Steff er toch lering uit hebben getrokken en het meisje worden waarvan wij altijd al wisten dat ze het was. Na de afwas gaan we vroeg naar bed want we moeten nog vrijen en ik heb een heel vroege vlucht.

'Wie heb je nu weer weggestopt in Praag?' vraagt Prue me guitig op de drempel.

Ik had haar verteld dat ik naar een conferentie in Praag moest. Ik had haar niet verteld dat het Karlovy Vary was en een boswandeling met Arkadi.

***

Als er één stuk informatie is over deze ogenschijnlijk oneindige periode van wachten dat ik tot het laatst heb bewaard, is dat omdat ik er, toen het gebeurde, geen waarde aan hechtte. Op de vrijdagmiddag, net toen de Haven zich klaarmaakte voor het weekend kwam de sectie Binnenlands Onderzoek, een orgaan dat berucht is om zijn lethargie, met zijn bevindingen betreffende de drie districten in Noord-Londen op Sergei's lijstje. Na een aantal nutteloze observaties over stroombeddingen, kerken, elektriciteitskabels en plaatsen van historische of architectonische waarde, wezen ze er in een voetnoot op dat alle drie de 'districten in onderzoek' waren verbonden door dezelfde fietsroute, die liep van Hoxton naar het centrum van Londen. Voor het gemak voegden ze er een kaart op grote schaal aan toe waarop de route in roze was aangegeven. Terwijl ik dit schrijf heb ik die voor me liggen.

11

Er is niet veel geschreven, en ik hoop dat dat ook nooit zal gebeuren, over spionnen die de beste jaren van hun leven voor ons spioneren, hun salarissen en bonussen en gouden handdrukken incasseren en die zich vervolgens zonder poeha en zonder te zijn ontmaskerd of overgelopen, terugtrekken en een rustig leven gaan leiden in het land dat ze zo trouw hebben verraden of in een net zo'n vredig oord.

Zo'n man was Woodpecker, alias Arkadi, ooit hoofd van de *rezidentura* van de Moskouse Centrale in Triëst, mijn voormalige badminton-tegenstander en spion voor de Britten. Om zijn zelfrekrutering ten gunste van de liberale democratie te beschrijven moet ik de turbulente reis volgen van een – naar mijn mening, zij het bepaald niet naar die van iedereen – in principe fatsoenlijk man, die van zijn geboorte af aan zat vastgegespt in de achtbaan van de contemporaine Russische geschiedenis.

Het buitenechtelijke straatkind van een prostituee uit Tblisi van Joodse afkomst en een Georgische orthodoxe priester wordt heimelijk grootgebracht in het christelijke geloof, en valt vervolgens op bij zijn marxistische leraren als een uitstekende leerling. Hij krijgt er een nieuw geloof bij en laat zich ogenblikkelijk bekeren tot het marxistisch-leninisme.

Op zijn zestiende krijgt men hem opnieuw in het vizier, ditmaal bij de KGB, waar hij wordt opgeleid tot geheim agent en belast met de infiltratie van christelijke contrarevolutionaire elementen in Noord-Ossetië. Als voormalig christen, en misschien is hij dat nog wel steeds, is hij geknipt voor die taak. Veel van degenen over wie hij rapport uitbrengt worden doodgeschoten.

Uit erkentelijkheid voor zijn goede werk wordt hij toegelaten tot de onderste echelons van de KGB, waar hij bekend komt te staan om zijn gehoorzaamheid en zijn doortastendheid in het toepassen van snelrecht. Dat weerhoudt hem er niet van een avondopleiding hogere marxistische dialectiek te volgen of vreemde talen te leren, hetgeen hem geschikt maakt voor spionagewerk in het buitenland.

Hij wordt uitgezonden op buitenlandse missies, biedt een helpende hand bij 'buitenwettelijke maatregelen', een eufemisme voor moordaanslagen. Voordat hij al te besmeurd raakt wordt hij teruggeroepen naar Moskou om te worden geïnstrueerd in de mildere kunst van de nepdiplomatie. Als reguliere soldaatspion onder diplomatieke dekmantel dient hij in de *rezidentura*'s van Brussel, Berlijn en Chicago, houdt hij zich bezig met verkenningen in het veld en contraspionage, zet hij zich in voor geheim agenten die hij nooit te zien krijgt, vult en leegt hij talloze geheime brievenbussen en blijft hij meewerken aan de 'neutralisering' van werkelijke of vermeende vijanden van de Sovjet-Unie.

Niettemin kan, met het bereiken van zijn volwassenheid, geen enkele mate van patriottische bezieling hem ervan weerhouden te beginnen aan een persoonlijke heroverweging van zijn levenspad, van zijn Joodse moeder tot aan zijn onvolledige afzwering van het christendom tot aan zijn overhaaste omhelzing van het marxisme-leninisme. Maar zelfs als de Berlijnse Muur valt, rijst uit de puinhopen zijn ideaalbeeld op van een gouden eeuw van liberale democratie in Russische stijl, van kapitalisme voor het volk en voorspoed voor allen.

Maar welke rol gaat Arkadi zelf spelen in deze lang uitgestelde herschepping van Moeder Rusland? Hij gaat worden wat hij altijd al was: haar trouwe dienaar en beschermer. Hij zal haar behoeden voor saboteurs en zakkenvullers, of dat nu buitenlanders zijn of landgenoten. Niets houdt stand waar niet voor wordt gevochten. De KGB bestaat niet meer: mooi. Een nieuwe idealistische spionagedienst zal alle mensen van Rusland beschermen, niet alleen haar leiders.

Maar zijn vroegere wapenbroeder Vladimir Poetin bewerkstelligt uiteindelijk de grote ontgoocheling, eerst met de onderdrukking van de hang naar onafhankelijkheid van Tsjetsjenië, en vervolgens die van zijn eigen geliefde Georgië.

Poetin was altijd een vijfderangsspion geweest. Nu was hij een spion die autocraat was geworden en die het hele leven interpreteerde in termen van *konspirantsia*. Dankzij Poetin en zijn bende onverbeterlijke stalinisten, ging Rusland niet vooruit naar een schitterende toekomst, maar achteruit naar haar duistere, bedrieglijke verleden.

'Jij bent Londens man?' buldert hij in het Engels in mijn oor.

Wij zijn twee diplomaten – officieel handelsattachés – de ene Russisch, de andere Engels en wij zitten een dansje uit op de jaarlijkse oudejaarsavond van de grootste sportclub van Triëst, waar wij, in de loop van drie maanden, vijf potjes badminton hebben gespeeld. Het is de winter van 2008. Na de gebeurtenissen van augustus voelt Georgië het pistool van Moskou tegen haar hoofd.

De band speelt met groot enthousiasme hits uit de jaren zestig. Geen luistervink of verborgen microfoon zou ook maar enige kans maken. Arkadi's chauffeur en lijfwacht, die in het verleden onze wedstrijden vanaf het balkon heeft gadegeslagen en ons zelfs naar de kleedkamer vergezelde, zit vanavond aan de overkant van de dansvloer te slempen met een nieuwe vriendin.

Ik moet 'ja, ik ben Londens man' hebben gezegd, maar ik heb mezelf boven het kabaal niet verstaan. Sinds onze derde badmintonsessie, toen ik mijn geïmproviseerde verleidingspoging deed, heb ik gewacht op dit moment. Het is mij duidelijk dat Arkadi er ook op heeft gewacht.

'Zeg dan maar tegen Londen dat hij akkoord gaat,' beveelt hij me.

Hij? Met 'hij' bedoelt hij de man die hij op het punt staat te worden.

'Hij werkt uitsluitend voor jou,' vervolgt hij, nog steeds in het Engels. 'Hij zal over vier weken opnieuw hier tegen je spelen met grote felheid, dezelfde tijd, uitsluitend enkelspel. Hij zal je telefonisch officieel uitdagen. Zeg Londen dat hij identieke rackets met holle handvatten nodig heeft. Deze rackets zullen op een daartoe geschikt moment in de kleedkamer worden geruild. Dat zul jij voor hem regelen.'

Wat wil hij in ruil? vraag ik.

'Vrijheid voor zijn volk. Zijn hele volk. Hij is geen materialist. Hij is idealistisch.'

Als er ooit iemand zichzelf aangenamer heeft gerekruteerd, dan heb ik dat nog nooit gehoord. Na twee jaar in Triëst raakten wij hem kwijt aan de Moskouse Centrale terwijl hij tweede man was bij hun Afdeling Noord-Europa. Zolang hij in Moskou vertoefde weigerde hij contact. Toen hij onder een culturele dekmantel was overgeplaatst naar Belgrado, wilden mijn meesters bij de Afdeling Rusland niet dat men doorkreeg dat ik achter hem aan hobbelde, dus maakten ze mij handelsattaché in Boedapest en begeleidde ik hem van daaruit.

Pas in de laatste jaren van zijn carrière begonnen onze analisten bepaalde tekenen op te merken in zijn rapporten; eerst van overdrijving, vervolgens van pure verzinsels. Zij tilden daar zwaarder aan dan ik. In mijn ogen was het gewoon het zoveelste geval van een spion die oud en moe begon te worden, die iets van zijn koelbloedigheid kwijtraakte, maar zich niet van ons los wilde maken. Pas nadat Arkadi's twee meesters – de Moskouse Centrale met veel toeters en bellen en wij heel wat discreter – hem hadden toegedronken en hem hadden overladen met onderscheidingen uit waardering voor zijn onzelfzuchtige toewijding aan onze respectieve idealen, vernamen we van andere bronnen dat hij, toen zijn beide carrières hun einde naderden, naarstig de fundamenten was gaan leggen voor een derde: dat hij voor zichzelf een deel van de criminele rijkdom van zijn land was gaan vergaren op een schaal waar zowel zijn Russische als zijn Britse betaalmeesters zelfs in hun meest gulhartige buien niet van hadden kunnen dromen.

***

De bus vanuit Praag duikt dieper de duisternis in. De zwarte heuvels aan beide zijden van ons rijzen steeds hoger op naar de nachtelijke hemel. Ik heb geen last van hoogtevrees maar heb een hekel aan dieptes en ik vraag me af wat ik hier doe, en hoe ik mezelf een woeste reis heb aangepraat die ik tien jaar geleden al niet vrijwillig had ondernomen of een collega-spion half zo oud als ik zou hebben toegewenst. Op cursussen voor spionnen in het veld bespraken we vaak, bij een glas whisky aan het einde van een lange dag, de factor angst: hoe je risico's moest afwegen en je angst daartegen moest afzetten, zij het dat we niet spraken van angst, maar van moed.

De bus vult zich met licht. We komen nu op de hoofdverkeersader van Karlovy Vary, het vroegere Karlsbad, geliefd kuuroord van de Russische *nomenklatoera* sinds Peter de Grote en tegenwoordig haar hoogsteigen dochteronderneming. Glinsterende hotels, badhuizen, casino's en juwelierswinkels met hel verlichte etalages glijden kalmpjes aan weerszijden voorbij. Daartussen stroomt een rivier die door een fraaie voetgangersbrug wordt overspannen. Toen ik hier twintig jaar geleden kwam om een Tsjetsjeense spion te ontmoeten die van een welverdiende vakantie genoot met zijn maîtresse, was de stad nog steeds bezig zich te ontdoen van de vale grijze verf van het Sovjetcommunisme. Het grootste hotel was het Moskva en de enige luxe was te vinden in afgelegen voormalige rusthuizen waar een paar jaar tevoren de uitverkorenen van de Partij en hun nimfen zich veilig voor de blikken van het proletariaat hadden vermaakt.

Het is tien over negen. De bus is gestopt bij de eindhalte. Ik stap uit en begin te lopen. Wek nooit de indruk niet te weten waar je naartoe gaat. Treuzel nooit met opzet. Ik ben een pas gearriveerde toerist. Ik ben een voetganger, het laagste van het laagste. Ik neem mijn omgeving in me op zoals elke goede toerist dat zou kunnen doen. Ik heb mijn reistas waaruit het handvat van mijn badmintonracket steekt over mijn schouder geslingerd. Ik ben een van die mal uitziende Engelse kleinburgerlijke wandelaars, zij het dat ik geen reisgids in een plastic mapje om mijn nek heb bungelen. Ik bewonder een affiche voor het Karlovy Vary filmfestival. Misschien zou ik een kaartje moeten kopen? De affiche ernaast roemt de weldadige eigenschappen van de beroemde baden. Er hangt geen affiche die verkondigt dat de stad ook wordt geroemd als de favoriete pleisterplaats voor de elite van de Russische georganiseerde misdaad.

Het paar voor me is niet in staat zich in een verstandig tempo voort te bewegen. De vrouw achter me draagt een propvolle plunjezak. Ik heb één kant van de hoofdstraat afgelegd. Het is tijd om de fraaie voetgangersbrug over te steken en via de overkant terug te slenteren. Ik ben een Engelsman in het buitenland die doet alsof hij maar niet kan beslissen of hij voor zijn vrouw een gouden Cartier-horloge, of een jurk van Dior of een diamanten halsketting of een nep-Tsaristisch-Russisch bankstel van vijftigduizend dollar zal kopen.

Ik ben aangekomen op het in licht badende voorplein van het Grand Hotel en Casino Pupp, dat vroeger het Moskva heette. De verlichte vlaggen van alle naties wapperen in de avondbries. Ik bewonder de koperen stoeptegels met daarin de namen gegraveerd van illustere gasten uit het verleden en het heden. Goethe was hier! Sting ook! Ik vind het zoetjesaan tijd om een taxi te nemen en op nog geen vijf meter afstand van me stopt er net een.

Een Duits gezin klautert eruit. Bij elkaar passende geruite bagage. Twee kinderfietsjes, splinternieuw. De chauffeur knikt naar me. Ik neem naast hem plaats en gooi mijn reistas op de achterbank. Spreekt hij Russisch? Boze frons. *Njet.* Engels? Duits? Een glimlach, een hoofdschudden. Ik spreek geen Tsjechisch. Over onverlichte kronkelwegen rijden wij de beboste heuvels in en dalen dan steil af. Rechts van ons doemt een meer op. Een auto met groot licht komt met grote snelheid aan de verkeerde kant van de weg op ons af. Mijn chauffeur blijft op zijn eigen weghelft. De auto wijkt uit.

'Rusland *rijk*,' zegt de chauffeur sissend. 'Tsjechisch volk *niet rijk. Ja!'* – en bij het woord *ja*, trapt hij hard op de rem en zwenkt de auto in naar wat ik aanzie voor een parkeerhaven totdat een kruisvuur van beveiligingslampen ons in hun lichtkegels gevangen houdt.

De chauffeur draait zijn raampje open en roept iets. Een blonde jongen van een jaar of twintig met een zeestervormig litteken op zijn wang steekt zijn hoofd naar binnen, tuurt naar mijn reistas met het label van British Airways erop en dan naar mij.

'Uw naam, meneer, alstublieft?' vraagt hij in het Engels.

'Halliday. Nick Halliday.'

'Uw bedrijf, alstublieft?'

'Halliday & Company.'

'Waarom komt u naar Karlovy Vary, alstublieft?'

'Om badminton te spelen met een vriend van me.'

Hij geeft de chauffeur een bevel in het Tsjechisch. We rijden twintig meter, passeren een stokoude vrouw met een hoofddoek die haar karretje voortduwt. We stoppen voor een ranch-achtig gebouw met een portaal van Ionische marmeren zuilen, een gouden loper en koorden van karmozijnrode zijde. Twee mannen in pak staan op de onderste tree. Ik betaal de chauffeur, pak mijn reistas van de achterbank en loop onder de levenloze blikken van de twee mannen de koninklijk gouden trap op naar de hal, waar ik de geur opsnuif van menselijk zweet, dieselolie, zwarte tabak en damesparfum die elke Rus laat weten dat hij thuis is.

Ik blijf onder een kroonluchter staan terwijl een uitdrukkingsloos meisje in een zwart pak buiten mijn gezichtsveld mijn paspoort bestudeert. Door een glazen afscheiding, in een van de rook blauw staande bar met het bordje 'Alles volgeboekt', houdt een oude man met een kozakkenmuts een redevoering voor een publiek van met ontzag vervulde oosterse volgelingen, uitsluitend mannen. Het meisje achter de balie kijkt over mijn schouder. De blonde jongen met het litteken staat achter me. Hij moet me over de gouden traploper zijn gevolgd. Ze overhandigt hem mijn paspoort, hij slaat het open, vergelijkt de foto met mijn gezicht, zegt 'Wilt u mij maar volgen, alstublieft, meneer Halliday,' en gaat me voor naar een enorme kantoorruimte met een fresco van naakte meisjes en openslaande deuren die uitzicht bieden op het meer. Ik tel drie lege stoelen achter drie computers, twee manshoge passpiegels, een stapel kartonnen dozen die met roze touw bij elkaar worden gehouden en twee fitte jongemannen in spijkerbroeken en sneakers en met gouden halskettingen om.

'Het is een formaliteit, meneer Halliday,' zegt de jongen terwijl de mannen op me afkomen. 'We hebben bepaalde slechte ervaringen gehad. Het spijt ons zeer.'

Wij Arkadi? Of wij de Azerbeidzjaanse maffia die, volgens een dossier van het Hoofdbureau dat ik heb geraadpleegd, deze tent heeft bekostigd met de opbrengsten van mensenhandel? Volgens datzelfde dossier werden de Russische maffiosi het er een jaar of dertig geleden onderling over eens dat Karlovy Vary een te fijne plek was om elkaar af te maken. We kunnen er maar beter een veilig toevluchtsoord van maken voor ons geld, onze gezinnen en onze maîtresses.

De mannen willen mijn reistas. De eerste steekt zijn handen ernaar uit, de tweede staat paraat. Mijn instinct zegt mij dat dit geen Tsjechen zijn, maar Russen, waarschijnlijk voormalige commando's. Als ze glimlachen, wees dan op je hoede. Ik overhandig mijn tas. In de spiegel is de jongen met het litteken jonger dan ik dacht en ik vermoed dat hij alleen maar stoer doet. Maar de twee mannen die mijn reistas onderzoeken hoeven niet te doen alsof. Ze hebben de voering afgetast, mijn elektrische tandenborstel gedemonteerd, aan mijn overhemden geroken en in de zolen van mijn gympen geknepen. Ze hebben geplukt aan het handvat van mijn badmintonracket, het stoffen windsel half losgemaakt, erop geklopt en er een paar keer mee gezwaaid. Is hun dat opgedragen of is het hun intuïtie die tegen hen zegt: als het ergens zit, dan zit het daarin, ongeacht wat *het* ook moge zijn?

Nu proppen ze alles terug in mijn reistas en de jongen met het litteken helpt hen en probeert het wat netter te doen. Ze willen me fouilleren. Ik doe mijn armen omhoog, niet helemaal, alleen maar om aan te geven dat ik er klaar voor ben. Iets aan de manier waarop ik dat doe maakt dat de eerste man me nog eens goed bekijkt en dan weer iets behoedzamer een stap dichterbij zet, terwijl zijn vriend vlak achter hem klaarstaat om in te grijpen. Armen, oksels, middel, borstpartij, draai me om, betast mijn rug. Dan omlaag op zijn hurken terwijl hij mijn kruis en de binnenkant van mijn benen betast en in het Russisch tegen de jongen iets zegt wat ik in mijn rol als eenvoudige Britse badmintonspeler zogenaamd niet begrijp. De jongen met het litteken vertaalt het.

'Ze willen dat u uw schoenen uitdoet, alstublieft.'

Ik maak mijn veters los en geef mijn schoenen aan. Ze pakken er allebei één, buigen ze, betasten ze en geven ze terug. Ik maak mijn veters weer vast.

'Ze vragen waarom u geen mobiele telefoon hebt, alstublieft?'

'Die heb ik thuisgelaten.'

'Waarom, alstublieft?'

'Ik reis graag in mijn eentje,' antwoord ik schertsend. De jongen vertaalt, niemand lacht.

'Ze vragen ook of ik uw polshorloge en pen en portefeuille wil innemen en aan u teruggeven wanneer u vertrekt,' zegt de jongen.

Ik overhandig hem mijn pen en portefeuille en maak het bandje van mijn horloge los. De mannen grijnzen spottend. Het is een Japans prul, vijf pond waard. De mannen kijken me verwachtingsvol aan, alsof ze het gevoel hebben dat ze me nog niet genoeg hebben aangedaan.

De jongen bijt hun met verbazingwekkend gezag in het Russisch toe:

'Oké. Gedaan. Klaar.'

Ze halen hun schouders op, er verschijnt een weifelende grijns op hun gezicht en vervolgens verdwijnen ze door de openslaande deuren, zodat ik alleen met hem achterblijf.

'U gaat badminton spelen met mijn vader, meneer Halliday?' vraagt de jongen.

'Wie is je vader?'

'Arkadi. Ik ben Dimitri.'

'Nou, geweldig je te leren kennen, Dimitri.'

We geven elkaar een hand. Die van Dimitri is vochtig en de mijne zou dat moeten zijn. Ik praat met de levende zoon van dezelfde Arkadi die mij notabene op de dag dat ik hem officieel rekruteerde plechtig bezwoer dat hij nooit ofte nimmer een kind op deze smerige, verrotte wereld zou zetten. Is Dimitri geadopteerd? Of had Arkadi altijd een zoon ergens weggestopt en schaamde hij zich omdat hij de toekomst van de jongen op het spel zette door voor ons te spioneren? Aan de balie overhandigt het meisje in het zwarte pak me een kamersleutel met een koperen neushoorn eraan vast, maar Dimitri vertelt haar in blufferig Engels: 'Mijn gast komt later terug' en vervolgens gaat hij me over de gouden loper voor naar een Mercedes SUV en nodigt me uit op de stoel naast de bestuurder plaats te nemen.

'Mijn vader vraagt of u alstublieft onopvallend wilt zijn,' zegt hij.

Een tweede auto volgt ons. Ik heb alleen de koplampen maar gezien. Ik beloof onopvallend te zijn.

***

We reden volgens het klokje in de Mercedes SUV zesendertig minuten omhoog. De weg was opnieuw steil en kronkelig. Het duurt even voordat Dimitri me begint uit te horen.

'Meneer, u hebt mijn vader veel jaren gekend.'

'Heel wat, ja.'

'Was hij in die tijd bij de Organen?' – *Organy* in het Russisch, geheime diensten.

Ik lach. 'Het enige wat ik weet is dat hij een diplomaat

was die dol was op badminton.'

'En u? In die tijd?'

'Ik was toen ook diplomaat. Voor handelszaken.'

'Was dat in Triëst?'

'En op andere plaatsen. Waar we maar konden samenkomen en een badmintonbaan konden vinden.'

'Maar nu hebt u al vele jaren geen badminton met hem gespeeld?

'Nee, dat klopt.'

'En nu doen jullie zaken samen. Jullie zijn allebei zakenmannen.'

'Maar dat is nogal vertrouwelijke informatie, Dimitri,' waarschuw ik hem, nu de vorm van Arkadi's dekmantel tegenover zijn zoon me duidelijk begint te worden. Ik vraag hem wat hij met zijn leven doet.

'Binnenkort ga ik naar de universiteit van Stanford in Californië.'

'Om wat te studeren?'

'Ik zal marine-bioloog worden. Ik heb dat onderwerp ook al bestudeerd aan de Staatsuniversiteit in Moskou, ook in Besançon.'

'En daarvoor?'

'Mijn vader wilde dat ik naar Eton College ging maar hij was niet tevreden over de veiligheidsmaatregelen. Daarom ben ik naar een gymnasium in Zwitserland gegaan waar de veiligheid bevredigender was. U bent een ongewone man, meneer Halliday.'

'Hoe dat zo?'

'Mijn vader heeft veel respect voor u. Dat is niet normaal. Hij zegt ook dat u vloeiend Russisch spreekt maar daar laat u tegenover mij niets van blijken.'

'Maar dat is omdat je je Engels wilt oefenen, Dimitri!' houd ik speels vol en in gedachten zie ik Steff voor me die met haar skibril op naast me in de skilift omhooggaat.

***

We zijn gestopt bij een controlepost langs de weg. Twee mannen gebaren ons halt te houden, onderzoeken ons en gebaren dan dat we door kunnen rijden. Geen vuurwapens te zien. De Russen van Karlovy Vary zijn gezagsgetrouwe burgers. Vuurwapens worden buiten het zicht gehouden. We rijden tot aan stenen hekpalen uit de tijd van het Habsburger Keizerrijk. Beveiligingslampen gaan aan en camera's kijken op ons neer, terwijl twee mannen uit een wachthuis tevoorschijn komen, met overbodige zaklantaarns naar binnen schijnen en ook al weer gebaren dat we door kunnen rijden.

'Je wordt goed beschermd,' zeg ik tegen Dimitri.

'Helaas is dit ook nodig,' antwoordt hij. 'Mijn vader houdt van vrede, maar dat soort liefde wordt niet altijd beantwoord.'

Links en rechts is er hoog in de bomen schrikdraad geregen. Een verblind hert verspert ons de weg, Dimitri toetert en het hert verdwijnt met een sprong in de duisternis. Voor ons doemt een villa met torentjes op die deels op een jachthuis, deels op een Beiers treinstation lijkt. Door de niet van gordijnen voorziene ramen op de begane grond zien we onberispelijk geklede mensen komen en gaan. Maar Dimitri rijdt niet naar de villa. Hij is een bospad ingeslagen. We rijden langs arbeidershuisjes en bereiken een met keien bestraat boerenerf met stallen aan de ene kant en een raamloze schuur van zwartgeblakerde potdekselpanelen aan de andere. Hij stopt, reikt voor mij langs en duwt het portier aan mijn kant open.

'Geniet van uw spel, meneer Halliday.'

Hij rijdt weg. Ik sta alleen midden op het boerenerf. Een halve maan verschijnt boven de boomtoppen. In het schijnsel ontwaar ik twee mannen die voor de gesloten deur van de schuur staan. De deur gaat van binnenuit open. Een zaklamp met een krachtig schijnsel verblindt mij even terwijl de zachte Russische stem met de Georgische tongval mij vanuit de duisternis roept:

‘Kom je nog binnen om te spelen of moet ik je daar buiten afmaken?’

Ik doe een stap naar voren. De twee mannen glimlachen hoffelijk en doen een stap opzij om mij door te laten. De deur gaat achter me dicht. Ik sta alleen in een witte gang. Voor me leidt een tweede deur, open, naar een badmintonbaan van kunstgras. Tegenover me staat de kordate gedrongen gestalte van mijn zestigjarige voormalige spion Arkadi, codenaam WOODPECKER, in een trainingspak. Kleine voeten zorgvuldig gespreid, armen half geheven in de vechthouding. De licht voorovergebogen houding van de zeeman of de bokser. Gemillimeterd, grijzend haar, alleen iets minder nu. Dezelfde ongelovige blik en op elkaar geklemde kaken, de pijngroeven dieper. Dezelfde stugge glimlach, even onleesbaar als op die avond tien jaar geleden toen ik tijdens een consulaire cocktailparty in Triëst op hem afstapte en hem uitdaagde tot een potje badminton.

Hij wenkt me met een ruk van zijn hoofd, draait me dan zijn rug toe en beent krijgshaftig weg. Ik volg hem over de baan en een open houten trap op die leidt naar een toeschouwersbalkon. Als we op het balkon zijn aangekomen, ontsluit hij een deur, wenkt me mee te komen en doet de deur achter zich weer op slot. We lopen een tweede houten trap op naar een langwerpige zolderkamer, met aan het eind een matglazen deur in de gevel. Hij ontsluit ook die deur en we komen op een balkon dat volhangt met wijnranken. Hij doet de deur weer op slot en zegt kortaf een woord in het Russisch in zijn mobieltje: ‘wegwezen’.

Twee houten stoelen, een tafel, een fles wodka, glazen, een schaal met roggebrood en een halve maan om ons bij te lichten. De villa met de torentjes rijst boven de bomen uit. In het licht van de schijnwerpers lopen mannen in pakken in hun eentje over de gazons. Fonteinen spuiten in een vijver waar stenen nimfen over heersen.

Met precieze bewegingen schenkt Arkadi twee wodka's in, duwt me een glas in de hand en wijst op het brood. We gaan zitten.

'Ben je gestuurd door Interpol?' vraagt hij in zijn snelle Georgische Russisch.

'Nee.'

'Ben je hier gekomen om mij te chanteren? Om mij te zeggen dat je me zult uitleveren aan Poetin, tenzij ik weer met Londen ga collaboreren?'

'Nee.'

'Waarom niet? De situatie is in jouw voordeel. De helft van de mensen die voor mij werken, rapporteren achter mijn rug aan Poetins hofhouding.'

'Ik ben bang dat Londen jouw informatie niet meer zou vertrouwen.'

Pas dan heft hij zijn glas op in een stille toost. Dus doe ik hetzelfde, terwijl ik bedenk dat ik hem te midden van al onze ups en downs nog nooit zo kwaad heb meegemaakt.

'Het is uiteindelijk dus toch niet jouw geliefde Rusland,' opper ik luchtig. 'Ik dacht dat jij altijd droomde van die eenvoudige datsja tussen de Russische berkenbomen. Of terug naar Georgië, waarom niet? Wat is er misgegaan?'

'Er is niets misgegaan. Ik heb huizen in Petersburg en in Tblisi. Maar als internationalist houd ik het meest van mijn Karlovy Vary. Wij hebben hier een orthodoxe kathedraal. Vrome Russische schurken gaan er eens per week ter kerke. Als ik dood ben zal ik me bij hen voegen. Ik heb een pracht van een vrouw, heel jong. Al mijn vrienden willen haar neuken. Meestal staat ze dat niet toe. Wat kan ik me verder wensen?' vraagt hij op zachte snelle toon.

'Hoe gaat het met Ludmilla?'

'Dood.'

'Het spijt me dat te horen. Waaraan is ze gestorven?'

'Aan een militair zenuwgas dat kanker heet. Vier jaar

geleden. Twee jaar lang rouw ik om haar. Maar wat heeft dat verder voor zin?'

Geen van ons heeft Ludmilla ooit ontmoet. Volgens Arkadi was zij advocaat, net als Prue, met een praktijk in Moskou.

'En jouw zoon Dimitri – is hij Ludmilla's zoon?' vraag ik.

'Vind je hem aardig?'

'Het is een beste knul. Lijkt een geweldige toekomst voor zich te hebben.'

'Die heeft niemand.'

Hij stompt snel met zijn kleine vuist langs zijn lippen in een gebaar dat altijd duidde op spanning, vervolgens staart hij met een doordringende blik over de bomen naar zijn villa en de in kunstlicht badende gazons.

'Weet Londen dat je hier bent?' vraagt hij.

'Het leek me beter dat pas later aan Londen te vertellen. Nadat ik met jou heb gesproken.'

'Ben jij freelancer?'

'Nee.'

'Een nationalist?'

'Nee.'

'Wat ben je dan?'

'Een patriot, denk ik.'

'Van wat? Facebook? Dot-coms? Opwarming van de aarde? Bedrijven zo groot dat ze dat kapotte kleine landje van jou in één hap kunnen opschrokken? Wie betaalt jou?'

'Mijn Bureau. Hoop ik. Als ik terugkom.'

'Wat wil je?'

'Een paar antwoorden. Nog over vroeger. Als ik je die kan ontfutselen. Bevestiging, als je me die wilt geven.'

'Jij hebt nooit tegen me gelogen?' – het klinkt als een beschuldiging.

'Bij hoge uitzondering. Als het niet anders kon.'

'Lieg je nu?'

'Nee. En jij moet ook niet tegen mij liegen, Arkadi. De laatste keer dat je tegen me loog, heb je daarmee verdomme bijna mijn schitterende carrière getorpedeerd.'

'Niet zo best,' merkt hij op en een poosje genieten we samen van het nachtelijke uitzicht.

'Vertel eens op.' Hij neemt nog een slok wodka. 'Wat voor soort lulkoek verkopen jullie Engelsen ons verraders tegenwoordig? Liberale democratie als de redding van het mensdom? Waarom heb ik die onzin geslikt?'

'Misschien wilde je dat.'

'Jullie wandelen Europa uit met jullie Britse neuzen in de lucht. "Wij zijn bijzonder. Wij zijn Britten. Wij hebben Europa niet *nodig*. Wij hebben alle oorlogen in ons eentje gewonnen. Zonder Amerikanen, zonder Russen, zonder iemand. Wij zijn supermensen." De grote vrijheidslievende president Donald Trump gaat jullie economische hachje redden, hoor ik. Weet je wat Trump is?'

'Nou?'

'Hij is Poetins pleeschrobber. Hij doet alles voor die kleine Vladi wat de kleine Vladi niet zelf kan: pissen op de Europese eenheid, pissen op de mensenrechten, pissen op de NAVO. Verzekert ons dat de Krim en Oekraïne deel uitmaken van het Heilige Russische Rijk, het Midden-Oosten is van de Joden en de Saoedi's, en naar de bliksem met de wereldorde. En jullie Britten, wat doen jullie? Jullie pijpen hem en nodigen hem op de thee met je koningin. Jullie nemen ons zwarte geld aan en wassen het voor ons. Jullie heten onze schurken welkom als ze maar groot genoeg zijn. Jullie verkopen ons half Londen. Jullie staan handenwringend te kijken als wij onze verraders vergiftigen en jullie zeggen alsjeblieft, alsjeblieft, lieve Russische vrienden, drijf handel met ons. Is dit waarvoor ik mijn leven heb gewaagd? Dat kan ik niet geloven. Ik geloof dat jullie Britten mij een wagonlading huichelachtige paardenstront hebben verkocht. Dus zeg nou niet dat je hier bent om me te herinneren aan mijn liberale geweten en christelijke waarden en mijn liefde voor het grootse grote Britse Rijk. Dat zou verkeerd zijn. Begrijp je dat?'

'Ben je klaar?'

'Nee.'

'Ik denk niet dat jij ooit echt voor mijn land hebt gewerkt, Arkadi. Ik denk dat jij voor jouw eigen land werkte en dat dat niets heeft uitgehaald.'

'Het kan me geen ruk schelen wat jij denkt. Ik vroeg wat jij van me wilt, verdomme.'

'Wat ik altijd heb gewild. Bezoek jij reünies van je oude kameraden? Samenkomsten, uitreikingen van onderscheidingen? Vieringen van de goeie ouwe tijd? Begrafenissen van de groten en de goeden? Een vereerde veteraan als jij is daar praktisch toe verplicht.'

'En als ik dat zou doen?'

'Dan zou ik je gelukwensen omdat je je dekmantel bent blijven uitbuiten als een doorgewinterde, rasechte Tsjekist van de oude stempel.'

'Ik heb geen probleem met mijn dekmantel. Ik ben een volledig geaccepteerde Russische held. Twijfels zijn mij vreemd.'

'En daarom woon je in een Tsjechische vesting en houd je een stal vol lijfwachten.'

'Ik heb *concurrenten*. Dat heeft niets met twijfels te maken. Dat is normaal onder zakenlieden.'

'Volgens onze dossiers heb je in de afgelopen anderhalf jaar vier veteranenreünies bezocht.'

'Nou en?'

'Bespreek je wel eens bepaalde zaken met je ex-collega's? Nieuwe zaken misschien zelfs?'

'Als zulke onderwerpen ter sprake komen, misschien wel. Ik begin er nooit zelf over, lok nooit iets uit, zoals jij heel goed weet. Maar als je denkt dat je me naar Moskou kunt sturen om het een en ander uit te vissen, dan ben je niet goed bij je stomme hoofd. Kom ter zake, alsjeblieft.'

'Graag. Ik ben gekomen om je te vragen of jij nog

contact hebt met Valentina, de trots van de Moskouse Centrale.'

Hij staart voor zich uit, met zijn kaak heerszuchtig vooruitgestoken. Zijn rug is zo recht als van een soldaat.

'Van die vrouw heb ik nog nooit gehoord.'

'Nou, dat verbaast me dan, Arkadi, want je hebt me ooit verteld dat zij de enige vrouw was van wie je echt hebt gehouden.'

Aan zijn gelaatstrekken en profil is niets veranderd. Dat was altijd al zo. Alleen uit de waakzaamheid van zijn lichaamshouding blijkt dat hij me heeft gehoord.

'Je zou gaan scheiden van Ludmilla en verdergaan met Valentina. Maar uit wat je me zojuist hebt verteld maak ik op dat zij niet de vrouw is met wie je nu getrouwd bent. Valentina was maar een paar jaar jonger dan jij. Dat is geen veel jongere vrouw in mijn ogen.'

Nog steeds geen reactie.

'We hadden haar kunnen rekruteren, weet je nog? We hadden de middelen. Jij hebt er zelf voor gezorgd. Ze was naar Triëst gezonden op een belangrijke missie voor de Moskouse Centrale. Een vooraanstaande Oostenrijkse diplomaat wilde de geheimen van zijn land verkopen, maar wilde absoluut niets van doen hebben met een Russische ambtenaar. Niemand uit de consulaire of diplomatieke gemeenschap. Moskou stuurde je Valentina. De Moskouse Centrale had in die tijd weinig vrouwelijke geheim agenten, maar Valentina was een uitzondering: briljant, beeldschoon en de droom van je leven, vertelde je me. Zodra ze haar slachtoffer had veroverd, zwoeren jullie tweetjes samen daar een week lang niets over tegen de Centrale te vertellen en trakteerden jullie jezelf op een romantische vakantie aan de Adriatische Zee. Ik meen me te herinneren dat wij je hebben geholpen bij het vinden van een gepast discrete accommodatie. We hadden haar kunnen chanteren, maar we zagen geen mogelijkheid om dat te doen zonder jou te compromitteren.'

'Ik heb gezegd dat je haar met rust moest laten omdat ik je anders zou vermoorden.'

'Dat zei je inderdaad en we waren daar danig van onder de indruk. Zij kwam eveneens uit Georgië, uit een oud Tsjekisten-geslacht, als ik me het goed herinner. Alles aan haar klopte en jij was stapel op haar. Een perfectioniste, zei je tegen mij. Perfect in haar werk, perfect in de liefde.'

Hoelang blijven we hier de nacht in zitten staren?

'Te perfect, misschien,' mompelt hij ten slotte op scherpe toon.

'Wat ging er mis? Was ze getrouwd? Was er een andere man in haar leven? Dat zou voor jou toch zeker geen beletsel zijn geweest?'

Weer een langdurige stilte, wat er bij Arkadi altijd op duidt dat hij opstandige gedachten verzamelt.

'Misschien was ze te zeer getrouwd met *kleine Vladi Poetin,*' zegt hij kwaad. 'Misschien niet met haar lichaam, maar met haar ziel. Poetin is *Rusland,* zegt ze me. Poetin is *Peter de Grote.* Poetin is *zuiverheid,* hij is *intelligent.* Hij is *slimmer* dan het decadente Westen. Hij geeft ons onze Russische *trots* terug. Wie van de staat steelt is een doortrapte dief, want hij steelt van *Poetin* persoonlijk.'

'En jij was een van die doortrapte dieven?'

'*Tsjekisten* stelen niet, zegt ze tegen me. *Georgiërs* stelen niet. Als ze wist dat ik voor jou had gewerkt zou ze me wurgen met een pianosnaar. Dus misschien zou het achteraf bekeken niet zo'n volkomen verenigbaar huwelijk zijn geweest' – gevolgd door een schampere lach.

'Hoe is het afgelopen, als het ooit is afgelopen?'

'Een beetje was te veel, meer was te weinig. Ik heb haar *dit allemaal* aangeboden' – een ruk met het hoofd naar het bos, de villa, de verlichte gazons, de hoogspanningskabels en de in het zwart geklede schildwachten die in hun eentje hun ronde doen. 'Ze zegt tegen me: Arkadi, jij bent Satan, kom niet bij mij aanzetten met je gestolen koninkrijk. Ik zeg tegen haar: Valentina, wees zo vriendelijk me iets te vertellen. Wie in dit hele godverlaten universum is tegenwoordig rijk en geen dief? Ik zeg haar dat succes geen schande is, het is een genade, het is het bewijs van Gods liefde. Maar zij heeft geen God. En ik ook niet.'

'Zie je haar nog steeds?'

Hij haalt zijn schouders op. 'Ben ik verslaafd aan heroïne? Ik ben verslaafd aan Valentina.'

'En zij aan jou?'

Zo was het vroeger tussen ons, op onze tenen samen langs de afgrond van zijn verdeelde loyaliteiten, hij als mijn onvoorspelbare, hoogwaardige spion, ik als de enige in de hele wereld die hij veilig in vertrouwen kon nemen.

'Maar zie je haar zo nu en dan nog wel eens?'

Verstijft hij, of verbeeld ik me dat maar?

'Soms in Petersburg als ze daar zin in heeft,' antwoordt hij kortaf.

'Wat voor werk doet ze tegenwoordig?'

'Wat ze altijd al deed. Ze is nooit consulair geweest, nooit diplomatiek, nooit cultureel, nooit pers. Zij is Valentina, de grote veterane, volkomen onbezoedelde geheim agent.'

'Maar wat doet ze?'

'Hetzelfde als altijd. Ze stuurt illegale agenten aan vanuit de Moskouse Centrale. Uitsluitend West-Europa. Mijn oude afdeling.'

'Hoort het werken met mollen daar ook bij?'

'Mollen zoals jijzelf die zich tien jaar in de stront graven en dan twintig jaar bezig zijn zich er weer uit te graven? Zeker. Valentina begeleidt ook slapende spionnen. Wie met haar slaapt wordt nooit meer wakker.'

'Zou zij het leven van haar mollen in de waagschaal stellen om een belangrijke bron buiten het netwerk van dienst te zijn?'

'Als er voldoende op het spel staat, zeker. Als de Centrale denkt dat de plaatselijke *rezidentura* een nest klootzakken is, en dat is het doorgaans ook, dan zou de inzet van haar illegalen worden goedgekeurd.'

'Zelfs haar eigen slapende geheim agenten?

'Als ze tegenover haar niet zijn ingeslapen, waarom niet?'

'En zelfs nu, na al die jaren, is zij een totaal onbezoedelde Russische agente,' opper ik.

'Nou en of. De beste.'

'Onbezoedeld genoeg om onder natuurlijke dekmantel het veld in te gaan?

'Wat ze maar wil. Overal. Geen probleem. Ze is een genie. Vraag het haar.'

'Zou ze, om maar wat te noemen, naar een westers land gaan om een belangrijke bron te begeleiden of te rekruteren?'

'Als de vis groot genoeg is, zeker.'

'Wat voor soort vis?'

'Een grote. Dat zei ik al. Hij moet groot zijn.'

'Net zo groot als jij?'

'Groter misschien. Wie kan het ene reet schelen?'

Vandaag de dag lijkt wat volgt op voorkennis. Maar dat was het in het geheel niet. Het ging over de man die ik vroeger was. Het ging erom dat ik mijn spion beter kende dan ik mezelf kende; dat ik voel dat er een weersomslag in hem begint te komen voordat hij het zelf in de gaten heeft. Het was de vrucht van gestolen nachten in een gehuurde auto zitten in een achterafstraat van een of andere godverlaten communistische stad en luisteren hoe hij het verhaal vertelt van een leven dat zo vol geschiedenis is dat het niet door één man in zijn eentje kan worden gedragen. Maar het droevigste verhaal van alle is het verhaal dat ik mezelf nu vertel: de terugkerende tragedie van zijn eenzame liefdesleven, terwijl deze man met zijn zogenaamd onaantastbare viriliteit op het beslissende moment het verloren kind wordt dat hij eens was, onmachtig, afgewezen en vernederd, terwijl verlangen verandert in schaamte en de woede zich in hem optast. Van zijn vele slecht gekozen partners was Valentina het archetype, dat nonchalant deed alsof ze zijn passie beantwoordde, zich voor hem opdofte en hem zodra hij als was in haar handen was, terugsmeet op de straat waar hij vandaan kwam.

En nu is ze bij ons, ik voel het: in de overdreven achteloze stem die hij gebruikt om haar weg te wuiven, in de overdreven lichaamstaal die niet van nature bij hem past.

'Mannelijke vis of vrouwelijke vis?' vraag ik.

'Hoe moet ik dat weten, verdomme?'

'Jij weet het, omdat Valentina het je heeft verteld. Nou jij weer?' zeg ik. 'Niet alles. Alleen kleine hints, die ze in je oor heeft gefluisterd, zoals ze dat vroeger deed. Om je te verlokken. Om indruk op je te maken. Om je te prikkelen. Deze geweldige, grote vis die in haar net is gezwommen. Zei ze toevallig *Britse* vis? Is dat wat je me niet zegt?'

Het zweet druipt in het maanlicht langs zijn ingevallen tragische gezicht. Hij praat zoals hij gewend was te praten, snel vanuit zijn binnenste, hij verraadt zoals hij gewend was te verraden, hij haat zichzelf, haat het onderwerp van zijn verraad, geniet van zijn liefde voor haar, veracht zichzelf, straft haar voor zijn tekortkomingen. Ja, een grote vis, Ja. Brits. Ja, een man. Een buitenkansje. Ideologisch als in communistische tijden. *Middle class*? Valentina zal hem persoonlijk opleiden. Hij wordt haar bezit, haar discipel. Misschien haar minnaar, ze ziet wel.

'Heb je genoeg?' schreeuwt hij opeens, terwijl hij zijn kleine lijf met een ruk naar me toe draait om mij uit te dagen. 'Ben je daarom gekomen, jij imperialistisch Engels stuk stront? Zodat ik mijn Valentina voor de tweede keer tegenover jou zou kunnen verraden?'

Hij springt op.

'Jij bent met haar naar bed geweest, jij smerige hond!' schreeuwt hij wild. 'Jij denkt dat ik niet weet dat je elke vrouw in Triëst hebt geneukt? Zeg me dat je met haar hebt geslapen!'

'Ik ben bang dat ik dat genoegen nooit heb mogen smaken, Arkadi,' antwoord ik.

Hij marcheert voor me uit, ellebogen naar buiten, beentjes in volle vaart. Ik volg hem over de kale zoldervloer en de twee trappen af. Als we bij de badmintonbaan aankomen pakt hij mijn arm.

'Weet je nog wat je tegen me hebt gezegd die eerste keer?'

'Natuurlijk weet ik dat.'

'Zeg het nu.'

'*Neem me niet kwalijk, consul Arkadi. Ik heb gehoord dat u goed badminton speelt. Wat zou u zeggen van een vriendschappelijke krachtmeting tussen twee grote bondgenoten uit de oorlog?*'

'Omhels me.'

Ik omhels hem. Hij klemt me op zijn beurt gulzig vast, dan duwt hij me weg.

'Prijs één miljoen dollar in baar goud te storten op mijn geheime Zwitserse bankrekening,' zegt hij. 'Ponden zijn klote, hoor je me? Als je me niet betaalt, zeg ik het tegen Poetin!'

'Sorry, Arkadi. Ik ben bang dat we totaal blut zijn,' zeg ik en om de een of andere reden glimlachen we allebei.

'Kom niet terug, Nick. Niemand droomt nog, hoor je me? Ik houd van je. De volgende keer dat je komt vermoord ik je. Dat beloof ik.'

Weer duwt hij me weg. De deur sluit zich achter me. Ik sta weer op het door de maan beschenen erf. Er staat een briesje. Ik voel zijn tranen op mijn wangen. Dimitri in de Mercedes SUV knippert met zijn lichten.

'Hebt u mijn vader verslagen?' vraagt hij zenuwachtig als we wegrijden.

'Het ging ongeveer gelijk op,' zeg ik hem.

Hij geeft me mijn horloge, mijn portefeuille, mijn paspoort en mijn ballpoint terug.

***

De twee commando's die me hebben gefouilleerd zitten met hun benen uitgestrekt in de hal. Ze kijken niet op als ik voorbijloop, maar als ik boven aan de trap ben en achteromkijk, staren ze naar me. Aan het hoofdeinde van mijn ledikant heerst een goedmoedige Maagd Maria over copulerende engelen. Heeft Arkadi er spijt van dat hij me dertig minuten lang weer heeft toegelaten in zijn gekwelde leven? Besluit hij dat ik uiteindelijk toch beter dood kan zijn? Hij heeft meer levens geleid dan ik ooit zal leiden. En nu heeft hij er geen een meer over. Zachte voetstappen in de gang. Ik heb een kamer naast me voor mijn lijfwacht, maar er is geen lijfwacht om erin te stoppen. Ik heb geen wapen behalve mijn kamersleutel, wat Engels kleingeld en het lichaam van een man van middelbare leeftijd, dat geen enkele kans maakt tegen een van hun lichamen.

Zo groot als jij? Misschien groter. Wie kan het ene reet schelen?... Wie met haar slaapt wordt nooit meer wakker... Niemand droomt meer tegenwoordig, hoor je wat ik zeg?

12

Moskou heeft gesproken. Arkadi heeft gesproken. Ik heb gesproken en ben gehoord. Dom Trench heeft zijn brief aan het disciplinair comité verscheurd. London General heeft mijn reiskosten vergoed, maar had wel vragen bij mijn gebruik van een taxi naar het hotel aan het meer in Karlovy Vary. Het schijnt dat ik ook een bus had kunnen nemen. De Afdeling Rusland onder de tijdelijke leiding van Guy Brammel heeft verklaard dat de zaak-Pitchfork onverwijld in gang moet worden gezet. Giles' baas, Bryn Jordan, heeft vanuit Washington zijn toestemming gegeven en voor zich gehouden wat hij zou kunnen vinden van het niet-vastgelegde bezoek van een zekere spionnenmeester aan een giftige voormalige spion. Het idee dat er een verrader van Arkadi's statuur in ons midden is, heeft het nodige gefladder in de duiventillen van Whitehall veroorzaakt. De spion Pitchfork, geïnstalleerd in een tweekamersouterrain aan de noordkant van het centrum van Londen, heeft niet minder dan drie gecodeerde teksten ontvangen van zijn denkbeeldige Deense *inamo-*

rata Anette, en de inhoud ervan veroorzaakt een trilling door de Haven die onmiddellijk zijn weg vindt naar Dom Trench, de Afdeling Rusland en het Directoraat Operaties in oplopende volgorde:

'Het is een Goddelijke rechtvaardiging, Peter,' fluistert Sergei vol ontzag in mijn oor. 'Misschien is het Zijn wens dat ik slechts een heel klein rolletje zal spelen in een grote operatie waarover ik verder niets te horen krijg. Dat doet er niet toe. Ik wil alleen maar aantonen dat mijn hart op de juiste plaats zit.'

Maar Percy Prices waakhonden voelen er weinig voor om hun oude verdenkingen van zich af te schudden en handhaven hun uitgeklede versie van contraspionage op hem op dinsdag- en donderdagmiddag van 14.00 uur tot 18.00 uur, want meer kan Percy zich momenteel niet veroorloven. Sergei heeft zijn begeleider Denise ook gevraagd of zij, als hem het Britse staatsburgerschap is verleend, met hem wil trouwen. Denise vermoedt dat Barry een ander heeft gevonden en dat Sergei, liever dan zichzelf dat toe te geven, heeft besloten dat hij hetero is. De kans op een vereniging is overigens klein. Denise is lesbisch en heeft een echtgenote.

Via haar gecodeerde teksten keurt de Moskouse Centrale Sergeis keuze van een woning goed en eist ze meer gedetailleerde informatie over de twee overgebleven geselecteerde districten in Noord-Londen, waarmee maar weer wordt bevestigd hoe overgeorganiseerd de perfectionistische Anette is. Er wordt vooral verwezen naar openbare parken, toegang te voet of met een voertuig, openings- en sluitingstijden, de aanwezigheid of anderszins van toezichthouders, boswachters en 'waakzame elementen'. Ook naar de locatie van bankjes in het park, prieeltjes, muziektenten en parkeermogelijkheden wordt met grote belangstelling geïnformeerd. De decodeerders hebben ook melding gemaakt van een ongewone aanwas van berichtenverkeer van en naar de

Noordelijke afdeling van de Moskouse Centrale.

Sinds mijn terugkeer uit Karlovy Vary lijkt mijn relatie met Dom Trench in een paar voorspelbare wittebroodsweken terecht te zijn gekomen, zelfs al heeft de Afdeling Rusland hem discreet ontheven van zijn gezag in alle zaken die te maken hebben met Stardust, de willekeurige codenaam die de computer van het Hoofdbureau heeft uitgespuugd voor het gebruik van alle gegevens die tussen de Moskouse Centrale en bron Pitchfork worden uitgewisseld. Maar Dom, als immer overtuigd dat hij er elk moment uitgegooid kan worden, blijft standvastig verrukt bij de gedachte dat mijn verslagen ons beider stempel dragen. Hij is zich ervan bewust hoe afhankelijk hij van mij is en daar is hij heel zenuwachtig over, en stilletjes vind ik dat wel prima.

***

Ik had beloofd contact op te nemen met Florence, maar in de euforie van het moment had ik dat uitgesteld. De opgedrongen stilte terwijl wij wachten op definitieve instructies van de Moskouse Centrale biedt een goede gelegenheid om mijn ongemanierdheid goed te maken. Prue is op bezoek bij een zuster op het platteland die zich niet goed voelt. Ze verwacht het hele weekend weg te blijven. Ik bel haar op om dat te controleren. Haar plannen zijn niet gewijzigd. Ik bel Florence niet vanuit de Haven of via mijn Bureau-mobieltje. Ik ga naar huis, eet een koud vleespasteitje en giet een paar whisky's naar binnen, en dan wandel ik, gewapend met wat kleingeld, de straat op naar een van de laatst overgebleven telefooncellen in Battersea waar ik het laatste nummer intoets dat ze mij heeft gegeven. Ik verwacht weer een antwoordapparaat maar krijg in plaats daarvan Florence aan de lijn, die buiten adem is.

'Wacht even,' zegt ze en ze bedekt het mondstuk met

haar hand en roept iets tegen iemand in wat klinkt als een leeg huis. Ik kan de woorden niet verstaan, maar ik hoor de echo ervan als mistige stemmen op zee, eerst Florence, dan een mannenstem. Dan is ze weer terug bij mij, duidelijk verstaanbaar en op zakelijke toon:

'Ja, Nat?'

'Hé hallo,' zeg ik.

'Hallo.'

Misschien had ik een teken van berouw verwacht, maar dat is er niet, noch in de stem, noch in de echo.

'Ik bel je even omdat ik dat had beloofd en het erop lijkt dat we nog wat zaken af te handelen hebben,' zeg ik, verbaasd dat ik iets zou moeten uitleggen terwijl alle uitleg van haar zou moeten komen.

'Professionele zaken of privézaken?' vraagt ze op vinnige toon en ik voel hoe de haren in mijn nek rechtovereind gaan staan.

'In je sms'je schreef je dat we konden *praten als ik dat wilde*,' breng ik haar in herinnering. 'Gezien de manier waarop jij bent vertrokken, vond ik dat nogal kras.'

'Wat was de manier waarop ik ben vertrokken dan?'

'Plotseling, zacht gezegd. En opmerkelijk onattent tegenover bepaalde mensen voor wie jij verantwoordelijk was, als je het weten wilt,' snauw ik, en in de lange stilte die volgt heb ik spijt van mijn scherpe toon.

'Hoe gaat het met ze?' vraagt ze met een klein stemmetje.

'Met de mensen voor wie jij verantwoordelijk was?'

'Met wie dacht je anders?'

'Ze missen je ontzettend,' antwoord ik wat vriendelijker.

'Brenda ook?' – na opnieuw een lange stilte.

Brenda, codenaam voor Astra, Orsons ontgoochelde maîtresse, primaire bron voor Operatie Rosebud. Ik sta op het punt om haar met enige scherpte te vertellen dat *Brenda*, toen ze hoorde van Florences vertrek, geweigerd heeft ons verder nog van dienst te zijn, maar dan hoor ik een duidelijke snik in Florences stem dus doe ik wat water bij de wijn.

'Ze maakt het redelijk, alle omstandigheden in aanmerking genomen. Ze vraagt naar je, maar begrijpt heel goed dat het leven door moet gaan. Ben je er nog?'

'Nat?'

'Wat?'

'Ik denk dat je me beter mee uit eten kunt nemen.'

'Wanneer?'

'Snel.'

'Morgen?'

'Goed.'

'En vis neem ik aan?' zeg ik, terugdenkend aan onze vispastei in het café na haar presentatie van Rosebud.

'Het zal me een rotzorg zijn wat we eten,' antwoordt ze en ze verbreekt de verbinding.

De enige visrestaurants die ik kende stonden bij de sectie Financiën op de lijst *betaalbaar*, wat inhield dat we daar waarschijnlijk zouden opbotsen tegen collega's van de Dienst die daar met hun contactpersonen aten, en dat was wel het laatste waar we behoefte aan hadden. Ik kies een chic restaurant in het West End en trek een stapeltje cash uit een pinautomaat, want ik wil niet dat de rekening opduikt op onze gezamenlijke rekening bij Barclay's Bank. Soms word je in het leven betrapt op zonden die je niet hebt begaan. Ik vraag om een hoektafeltje, maar die moeite had ik me kunnen besparen, want Londen zindert nog steeds van de aanhoudende hittegolf. Ik kom, zoals mijn gewoonte is, te vroeg en bestel een whisky voor mezelf. Het restaurant is bijna leeg en de obers zijn slaperige wespen. Na tien minuten komt Florence binnen in een zomervariant op haar Bureau-gevechtstenue: strenge militaire blouse met lange mouwen en hooggesloten, en zonder make-up. In de Haven waren we begonnen met knikjes en gevorderd tot kussen in de lucht. Nu waren we terug bij 'Hallo' en ze behandelt me als de ex-minnaar die ik niet ben.

Van achter een reusachtige menukaart bied ik haar een glas champagne van het huis aan. Zij herinnert mij er kortaf aan dat ze alleen maar rode bourgogne drinkt. Zeetong zou prima zijn, geeft ze toe, maar wel een kleintje. En krab met avocado als voorafje als ik er ook een neem. Dat doe ik. Ik ben geïnteresseerd in haar handen. De zware gouden mannenzegelring die ze aan haar ringvinger droeg heeft plaatsgemaakt voor een wat armetierig zilveren ringetje met kleine rode steentjes. Het zit los om haar vinger en dekt niet helemaal de bleke afdruk van zijn voorganger.

We doen onze bestelling en geven onze reusachtige menukaarten terug aan de ober. Tot op heden heeft ze elk oogcontact vermeden. Nu kijkt ze me recht in mijn ogen en in haar blik is geen spoor van berouw te bekennen.

'Wat heeft Trench jou verteld?' vraagt ze.

'Over jou?'

'Ja. Over mij.'

Ik had aangenomen dat ik degene zou zijn die de harde vragen zou stellen, maar zij denkt daar anders over.

'In principe dat je te emotioneel en een vergissing was,' antwoord ik. 'Ik zei dat ik jou in zijn beschrijving niet herkende. Inmiddels was jij al het Bureau uitgestormd, dus het was allemaal nogal academisch. Je had het me tijdens ons dubbelspel badminton kunnen zeggen. Je had me kunnen opbellen. Dat heb je niet gedaan.'

'Dacht jij ook dat ik te emotioneel en een vergissing was?'

'Dat heb ik je net verteld. Zoals ik tegen Trench zei, dit was niet de Florence zoals ik haar kende.'

'Ik vroeg wat jij *dacht*, niet wat je *zei*.'

'Wat moest ik ervan *denken*? Rosebud was een teleurstelling voor ons allemaal. Maar het is bepaald niet uitzonderlijk dat een speciale operatie op het laatste moment wordt afgeblazen. Dus natuurlijk *dacht* ik wel dat je de smoor in had. En ik dacht ook wel dat je persoonlijke problemen met Dom moest hebben. Misschien zijn dat niet mijn zaken,' voegde ik er met nadruk aan toe.

'Wat heeft Dom je nog meer verteld over ons gesprek?'

'Niets wezenlijks.'

'Heeft hij toevallig niet verwezen naar zijn lieftallige echtgenote de *Barones Rachel*, lid van het Hogerhuis voor de Tory's en vermogensbeheerder?'

'Nee. Waarom zou hij?'

'Je bent niet toevallig een maatje van haar?'

'Ik heb haar nog nooit ontmoet.'

Ze neemt een forse slok van haar rode bourgogne, gevolgd door een forse slok water, kijkt me vorsend aan alsof ze zich afvraagt of ik wel geschikt ben om hier deelgenoot van te maken en haalt diep adem.

'Barones Rachel is CEO en, samen met haar broer, oprichter van een up-market vermogensbeheermaatschappij met prestigieuze kantoren in de City. Uitsluitend voor privécliënten. Als je minder dan vijftig miljoen dollar te bieden hebt kun je je de moeite besparen. Ik nam aan dat je dat wist.'

'Ik wist het niet.'

'De expertise van de maatschappij ligt buitengaats: Jersey, Gibraltar en het eiland Nevis. Ken je het eiland Nevis?'

'Nog niet.'

'Nevis is de absolute top waar het anonimiteit betreft. Nevis is gehuld in absolute duisternis. Niemand op Nevis weet wie de eigenaren zijn van zijn talloze bedrijven. *Fuck*.'

Haar ergernis is gericht op haar mes en vork, die onbeheersbaar trillen. Ze legt ze met een klap neer en neemt nog een slok bourgogne.

'Zal ik verdergaan?'

'Alsjeblieft.'

'Barones Rachel en haar broer voeren, zonder dat ze daar verantwoording over hoeven af te leggen of verslag van te doen, het beheer over vierhonderddrieënvijftig, opzichzelfstaande, naamloze, nog maar krap buitengaatse bedrijven die voornamelijk op Nevis gevestigd zijn. Luister je wel? Je trekt zo'n raar gezicht.'

'Ik zal proberen het bij te stellen.'

'Naast dat zij absolute discretie verlangen, eisen hun cliënten een hoog rendement op hun investeringen. Vijftien, twintig procent, anders heb je er toch niks aan? De expertise van de Barones en haar broer is de soevereine staat Oekraïne. Sommige van hun grootste spelers zijn Oekraïense oligarchen. Honderdzevenenzestig van genoemde naamloze bedrijven bezitten de duurste panden in Londen, voor het merendeel in Knightsbridge en Kensington. Maar één van die dure panden is een dubbel appartement aan Park Lane, die het eigendom is van een bedrijf dat eigendom is van een bedrijf dat eigendom is van een trustfonds dat eigendom is van Orson. Feiten. Onweerlegbaar. Cijfers ook beschikbaar.'

Ik doe niet aan dramatische reacties en het Bureau moedigt die ook niet aan. Dus ergerde ik haar ongetwijfeld toen ik in plaats van een kreet van verbijsterde verontwaardiging te slaken, opmerkte dat onze wijnglazen moesten worden bijgevuld en een langlopende woordenwisseling tussen drie obers onderbrak om dat voor elkaar te krijgen.

'Wil je de rest horen of niet?' vraagt ze dwingend.

'Nou en of.'

'Als Barones Rachel zich niet bekommert om haar arme en nooddruftige oligarchen, zit ze in een paar sub-comités van Financiën als gecoöpteerd lid van het Hogerhuis. Zij was aanwezig toen Rosebud ter sprake kwam. Er bestaan geen notulen meer van die vergadering.'

Nu ben ik aan de beurt om een flinke slok wijn te nemen.

'Heb ik gelijk als ik denk dat jij deze veronderstelde connecties al enige tijd volgt?' vraag ik.

'Dat zou best eens kunnen.'

'Even afgezien van de vraag hoe jij dit denkt te weten en of het op waarheid berust: hoeveel hiervan heb je Dom verteld in jullie gesprek onder vier ogen?'

'Genoeg.'

'Wat is genoeg?'

'Het feit dat zijn lieftallige gemalin Orsons bedrijven beheert, terwijl ze doet of dat niet het geval is, om te beginnen.'

'*Als* ze dat doet.'

'Ik heb vrienden die in die handel zitten.'

'Dat begint me duidelijk te worden. Hoelang ken je die vrienden al?'

'Wat heeft dat verdomme ergens mee te maken?'

'Hoe zit het met Rachels lidmaatschap van het sub-comité van Financiën? Heb je dat bijvoorbeeld van je vrienden?'

'Zou kunnen.'

'Is dat ook iets wat je tegen Dom hebt gezegd?'

'Waarom zou ik? Hij wist het.'

'Hoe weet je dat hij dat wist?'

'Ze zijn verdomme getrouwd, in jezusnaam!'

Is dit een schimpscheut in mijn richting? Waarschijnlijk wel, zelfs al is de fantasie van onze niet-bestaande liefdesrelatie dieper in haar verbeelding geworteld dan in de mijne.

'Rachel is een heel bijzondere dame,' vervolgt ze op sarcastische toon. 'De glossy's zijn dol op haar. Ze heeft medailles gekregen voor haar liefdadige werken. Fondsenwervingsdiners in het Savoy. Achterbuurtwerk in Claridge's. De hele santenkraam.'

'Maar de glossy's vermelden waarschijnlijk niet dat

ze in uiterst geheime sub-comités van Financiën zit. Of misschien is het te vinden op het Dark Web.'

'Hoe moet ik dat weten?' – te verontwaardigd.

'Dat vraag ik aan jou. Hoe *weet* je dit?'

'Ga me niet zitten verhoren, Nat. Ik ben jouw eigendom niet meer!'

'Het verbaast me dat je denkt dat je dat ooit was.'

Onze eerste ruzie tussen geliefden en we hebben nooit gevreeën.

'En hoe reageerde Dom op wat je hem ook mag hebben verteld over zijn vrouw?' vraag ik, na een korte pauze ter afkoeling, vooral de hare, en voor de eerste keer zie ik haar vastberadenheid om mij als een vijand tegemoet te treden wankelen. Ze buigt zich naar voren over tafel en dempt haar stem:

'Ten eerste. De hoogste autoriteiten in het land zijn op de hoogte van al die connecties. Ze hebben ze onderzocht en goedgekeurd.'

'Zei hij ook welke hoogste autoriteiten?'

'Ten tweede. Er is geen botsing van belangen. Totale openheid van beide kanten. Ten derde, het besluit om niet door te gaan met Rosebud is genomen in het nationaal belang na ampele overwegingen van alle aspecten van de zaak. En ten vierde, het schijnt dat ik in het bezit ben van geheime informatie waar ik geen toegang toe behoor te hebben, dus moet ik mijn bek houden. En dat ga jij me nu ook nog eens zeggen.'

Ze had gelijk, zij het om andere redenen.

'Aan wie heb je het dus verder nog verteld? Afgezien van Dom en mij?' vraag ik.

'Aan niemand. Waarom zou ik?' – zegt ze, nu weer op vijandige toon.

'Nou, laat dat dan zo. Ik wil geen getuigenis over jouw karakter moeten afleggen voor de rechter in de Old Bailey. Mag ik je nogmaals vragen: hoelang ga je al om met die vrienden van je?'

Geen antwoord.
'Voordat je bij het Bureau kwam werken?'
'Het zou kunnen.'
'Wie is Hampstead?'
'Een klootzak.'
'Wat voor soort?'
'Een voormalige hedgefondsmanager van veertig.'
'Getrouwd, neem ik aan.'
'Net als jij.'
'Is hij degene die jou vertelde dat de Barones op de buitenlandse bankrekeningen van Orson past?'
'Hij zei dat zij dé investeerder in de City was bij wie rijke kut-Oekraïners moesten aankloppen. Hij zei dat zij de financiële machthebbers kon bespelen als een harp. Hij zei dat hij haar zelf een paar keer had ingeschakeld en dat zij uitstekend werk had geleverd.'
'Waarvoor ingeschakeld?
'Om dingen door te drukken. Om regelingen die niets regelen te omzeilen. Wat had je anders gedacht?'
'En jij gaf die geruchten – dit van horen zeggen – door aan je vrienden en die gingen er vervolgens mee aan de haal. Wil je dat zeggen?'
'Misschien.'
'Wat word ik geacht te doen met het verhaal dat je me zojuist hebt verteld? Het voor waar aannemen?'
'Dat kan me geen reet schelen. Zo denkt iedereen er toch over, of niet soms?'
Ze is gaan staan. Ik ga ook staan. Een ober brengt ons de buitensporige rekening. We kijken allemaal toe hoe ik briefjes van twintig pond op het schoteltje uittel. Ze volgt me de straat op en pakt me beet. We beleven de omhelzing die we nooit hebben gehad, maar zonder kus.
'En vergeet vooral die draconische documenten niet die Personeelszaken je heeft laten ondertekenen toen je vertrok,' waarschuw ik haar als we afscheid nemen. 'Het spijt me echt dat het slecht is afgelopen.'

'Nou, misschien is het *niet* afgelopen,' kaatst ze terug. Dan herstelt ze zich snel alsof ze haar mond voorbij heeft gepraat: 'Ik bedoel alleen dat ik het nooit zal vergeten, dat is alles. Al jullie supermensen. Mijn spionnen. De Haven. Jullie waren allemaal geweldig,' vervolgt ze al te uitgelaten.

Als ze de straat op loopt houdt ze een passerende taxi aan en slaat het portier achter zich dicht voordat ik kan horen welke bestemming ze opgeeft.

***

Ik sta alleen op de kokendhete stoep. Het is tien uur 's avonds maar de hitte van de dag slaat me in mijn gezicht. Er is zo snel een einde gekomen aan ons rendez-vous dat ik, met al die hitte en de wijn, de neiging heb me af te vragen of het wel werkelijk heeft plaatsgevonden. Wat is mijn volgende zet? Het uitvechten met Dom? Dat heeft zij al gedaan. De pretoriaanse wachters van het Bureau bellen en de wrake Gods op haar *vrienden* loslaten, die ik zie als een clubje idealistische boze jongeren van Steffs leeftijd die elk uur dat ze wakker zijn proberen Het Systeem te ondermijnen? Of rustig de tijd nemen, naar huis wandelen, slapen, en zien hoe ik er morgen over denk? Ik sta op het punt dat allemaal te gaan doen als mijn Bureau-telefoon gaat en de ontvangst van een dringend sms'je aankondigt. Terwijl ik me uit het licht van de straatlantaarn beweeg tik ik de vereiste cijfers in.

> Bron PITCHFORK heeft beslissend nieuws ontvangen. Alle Stardusters verzamelen in mijn kamer morgen om 07.00 uur.

Ondertekend met het merkteken van Guy Brammel, waarnemend hoofd van de Afdeling Rusland.

13

Iedere poging van mijn kant om de operationele, huiselijke en historische gebeurtenissen die de volgende elf dagen over elkaar heen buitelden keurig op een rijtje te zetten is gedoemd te mislukken. Onbeduidende episodes wurmen zich tussen andere van reusachtige betekenis. De straten van Londen mogen dan wel wegkwijnen in de ongeëvenaarde hittegolf, maar het wemelt er wel van de boze demonstranten met spandoeken, onder wie ook Prue en haar linksige juridische vrienden. Geïmproviseerde bands laten heftige protesten schallen. Met helium gevulde beeltenissen zwaaien heen en weer boven de menigten. Sirenes van politie en brandweer krijsen het uit. De City van Westminster is onbereikbaar, Trafalgar Square niet over te steken. En de reden van deze chaos? Groot-Brittannië rolt de rode loper uit voor een Amerikaanse president die is gekomen om lelijk te doen over onze zwaarbevochten banden met Europa en om de premier die hem heeft uitgenodigd te vernederen.

***

De vergadering om 07.00 uur in Brammels kantoor is de eerste in een nimmer aflatende stroom oorlogsberaadslagingen over Stardust. De allerbelangrijkste Percy Price, opperhoofd van de Bewakingsdiensten en de elite van de Afdeling Rusland en van het Directoraat Operaties zijn aanwezig. Maar Dom is er niet, en het is veelzeggend dat niemand vraagt waar hij is, dus doe ik dat ook niet. De geduchte Marion van onze Zusterdienst wordt vergezeld door twee respectabele mannelijke juristen in donkere pakken en dat in deze zinderende hitte. Brammel leest zelf Sergeis meest recente instructies van de Moskouse Centrale voor. Die zijn bedoeld om steun vanuit het veld te bieden bij een geheime ontmoeting tussen een belangrijke afgezant uit Moskou, geslacht niet genoemd, en een hoogwaardige *Britse collaborateur,* meer details worden niet verstrekt. Mijn eigen rol in Stardust wordt formeel bevestigd en tegelijkertijd beperkt. Voel ik hierin de hand van Bryn Jordan, of ben ik meer paranoïde dan gewoonlijk? Als hoofd van bijkantoor de Haven, word ik verantwoordelijk 'voor het welzijn en het aansturen van PITCHFORK en zijn begeleiders'; alle geheime communicatie van en naar de Moskouse Centrale gaat via mij. Maar Guy Brammel zal, als waarnemend hoofd van de Afdeling Rusland, alle berichten van de Haven paraferen voordat die in omloop worden gebracht.

En daarmee eindigen mijn verplichtingen formeel met een schok: maar dat doen ze eigenlijk niet, want zo zit ik niet in elkaar, en dat zou de verre Bryn beter moeten weten dan wie ook. Ja, ik zal voor saaie sessies met Sergei en zijn begeleider Denise verstopt zitten in de armetierige schuilflat van de Haven, vlak naast metrostation Camden Town. Ja, ik zal Sergeis codeteksten opstellen en tot laat in de nacht met hem schaken, terwijl we wachten tot het volgende obscure Oost-Europese commerciële radiostation door middel van een van tevoren afgesproken woordcode bevestigt dat onze nieuwste liefdesbrief naar Kopenhagen wordt verwerkt.

Maar ik ben een man van het veld en geen bureauslaaf, geen maatschappelijk werker. Al ben ik nu een uitgestotene van de Haven, ik ben ook de geestelijke vader van Operatie Stardust. Wie heeft het cruciale verhoor met Sergei gedaan en bloed geroken? Wie heeft hem naar Londen gehaald, de verboden bedevaartstocht naar Arkadi gemaakt en al doende het sluitende bewijs geleverd dat dit niet de een of andere doorsnee Russische stoelendans was, maar een hoogwaardige spionage-operatie, opgezet rond een potentiële of actieve Britse bron van grote waarde en geleid door de koningin der illegalen van de Moskouse Centrale in hoogsteigen persoon?

In onze tijd hebben Percy Price en ik samen, zoals het gezegde luidt, heel wat paarden gestolen, en daarbij ging het heus niet alleen om dat prototype van Russisch luchtafweergeschut in Poznań. Dus het had niemand op de bovenste verdieping hoeven te verbazen dat binnen enkele dagen na het eerste Stardust-oorlogsoverleg Percy en ik in elkaar gedoken achter in een wasserijauto zitten, uitgerust met de nieuwste wonderen van de moderne afluisterapparatuur, waarmee we door het eerste, dan door het tweede en nu door het laatste van de drie districten in Noord-Londen toeren die Sergei volgens instructie moest verkennen. Percy heeft het de naam Ground Beta gegeven en ik vraag niet waarom.

Op onze tochten samen halen wij herinneringen op aan oude zaken die we hebben gedeeld, aan oude spionnen, oude collega's en dan praten we als oude mannen. Dankzij Percy word ik ook discreet voorgesteld aan zijn *Grande Armée* aan waakhonden, een voorrecht dat het Hoofdbureau bepaald niet aanmoedigt: per slot van rekening zouden ze ooit jóú nog wel eens in de gaten kunnen gaan houden. De locatie voor deze gebeurtenis is een rood bakstenen ontheiligd tabernakel aan de buitenkant van Ground Beta dat op de lijst staat om te worden gesloopt. Onze dekmantel is een herdenkingsbijeenkomst. Percy heeft wel zo'n honderd herdenkers opgetrommeld.

'Elke kleine opsteker die je mijn jongens en meisjes kunt geven zal hoogst welkom zijn en hooglijk gewaardeerd worden, Nat,' vertelt hij me met zijn gemoedelijke cockney accent. 'Ze zijn echt toegewijd, maar het werk *kan* soms wat saai zijn, vooral met die hitte van nu. Je ziet er een tikkeltje bezorgd uit, als ik zo vrij mag zijn. Vergeet alsjeblieft niet dat mijn jongens en meisjes houden van een opgeruimd gezicht. Maar het zijn waakhonden, snap je, dus dat is niet meer dan logisch.'

Om Percy's wille schud ik allerlei lieden de hand en deel klopjes op schouders uit en als hij me vraagt een paar enthousiaste woorden van bemoediging te spreken tot zijn getrouwen, stel ik hem niet teleur.

'Dus wat we allemaal de komende vrijdagavond – de twintigste juli om precies te zijn – hopen te *zien*' – zo hoor ik mijn stem plezierig weerklinken tussen de grenen balken – 'is een uiterst goed georkestreerde geheime ontmoeting tussen twee mensen die elkaar nooit eerder hebben ontmoet. De een, codenaam Gamma, zal een doorgewinterde – en beproefde – geheim agent zijn die het klappen van de zweep kent als geen ander. De ander, codenaam Delta, zal iemand zijn van wie sekse, leeftijd en beroep niet bekend zijn,' waarschuw ik hen, altijd klaar om mijn bron te beschermen. 'Zijn of haar motieven zijn voor ons een even zo groot mysterie als voor jullie, dat weet ik zeker. Maar wat ik je wel kan vertellen is dit: als de harde informatie die wij op dit eigenste moment binnen krijgen ook maar iets te betekenen heeft, dan zal het grootse Britse volk jullie bijzonder dankbaar zijn, zelfs als het dat zelf nooit zal weten.'

Het daverende en geheel onverwachte applaus ontroerde me.

***

Percy had zich dan misschien enige zorgen over het effect van mijn gelaatsuitdrukking op zijn kudde gemaakt, maar Prue had daar helemaal geen last van. We ontbijten vroeg.

'Het is zo leuk om te zien hoe je naar je grote dag verlangt,' zegt ze tegen mij terwijl ze haar krant, de *Guardian*, neerlegt. 'Wat het ook is wat je in je schild voert. Ik ben reusachtig blij voor jou, na al die sombere gedachten die je had over je terugkeer naar Engeland en wat je zou moeten doen als je eenmaal hier was. Ik hoop alleen dat het niet al te hopeloos illegaal is, wat het ook zijn mag. Is het dat?'

Die vraag is, als ik hem goed interpreteer, het begin van een substantiële vooruitgang op onze omzichtige reis terug naar elkaar toe. Al sinds onze dagen in Moskou zijn wij overeengekomen dat, zelfs als ik de regels van het Bureau zou overtreden en haar alles zou opbiechten, haar principiële bezwaren ten opzichte van de *Deep State* haar niet zouden toestaan te genieten van mijn confidenties. In ruil daarvoor had ik er een punt van gemaakt – misschien een te groot punt – om me niet met haar juridische geheimen te bemoeien, zelfs als het ging om een meedogenloze titanenstrijd zoals haar advocatenkantoor die momenteel voert tegen Big Pharma.

'Tja, grappig genoeg, Prue, is het voor de verandering eens helemaal niet zo verschrikkelijk,' antwoord ik. 'Ik denk zelfs dat jij het er wel mee eens zou kunnen zijn. Alle tekenen wijzen erop dat we op het punt staan een hoge Russische spion te ontmaskeren' – en dat is niet zomaar een overtreding van de regels van het Bureau, dat is ze met voeten treden en erop stampen.

'En dan sleep jij hem of haar voor de rechter nadat je ze hebt ontmaskerd, wie het ook mogen zijn. Natuurlijk doe je dat. In een *openbare* zitting, neem ik aan.'

'Dat is aan de huidige machthebbers,' antwoord ik

omzichtig, want ongeveer het laatste wat het Bureau zou willen doen wanneer het een geheim agent te pakken heeft is hem overdragen aan het justitiële apparaat.

'En heb jij een absolute sleutelrol gespeeld bij het uitroken van hem of haar?'

'Nu je het vraagt. Prue, om je de waarheid te zeggen, ja,' geef ik toe.

'Zoals naar Praag gaan en het allemaal met je Tsjechische contactpersoon bespreken?'

'Er is inderdaad een Tsjechisch element. Laat ik het zo maar zeggen.'

'Nou, ik vind dat eenvoudigweg briljant van je, Nat, en ik ben reuzetrots op je,' zegt ze, grootmoedig jaren van gepijnigd afzien van tafel vegend.

O, en haar confrères denken dat ze Big Pharma in een hoek hebben gedreven. En Steff was gisteren heel lief door de telefoon.

***

Het is dus een heldere zonnige ochtend waarop alles samenkomt op manieren waarop ik niet had durven hopen, en Operatie Stardust vergaart onstuitbaar gewicht. Volgens de nieuwste instructies van de Moskouse Centrale moet Sergei om elf uur 's morgens naar een brasserie in een zijstraat van Leicester Square gaan. Daar moet hij een plaatsje kiezen 'in de noordwestelijke hoek' en een chocolade latte, een hamburger en een tomatensalade bestellen. Tussen kwart over elf en halftwaalf zal hij, met deze herkenningstekens voor zich, worden benaderd door iemand die zal beweren een oude kennis te zijn, hem zal omhelzen en weer vertrekken met de mededeling snel verder te moeten voor een afspraak. Tijdens deze omhelzing zal Sergei een 'onbesmette' mobiele telefoon – zoals de Moskouse Centrale het noemt – rijker worden, die naast een nieuwe simkaart een strookje microfilm met verdere instructies bevat.

Terwijl hij dezelfde zinderende menigte en de hitte die ook Percy Prices verslaglegging van de ontmoeting geselen trotseert, neemt Sergei zoals opgedragen plaats in de brasserie, bestelt hij zijn maaltijd en ziet hij tot zijn verrukking niemand anders dan de uitbundige en altijd jongensachtige Felix Ivanov – dat was althans zijn alias op de mollenschool – met gespreide armen op zich afkomen, een student uit dezelfde lichting en dezelfde klas.

De heimelijke overdracht van het mobieltje verloopt vlekkeloos, maar krijgt onverwachte maatschappelijke dimensies. Ivanov is al even verbaasd en verheugd om zijn oude vriend Sergei aan te treffen – en wat ziet hij er goed uit! In plaats van zich te beroepen op een dringende afspraak gaat hij naast hem zitten en de twee mollen keuvelen erop los op een manier die hun instructeurs tot wanhoop zou hebben gedreven. Ondanks de herrie om hen heen heeft Percy's team geen moeite te verstaan wat ze zeggen, en ook niet om het voorval te filmen. Zodra Ivanov – die in de tussentijd de door de computer van de Afdeling Rusland willekeurig gekozen naam Tadzio heeft meegekregen – vertrekt, geeft Percy een team de opdracht hem naar huis te volgen, in Tadzio's geval naar een studentenpension in Golders Green. In tegenstelling tot zijn literaire naamgenoot is Tadzio zwaargebouwd, een beetje log, en vrolijk, een kleine Russische beer, zeer geliefd onder zijn medestudenten, met name het vrouwelijke contingent.

Ook blijkt, als controleurs van het Hoofdbureau de toevloed aan binnenkomende gegevens onder de loep nemen, dat Ivanov niet meer Ivanov is en al evenmin Russisch. Na zijn afstuderen aan de mollenschool is hij heruitgevonden als een Pool die Strelski heet en die een master technologie volgt aan de London School of Economics, waar hij is toegelaten op een studentenvisum. Volgens zijn cv spreekt hij Russisch, Engels en vlekkeloos

Duits, aangezien hij heeft gestudeerd aan de universiteiten van Bonn en Zürich, en zijn voornaam is niet Felix maar Mikhail, verdediger van de mensheid. In de ogen van de Afdeling Rusland is hij daarom een buitengewoon belangwekkend wezen, omdat hij deel uitmaakt van een nieuwe generatie spionnen die, lichtjaren verwijderd van de primitieve methoden van de oude KGB, onze westerse talen net zo goed spreken als hun moedertaal en onze maniertjes feilloos imiteren.

Op het armetierige schuiladres van de Haven in Camden Town zitten Sergei en Denise naast elkaar op een hobbelige sofa. Gezeten in de enige fauteuil open ik Tadzio's mobieltje, dat de technische afdeling in de tussentijd voorlopig heeft uitgeschakeld, haal het strookje microfilm eruit en leg dat onder het vergrootglas. Met Sergei's one-time pad als leidraad decoderen we de laatste instructies van de Moskouse Centrale. Ze zijn in het Russisch. Zoals gewoonlijk verzoek ik Sergei die voor mij in het Engels te vertalen. Op dit late uur kan ik niet riskeren dat hij erachter komt dat ik hem vanaf de eerste keer dat we elkaar ontmoetten voor de gek heb gehouden.

Zoals altijd zijn de instructies onberispelijk of, zoals Arkadi zou beweren, té volmaakt. Sergei zal een *NO NUKES*-flyer in de linkerbovenhoek van het schuifraam in het souterrain waar hij woont hangen. Hij zal per kerende post bevestigen dat het voor voorbijgangers in beide richtingen zichtbaar is en van welke afstand. Omdat zo'n flyer niet te krijgen is bij de gebruikelijke 'protestwinkels', want men heeft tegenwoordig liever flyers met *NO FRACKING* erop, maakt de Afdeling Vervalsingen er een voor ons. Sergei zal ook een Staffordshire sierhond van victoriaans aardewerk aanschaffen van tussen de dertig en vijfenveertig centimeter hoog. Op eBay wemelt het ervan.

***

En zijn Prue en ik tijdens deze gelukkige, hectische, zonovergoten dagen niet een paar keer naar Panama gewipt? Natuurlijk wel, in een opeenvolging van hilarische nachtelijke Skype-sessies, nu eens met Steff alleen, als Juno op vleermuizensafari is, dan weer met hen allebei, want zelfs als je wordt omgeven door Stardust moet de échte wereld, zoals Prue die blijft noemen, doorgaan.

De huilende apen beginnen zich om twee uur 's nachts op de borst te slaan en maken het hele kamp wakker, vertelt Steff ons. En reuzenvleermuizen zetten hun radar uit als ze hun vluchtplan kennen, en daarom is het een fluitje van een cent om ze in tussen palmbomen gespannen netten te vangen. Maar als je ze daaruit losmaakt om ze te labelen dan moet je wel heel, heel goed oppassen, mam, want ze bijten en hebben hondsdolheid en je moet van die verdomd grote dikke handschoenen dragen, net als die man van de riolering, en hun jongen zijn net zo erg. Steff is weer een kind, zeggen we dankbaar tegen elkaar. En Juno is, voor zover wij dat durven geloven, een fatsoenlijke, oprechte jongeman die beslist de indruk wekt van onze dochter te houden, dus wereld wees stil.

Maar alles in het leven heeft zo zijn gevolgen. Er breekt een avond aan – het is nu, schat ik voorzichtig in, Stardust-nacht minus acht – als de huistelefoon gaat. Prue neemt op. Juno's vader en moeder zijn in een opwelling naar Londen komen vliegen. Ze logeren in een hotel in Bloomsbury dat eigendom is van een vriend van Juno's moeder en ze hebben kaartjes voor Wimbledon en kaartjes voor de eendaagse internationale cricketmatch tussen Engeland en India op de cricketvelden van Lord's. En het zou hun een grote eer zijn om kennis te maken met de ouders van hun toekomstige schoondochter, de *Handelsattaché* en uzelf, lieve mevrouw, op elk moment dat u schikt'. Prue moet hier zo vreselijk om lachen dat het haar moeite kost me dit nieuws te vertellen. En dat is ook wel logisch want ik zit achter in Percy Prices surveillancewagen op Ground Beta en Percy is bezig me uit te leggen waar hij zijn vaste afluisterposten wil gaan plaatsen.

Niettemin krijg ik het twee dagen later – op S-nacht minus zes – op miraculeuze wijze voor elkaar me in een keurig pak voor onze gas-openhaard met Prue aan mijn zijde in onze zitkamer te installeren en in mijn rol van Brits Handelsattaché met de toekomstige schoonouders van onze dochter zaken te bespreken als de handelsrelaties van Groot-Brittannië met het subcontinent na de Brexit en de gruwelijke bowlingactie van de Indiase effectbowler Kuldeep Yadav, terwijl Prue, die wanneer dat nodig is net zo'n goed pokerface kan opzetten als welke advocaat dan ook, meer dan ooit de neiging heeft achter haar hand in gegiechel uit te barsten.

***

Over mijn zo belangrijke avondlijke badmintonsessies met Ed tijdens deze stressvolle dagen, kan ik alleen zeggen dat die nooit eerder van zulk essentieel belang waren, en dat wij nooit beter in vorm waren. De laatste drie sessies had ik mijn trainingsprogramma in de sportschool en in het park geïntensiveerd in een wanhopige poging Eds recente meesterschap op de baan binnen de perken te houden totdat er een dag aanbreekt waarop de strijd er voor de allereerste keer niet toe doet.

De datum die wij geen van beiden ooit zullen vergeten, is 16 juli. We hebben onze gebruikelijke uitputtende match gespeeld. Ik heb weer verloren, maar dat doet er niet toe, wen er maar aan. Nonchalant, met de handdoeken om onze nek lopen wij naar onze *Stammtisch,* voorbereid op het sporadische geluid van stemmen en glazen dat gebruikelijk is op een maandagavond in een grotendeels lege ruimte. In plaats daarvan komt ons een onnatuurlijke, geladen stilte tegemoet. Aan de bar zit een zestal van onze Chinese leden te staren naar een televisiescherm waarop doorgaans een of andere sport van waar ook wordt uitgezonden. Maar vanavond kijken we voor de verandering nu eens niet naar Amerikaans rugby of IJslands ijshockey, maar naar Donald Trump en Vladimir Poetin.

De twee leiders zijn in Helsinki en geven samen een persconferentie. Ze staan schouder aan schouder voor de vlaggen van beider landen. Trump ontkracht, alsof hij zich daartoe genoodzaakt voelt, de bevindingen van zijn eigen inlichtingendiensten, die met de lastige waarheid op de proppen zijn gekomen dat Rusland de Amerikaanse presidentsverkiezingen van 2016 heeft beïnvloed. Poetin toont zijn trotse cipiersgrijns.

Op de een of andere manier banen Ed en ik ons een weg naar onze *Stammtisch* en gaan zitten. Een commentator herinnert ons eraan, voor zover wij dat vergeten mochten zijn, dat Trump gisteren nog heeft verklaard dat Europa zijn vijand was en op de koop toe nog even flink heeft uitgehaald naar de NAVO.

Waar zit ik met mijn hoofd, zoals Prue het zou formuleren? Een deel van mijn hersens is bij mijn vroegere spion Arkadi. In gedachten herhaal ik zijn beschrijving van Trump als Poetins pleeschrobber. Ik herinner me dat Trump 'bereid is alles te doen voor de kleine Vladi wat de kleine Vladi zelf niet kan doen.' Een ander deel van mij is bij Bryn Jordan in Washington, opgesloten met onze Amerikaanse collega's terwijl ze vol ongeloof naar dezelfde daad van presidentieel verraad staren.

Maar waar is Ed in *zijn* hoofd? Hij zit doodstil. Hij heeft zich in zichzelf teruggetrokken: alleen heb ik hem nog nooit zo ver en diep zien gaan. Aanvankelijk blijft zijn mond open staan van ongeloof. Zijn lippen komen langzaam bij elkaar en hij likt erlangs, vervolgens veegt hij ze verstrooid af met de rug van zijn hand. Maar zelfs als de oude Fred, de barkeeper, die zelf wel bepaalt wat wel en niet door de beugel kan, overschakelt naar een kluitje waanzinnig hard fietsende vrouwelijke wielrenners in een stadion blijft Ed naar het scherm staren.

'Het is een herhaling,' spreekt hij ten slotte met een stem die trilt bij deze ontdekking. 'Het is weer helemaal 1939. Molotov en Von Ribbentrop, die de wereld in stukken verdelen.'

Dat was mij te gortig en dat zei ik hem ook. Trump mocht dan de slechtste president van de Verenigde Staten ooit zijn, maar hij was geen Hitler, hoe graag hij dat misschien ook zou willen, en er waren meer dan genoeg goede Amerikanen die dit niet zomaar zouden pikken.

Aanvankelijk leek hij me niet te horen.

'Tja, nou, zeg,' beaamde hij met de als van verre komende stem van een man die bijkomt uit een volledige verdoving. 'Er waren ook meer dan genoeg goede Duitsers. En wat hebben we daar een hoop aan gehad.'

14

De S-avond is aangebroken. In de controlekamer op de bovenste verdieping van het Hoofdbureau is alles rustig. De tijd is 19.20 uur volgens de led-klok boven de dubbele deuren van namaak-eikenhout. Als je toegang hebt tot Stardust begint de show over vijfenvijftig minuten. Heb je dat niet, dan staan er een paar deurwachters met arendsogen bij de deur die je maar al te graag op je vergissing wijzen.

De stemming is ontspannen en wordt dat nog meer naarmate de deadline dichterbij komt. Niemand is nog in paniek, iedereen heeft tijd voor alles. Assistenten lopen in en uit met opengeklapte laptops, thermosflessen, waterflesjes en sandwiches voor op het buffet. Een grapjas vraagt of er ook popcorn is. Een dikke man met een lichtgevend sleutelkoord frunnikt aan de twee televisieschermen aan de muur. Beide tonen hetzelfde weelderige beeld van Lake Windermere in het najaar. Het gekwetter dat we via onze koptelefoons horen komt van Percy Prices surveillanceteam. Inmiddels zullen zijn honderd zielen zijn verspreid als mensen die op weg van hun werk naar huis boodschappen doen, stalletjeshouders, serveersters, fietsers, Uber-chauffeurs en onschuldige omstanders die niets beters te doen hebben dan voorbijlopende meisjes nakijken en in mobieltjes mompelen. Alleen zij weten dat de telefoontjes waarin ze mompelen gecodeerd zijn; dat zij niet praten met hun vrienden, familieleden, beminden en dealers, maar met het controlecentrum van Percy Price, dat vanavond een arendsnest van dubbel glas is dat halverwege de muur links van mij uitsteekt. En daar zit Percy nu, herkenbaar aan zijn witte cricketshirt met opgerolde mouwen, en met een koptelefoon op, terwijl hij stille instructies geeft aan zijn verspreide teamleden.

Wij zijn met z'n zestienen en er komen er meer bij. Wij zijn hetzelfde indrukwekkende team dat bijeenkwam om Florences mislukte pleidooi voor Operatie Rosebud aan te horen, met een paar welkome aanvullingen. Marion van onze Zusterdienst wordt opnieuw vergezeld door haar twee in donkere pakken gestoken speerdragers, die ook bekendstaan als advocaten. Met Marion valt niet te spotten, wordt ons verteld. Ze is pijnlijk getroffen door de weigering van de bovenste verdieping om haar Dienst Operatie Stardust op een presenteerblaadje aan te bieden, omdat zij vindt dat de mogelijke aanwezigheid van een hooggeplaatste verrader in het dorp Whitehall betekent dat de zaak duidelijk het pakkie-an van haar Dienst is. Mooi niet, Marion, zeggen onze mandarijnen van de bovenste verdieping. Het zijn onze bronnen, dus dan is de informatie ook van ons, dus is de zaak van ons, dus goedenavond en slaap lekker. Ik stel me voor dat er in Moskou, in de diepste krochten van Loebjanka, voorheen het Dzjerzinski Plein, vergelijkbare zenuwachtige ruzietjes uitbreken terwijl de bewoners van de illegalensectie van de Noordelijke afdeling zich ingraven voor dezelfde lange avond en nacht.

Ik ben bevorderd. In plaats van Florence aan de eiserskant van de tafel zit nu Dom Trench tegenover me in het midden. We hebben het niet meer over Rosebud gehad. Daarom verbaast het me als hij zich over de tafel heen buigt en met gedempte stem zegt:

'Ik vertrouw erop dat we het niet met elkaar oneens zijn over jouw ritje met chauffeur naar Northwood van een poosje geleden, Nat?'

'Waarom zouden we?'

'Ik verwacht dat je voor mij opkomt als dat nodig mocht zijn.'

'Waarover gaat dat dan? Je wilt me toch niet vertellen dat het wagenpark moeilijk doet?'

'Vanwege bepaalde daarmee verbonden zaken,' antwoordt hij duister en dan trekt hij zich terug in zijn schulp. Is het werkelijk slechts tien minuten geleden dat ik hem op de meest nonchalante toon vroeg welke informele staatsfuncties zijn echtgenote de barones op het ogenblik vervult?

'Ze *fladdert*, Nat,' had hij geantwoord en hij zette zich schrap alsof hij in koninklijk gezelschap vertoefde. 'Mijn lieve Rachel is een onverbeterlijke *fladderaar*. Als het niet om de een of andere quasi-autonome NGO uit Westminster gaat waar jij en ik nog nooit van hebben gehoord, is ze in Cambridge om met de groten dezer aarde te praten hoe het Ziekenfonds gered moet worden. Jouw Prue is vast en zeker niet anders.'

Nou, Dom, Prue is godzijdank wél anders en daarom hebben wij een verdomd groot bord met de weinig originele slogan TRUMP LEUGENAAR erop in de hal waar ik elke keer als ik thuiskom mijn nek over breek.

Lake Windermere wordt even wit, sputtert en keert terug. De lichten in de controlekamer gaan uit. Schimmige laatkomers schuifelen naar binnen en nemen hun plaats in aan de lange tafel. Lake Windermere neemt zoetjesaan afscheid van ons. Dus nu geven Percy Prices camera's ons opeenvolgende beelden van tevreden burgers die om halfacht op een snikhete zomeravond genieten van de zon in een openbaar park in Noord-Londen.

Je verwacht niet dat je, luttele minuten voor de voltrekking van een zenuwslopende spionageoperatie, zult worden bevangen door een golf van bewondering voor je landgenoten. Maar op onze schermen zien we Londen zoals we dat graag zien: multiculturele kindertjes die geïmproviseerd netbal spelen, meisjes in zomerjurken die zich koesteren in de stralen van de eindeloze zon, bejaarden die arm in arm flaneren, moeders die kinderwagens voortduwen, picknickende mensen onder het lover, openluchtschaak, jeu de boules. Een vriendelijke *bobby* die op zijn gemak tussen hen door wandelt. Hoelang is het al geleden dat we een bobby in zijn eentje ergens zagen lopen? Iemand speelt op een gitaar. Het duurt even voordat ik me realiseer dat heel wat van deze blije massa mensen zesendertig uur tevoren nog leden waren van mijn congregatie in hetzelfde ontheiligde tabernakel waarvan de logge toren de skyline domineert.

Het Stardust-team heeft Ground Beta uit het hoofd geleerd en dankzij Percy heb ik dat ook. Het openbare park telt zes verwaarloosde asfalt tennisbanen zonder net, een kinderspeeltuin met een klimrek, wippen en een tunnel. Er is een onwelriekende vijver met bootjes. Een busbaan, een fietspad en een drukke verkeersader waar parkeren verboden is vormen de westelijke grens; de oostzijde wordt gedomineerd door hoge sociale woningbouw, de noordkant door een rijtje gepimpte vroeg-negentiende-eeuwse huizen. In één daarvan, in een wat hoger gelegen souterrain, bevindt zich Sergeis door de Moskouse Centrale goedgekeurde appartement. Het heeft twee slaapkamers. In één daarvan slaapt Denise met de deur op slot. In de andere, Sergei. Een ijzeren trap leidt vanaf de straat naar beneden, ernaartoe. Door de bovenste helft van het schuifraam kun je de speelplaats zien en een smal betonnen voetpad volgen met daarlangs zes vaste banken op bijna zeven meter afstand van elkaar, drie aan elke kant. Elke bank is ruim drieënhalve meter lang. Sergei heeft foto's ervan naar Moskou gestuurd, genummerd van één tot zes.

In het park bevindt zich ook een populair zelfbedieningscafé waar je kunt komen via een ijzeren hek aan de straatkant of direct vanuit het park. Vandaag is het management van het café tijdelijk vervangen, het vaste personeel heeft een dagje doorbetaalde vakantie gekregen, hetgeen, zoals Percy spijtig zegt, de kosten opdrijft. Binnen staan zestien tafeltjes en buiten vierentwintig. De buitentafeltjes hebben permanente parasols tegen de regen of tegen de zon. Voor eten en drinken is er de zelfbedieningsbalie binnen. Op warme dagen is er buiten een ijscobar zoals aangegeven door een bord met een blije koe die aan een hoorntje met twee bolletjes vanilleijs likt. Aan de achterkant bevinden zich de openbare wc's met faciliteiten om luiers te verschonen en de invalidenwc's. Plastic zakjes en groene afvalbakken staan er voor mensen die hier hun hond uitlaten. Dit heeft Sergei allemaal plichtsgetrouw gerapporteerd in overdadige codeteksten aan zijn onverzadigbare Deense liefje, de perfectionistische Anette.

Op bevel van Moskou hebben we ook foto's toegezonden van het café, van de binnen- en van de buitenkant en van de toegangswegen erheen. Na hier op verzoek van zijn begeleider tweemaal te hebben gegeten, één keer binnen en één keer buiten, beide keren tussen zeven en acht 's avonds, en aan de Moskouse Centrale te hebben gerapporteerd hoe druk het er beide keren was, heeft Sergei daar tot nader order zijn gezicht niet meer mogen laten zien. Hij moet in zijn souterrain blijven wachten op een gebeurtenis waarover hij later nog bericht zal krijgen.

'Ik zal alles zijn, Peter. Ik zal half schuiladresbewaarder en half contraspionage zijn.'

Hij zegt *half* omdat blijkt dat hij en zijn oude schoolkameraad Tadzio ook operationele plichten delen. Mochten zij elkaar per ongeluk tegen het lijf lopen, dan moeten ze elkaar negeren.

Ik bestudeer de menigte voor het onwaarschijnlijke geval dat ik een bekend gezicht ontdek. Tijdens haar verblijf in Triëst, en ook nog een keer aan de Adriatische kust, was Arkadi's Valentina uitgebreid gefilmd en gefotografeerd als een afgezant van de Moskouse Centrale en een potentiële dubbelspion. Maar een vrouw met regelmatige gelaatstrekken kan in twintig jaar zo'n beetje alles met haar uiterlijk doen wat ze wil. De sectie imaginaire beeldvorming heeft een reeks mogelijke gelijkenissen geproduceerd. Ieder van hen zou de nieuwe Valentina alias Anette alias wat ook maar kunnen zijn. Ik kijk met open blik naar een handjevol vrouwen van diverse leeftijden die bij de bushalte uitstappen maar geen van hen stevent op het ijzeren hekje af dat toegang biedt tot het café en de open ruimten in het park. Percy's camera's blijven steken bij een oudere bebaarde priester met een mauve superplie en een wit boordje.

'Heb jij hier iets mee te maken, Nat?' vraagt hij via mijn koptelefoon.

'Nee, Percy, hier heb ik niks mee, hoor.'

Luid gelach. We wachten weer. Een andere, bibberige camera schuift langs de bankjes die langs het geasfalteerde pad staan. Ik vermoed dat die camera vastzit aan onze vriendelijke bobby terwijl hij de glimlachjes van de mensen aan weerszijden van hem beantwoordt. We blijven even hangen bij een vrouw van middelbare leeftijd die in een tweed rok en op degelijke gaatjesschoenen haar gratis exemplaar van de *Evening Standard* zit te lezen. Ze heeft een strohoed met een brede rand op en naast haar op de bank staat een boodschappentas. Misschien is zij lid van een dameskegelclub. Misschien is zij Valentina, die wacht tot ze wordt herkend. Misschien is ze gewoon weer zo'n Engelse oude vrijster die maling heeft aan de hitte.

'Zou dat haar kunnen zijn, Nat?' vraagt Percy.

'Zou kunnen, Percy.'

We bevinden ons in het openluchtgedeelte van het café. De camera kijkt neer op een stevige boezempartij en een heen en weer bewegend theeblad. Op het theeblad één kleine theepot, één kop en schotel, één plastic lepeltje, één zakje melkpoeder. En een in cellofaan verpakt plakje Genoa vruchtencake op een papieren bordje. Benen, voeten, paraplu's, handen en stukjes van gezichten verdringen zich terwijl wij met onze taak verdergaan. We komen dichterbij. Een vrouwenstem, gezellig, vriendelijk, door Percy getraind, klinkt ineens luid door een microfoon om de hals:

'Neem me niet kwalijk, schat. Is deze plaats toevallig vrij?'

Het brutale sproetengezicht van Tadzio kijkt naar ons op. Hij spreekt recht in de camera. Zijn onberispelijke Engels is inderdaad onberispelijk. Als er iets van een bepaalde tongval in doorklinkt dan is die Duits of – met de Universiteit van Zürich in gedachte – Zwitsers:

'Deze is bezet, vrees ik. Die mevrouw is net even een kopje thee halen. Ik heb beloofd haar plekje vrij te houden.'

De camera wordt gericht op de lege stoel naast hem. Er hangt een spijkerjasje over de leuning, hetzelfde jasje dat Tadzio droeg tijdens zijn ontmoeting met Sergei in de brasserie bij Leicester Square.

Een hoogwaardigere camera neemt het over: een scherpschuttersachtige camera, ik vermoed gericht vanuit het bovenraam van een kapotte dubbeldekker met waarschuwingsdriehoeken die Percy vanochtend als een van zijn vaste uitkijkposten heeft geïnstalleerd. Geen bevende beelden. We zoomen in. Leggen Tadzio vast, die alleen aan zijn tafeltje coca-cola zit te drinken door een rietje terwijl hij over zijn mobieltje scrolt.

Een vrouwenrug komt in beeld. Het is geen tweed rug.

Het is geen brede rug. Het is een elegante vrouwenrug die taps toeloopt naar de taille. Er gaat iets sportiefs van uit. De rug draagt een witte blouse met lange mouwen en een licht Beiers vest. Een slanke nek met daarboven een mannelijke strooien gleufhoed. De stem – die tot ons komt via twee niet-gesynchroniseerde bronnen, de ene denk ik vanuit het olie- en azijnstelletje op tafel, de andere van verderaf met een richtmicrofoon – is krachtig, buitenlands en sympathiek:

'Neemt u mij niet kwalijk, beste heer. Is deze stoel feitelijk *bezet* of is hij *alleen* bestemd voor uw jasje?'

Waarop Tadzio, als op commando, overeind springt en vrolijk uitroept: 'Geheel de uwe, dame, absoluut vrij!'

Tadzio haalt zijn spijkerjasje met een overdreven galant gebaar weg, drapeert het over de rugleuning van zijn eigen stoel en gaat weer zitten.

Een andere hoek, een andere camera. Met een oorverdovend geluid zet de taps toelopende rug het blad op tafel, haalt er een papieren beker met thee of koffie waarschijnlijk, twee zakjes suiker, een plastic vork en een plak cake af en zet die op de tafel, en plaatst het blad op het karretje ernaast voordat ze zonder in de richting van de camera te kijken naast Tadzio gaat zitten. Terwijl er verder geen woord tussen hen wordt gewisseld pakt ze de vork, hakt in haar cake en neemt een slokje thee. De rand van de strohoed werpt een zwarte schaduw over haar gezicht, dat naar beneden gericht is. Ze heft haar hoofd op in reactie op een vraag die we nog moeten vernemen. Op hetzelfde moment kijkt Tadzio op zijn horloge, mompelt een onverstaanbare uitroep, springt op, grijpt zijn spijkerjasje en gaat er, alsof hij zich ineens een dringende afspraak herinnert, als een haas vandoor. Terwijl hij dat doet krijgen wij de vrouw die hij zojuist heeft verlaten compleet in beeld. Ze is slank, knap, met donker haar, krachtige gelaatstrekken, tweede helft vijftig, goed geconserveerd. Ze draagt een lange donkergroene katoenen rok. Ze is duidelijker aanwezig dan praktisch is voor een rondreizende vrouwelijke geheim agent die onder natuurlijke dekmantel opereert. Maar dat was ze altijd al: waarom zou Arkadi anders voor haar zijn gevallen? Toen was ze zijn Valentina, nu is ze onze Valentina. Ergens in de uithoeken van het gebouw waarin wij zitten moet het gezichtsherkenningsteam tot dezelfde conclusie zijn gekomen want de vooraf gekozen codenaam Gamma knippert naar ons in rode lichtgevende letters van onze twee beeldschermen.

'Wat wilt u, meneer?' vraagt ze opgelegd speels in de camera.

'Tja, nou. Ik vroeg me af of ik hier zou mogen komen zitten,' legt Ed uit en met een monumentale klap plant hij zijn blad op tafel en gaat hij zitten waar luttele seconden daarvoor Tadzio nog heeft gezeten.

***

Als ik nu brutaalweg *Ed* schrijf alsof het een onmiddellijke positieve identificatie was, dan doet dat geen recht aan mijn reactie. Dit is Ed *niet*. Dat is onmogelijk. Het is Delta. Een Ed-achtig lijf, ja, dat geef ik toe. Een bijna-Ed, net als de versie die onder een laag sneeuw in de deuropening van de Trois Sommets opdook, toen Prue en ik daar zaten te smikkelen van onze *croûtes au fromage* en een flesje wit. Lang, onhandig en dezelfde ietwat afhangende linkerschouder, datzelfde weigeren om rechtop te staan: oké. De stem, tja, een Ed-achtige stem, ontegenzeggelijk: lijzig noordelijk accent, een onbehouwen stem tot je hem beter leerde kennen, de universele stem van onze Britse jongeren wanneer ze je willen laten weten dat er niet met hen te sollen valt. Dus ja, hij klonk net als Ed. En ja, hij leek sprekend op Ed. Maar het was niet de echte Ed. Uitgesloten. Zelfs niet op twee beeldschermen tegelijk.

En het was toen ik nog in die kortstondige toestand

van absolute ontkenning verkeerde dat ik, de eerste tien, twaalf seconden, schat ik, ofwel er niet in slaagde – of weigerde – te registreren wat er verder nog aan hoffelijkheden werd uitgewisseld tussen Ed en Gamma nadat Ed op de stoel naast haar was neergeploft. Men verzekert mij – daar ik de opnames nooit meer heb teruggezien – dat ik niets belangrijks heb gemist en dat het gesprek even triviaal was als de bedoeling was. Mijn herinnering wordt nog verder bemoeilijkt door het feit dat, tegen de tijd dat ik was teruggekeerd in de realiteit, de digitale klok onder onze schermen nota bene negenentwintig seconden was *teruggegaan* in de tijd, omdat Percy Price had besloten dat dit het juiste moment was om ons te vergasten op flashbackbeelden van onze nieuwgevonden prooi. Ed staat in de rij in het café, bruine aktetas in zijn ene hand, blikken blad in zijn andere. Hij schuifelt langs de toonbank met sandwiches, taart en pasteitjes. Hij kiest een baguette met cheddar en augurk. Hij komt bij de toonbank met dranken en bestelt een English Breakfast Tea. Door de microfoons heeft zijn stem een luide, metalige klank:

'Tja, een grote zou geweldig zijn. Bedankt.'

Hij staat bij de kassa onhandig te knoeien, jongleert met zijn thee en zijn baguette, slaat op zijn zakken om te voelen waar zijn portefeuille zit, met de aktetas tussen zijn grote voeten geklemd. Hij is Ed, codenaam Delta en hij stapt over de drempel naar buiten, met zijn blad in zijn ene hand, aktetas in zijn andere, en kijkt knipperend met zijn ogen om zich heen alsof hij de verkeerde bril op heeft. Ik herinner me iets wat ik honderd jaar geleden eens heb gelezen in een Tsjekistisch handboek: een clandestiene ontmoeting lijkt authentieker als er bij wordt gegeten.

15

Ik weet nog dat ik ongeveer op dat moment keek hoe mijn chers collègues reageerden en vaststelde dat er geen gemeenschappelijke reactie optrad, behalve dat iedereen als gefixeerd naar de beeldschermen keek. Ik herinner me dat ik ontdekte dat mijn hoofd het enige was dat de verkeerde kant op keek en dat ik dat haastig goed zette. Dom herinner ik me helemaal niet. Ik herinner me een paar kleine bewegingen in de kamer, iets wat leek op symptomen van rusteloosheid tijdens een saai toneelstuk en er werden her en der wat benen gekruist en wat kelen geschraapt, voornamelijk door onze mandarijnen van de bovenste verdieping, Guy Brammel om maar iemand te noemen. En de voortdurend gebelgde Marion van onze Zusterdienst: ik zag haar op haar tenen uit de ruimte struinen, wat een soort anomalie is, want hoe loop je met lange passen op je tenen? Maar haar lukte het, en dat met die lange rok, en ze werd gevolgd door haar twee juridische speerdragers in hun zwarte pakken. Dan een kortstondige uitbarsting van licht terwijl hun drie silhouetten door de deur verdwijnen die de bewakers achter hen sluiten. En ik weet nog dat ik heel graag wilde slikken en dat niet kon, en dat mijn maag omhoogkwam zoals bij een lage stomp als je je spieren niet hebt gespannen om de klap op te vangen. En dat ik mezelf vervolgens bombardeerde met een warboel aan onbeantwoordbare vragen die achteraf gezien deel uitmaken van het proces dat elke professionele geheim agent doormaakt wanneer tot hem doordringt dat hij door zijn eigen spion van alle kanten is misleid en verwoed op zoek gaat naar excuses en er geen kan vinden.

Surveillance stopt niet omdat jij ermee stopt. De voorstelling gaat door. Mijn chers collègues gingen door. Ik ging door. Ik bekeek de hele rest van de film in real time, live op het scherm, zonder een woord te zeggen of zelfs het kleinste gebaar te maken dat op de een of andere manier het plezier van mijn collega's in het publiek kon bederven – zelfs al zei Prue dertig uur later, toen ik onder de douche stond, iets over de bloederige afdruk van mijn nagels in mijn linker pols. Ze weigerde ook mijn verhaal te geloven over een ongelukje bij het badmintonnen en ging zelfs – het komt zelden voor dat ze mij ergens van beschuldigt – zo ver om te suggereren dat het niet mijn eigen nagels waren.

En ik *keek* niet alleen naar Ed terwijl de rest van de show zich ontvouwde. Ik deelde elke beweging die hij maakte met een vertrouwdheid die niemand anders in de ruimte ervoer. Alleen ik kende zijn lichaamstaal van de badmintonbaan tot aan de *Stammtisch*. Ik wist hoe die kon worden vertekend door iets van innerlijke woede die hij kwijt moest, hoe de woorden voorin zijn mond samenklonterden als hij ze allemaal tegelijk probeerde uit te spreken. En misschien wist ik, toen Percy de gearchiveerde filmopnames, waarin Ed onhandig uit dat restaurant stommelde, terugspoelde, daarom ook zeker dat zijn knikje van herkenning niet was gericht op Valentina, maar op Tadzio.

Het was pas *nadat* Ed Tadzio had gezien dat hij Valentina benaderde. En het feit dat Tadzio toen al op weg was om de plaats van handeling te verlaten bewijst alleen maar dat ik, zoals altijd in tijden van een crisis, beredeneerde operationele oordelen blijf vellen. Ed en Tadzio kenden elkaar al. Door Ed voor te stellen aan Valentina had Tadzio zijn missie voltooid, vandaar zijn abrupte vertrek van de plaats van handeling, waarna Ed en Valentina op hun gemak een babbeltje met elkaar konden maken als twee vreemden die toevallig aan één tafeltje naast elkaar zitten en van hun thee nippen en hun baguette met cheddar en hun cake oppeuzelen. Al met al dus een klassieke geheime ontmoeting, volmaakt, georkestreerd, of, zoals Arkadi zou zeggen, te volmaakt en met een uitstekend gebruik van een spijkerjasje.

Met de soundtrack was het niet anders gesteld. Ook hier was ik in het voordeel ten opzichte van alle andere toeschouwers in de kamer. Ed en Valentina spreken de hele tijd Engels. Dat van Valentina is goed, maar je hoort nog steeds die honingzoete Georgische tongval die Arkadi tien jaar eerder zo had bekoord. Er was nog iets anders met haar stem – timbre, accent – dat me als een lang vergeten melodie bleef achtervolgen, maar hoe meer ik mijn best deed om dat te plaatsen, hoe ongrijpbaarder het werd.

Maar *Eds* stem? Daar was niets mysterieus aan. Het is dezelfde ongemanierde stem die tot me sprak tijdens onze eerste badmintonwedstrijd: gekwetst, knorrig, afgeleid en hier en daar ronduit onbeschoft. Hij zal me bijblijven tot mijn laatste ademtocht.

***

Gamma en Ed buigen hun hoofden naar elkaar toe onder het praten. Gamma de professional is soms nauwelijks te verstaan, zelfs niet door de microfoons op de tafel. Ed daarentegen lijkt niet in staat zijn stem beneden een bepaald volume te houden.

***

GAMMA: Zit je goed, Ed? Had je geen zorgen of problemen op weg hiernaartoe?
ED: Met mij gaat het goed. Behalve dat ik nergens die klote fiets aan vast kon maken. Het heeft geen zin om hier een nieuwe te kopen. Ze hebben de wielen al gejat voor je hem op slot hebt gezet.
GAMMA: Heb je niemand gezien die je herkende? Niemand die je een ongemakkelijk gevoel bezorgde?
ED: Ik geloof van niet, nee. Heb er eigenlijk niet op gelet. Is er nu trouwens toch een beetje laat voor. En jij?
GAMMA: Was je verbaasd toen Willi je aanhield op straat? [Willi met een harde W, als in het Duits] Hij zegt dat je bijna van je fiets viel.
ED: Nou en of ik dat deed. Hij stond daar maar op de stoep met zijn hand naar me te wapperen. Ik dacht dat hij een taxi wilde aanhouden. Nooit bij me opgekomen dat hij van jullie was. Niet nadat Maria had gezegd dat ik moest maken dat ik wegkwam.
GAMMA: Ik zou zeggen dat Maria onder de omstandigheden toch met grote discretie heeft gehandeld. We hebben reden om een beetje trots op haar te zijn, vind je ook niet?
ED: Tja, tja, geweldig. Slim voetenwerk van allemaal. Het ene moment doen jullie alsof ik tuig ben. Het volgende staat Willi in het Duits te roepen dat ik af moet stappen en zegt hij dat hij een vriend van Maria is en zijn jullie wild enthousiast en is alles weer bij het oude en gaan we ervoor. Tikkeltje verontrustend, om je de waarheid te zeggen.
GAMMA: Verontrustend misschien, maar absoluut noodzakelijk. Willi had je dringend iets te zeggen Als hij je in het Engels had aangesproken, had je hem misschien aangezien voor een plaatselijke dronken-

lap en hem straal voorbijgereden. Maar ik hoop wel dat je nog steeds van plan bent om ons te helpen. Ja?
ED: Nou ja, iemand moet het doen, hè? Je kunt niet op je handen blijven zitten en zeggen dat iets volkomen fout is, maar dat het jouw zaken niet zijn, omdat het geheim is, toch? Niet als je probeert een beetje een fatsoenlijk mens te zijn, toch?
GAMMA: En jij bent zelf een *bijzonder* fatsoenlijk mens, Ed. We bewonderen je moed, maar ook je discretie.

(Langdurige stilte. Gamma verwacht dat Ed iets zal zeggen. Ed neemt er de tijd voor.)

ED: Tja, ach, ik was eerlijk gezegd best opgelucht toen Maria zei dat ik moest maken dat ik wegkwam. Was wel een behoorlijk pak van mijn hart. Het duurde alleen niet lang. Niet als je weet dat je iets moet ondernemen want dat je anders net als de anderen bent.
GAMMA: [Heldere nieuwe stem] Ik heb een voorstel voor ons, Ed. [Kijkt op haar mobieltje] Een aardig voorstel, hoop ik. Tot nu toe zijn wij twee vreemden die een kopje thee drinken en een babbeltje maken. Over een minuut sta ik op en wens je een prettige avond en bedank je voor ons aangename gesprekje. Na twee minuten ben jij klaar met je baguette, sta je langzaam op, vergeet die tas niet, en je loopt naar je fiets. Willi zoekt je en brengt je naar een comfortabele plek waar we vrijuit en vertrouwelijk kunnen praten. Ja? Baart mijn voorstel je op een of andere manier zorgen?
ED: Niet echt. Als er maar niets met mijn fiets gebeurt.
GAMMA: Willi heeft er voor je op gelet. Er zijn geen vandalen in de buurt geweest. Dag, meneer. [Han-

den schudden, bijna in Ed-stijl] Het is altijd aangenaam om in uw land met vreemden te praten. Vooral als ze jong en knap zijn zoals u. Nee, blijft u alstublieft zitten. Dag, hoor.

Ze wuift en loopt over het pad richting straatweg. Ed wuift omstandig terug, neemt een grote hap van zijn baguette en laat de rest liggen. Hij neemt nog een slok thee en kijkt fronsend op zijn polshorloge. Een minuut en vijftig seconden kijken we naar hem, hoofd omlaag, spelend met zijn theebeker, precies zoals hij graag speelt met zijn ijskoude glas bier in de Athleticus. Als ik hem een beetje ken, probeert hij te beslissen of hij zal doen wat hem is voorgesteld of de hele zaak zal vergeten en de benen nemen, terug naar huis. Na een minuut en eenenvijftig seconden grijpt hij naar zijn aktetas, komt overeind, denkt na en pakt uiteindelijk zijn blad op en kuiert naar een afvalbak. Hij ontdoet zich als een goede burger van zijn afval, zet zijn blad op de stapel en na nog eens fronsend te hebben nagedacht besluit hij Valentina over het geasfalteerde pad te volgen.

***

Het tweede filmpje, zo zal ik het voor het gemak maar noemen, speelt zich af in Sergeis souterrain, maar Sergei zelf speelt er geen rol in. Zijn orders, die hij heeft ontvangen op zijn nieuwe 'onbesmette' mobieltje en heimelijk heeft doorgestuurd naar de Haven en het Hoofdbureau, zijn om het park nogmaals te controleren op 'tekenen van vijandelijke afluisterpraktijken' en zich dan uit de voeten te maken. Daarom kan het bewakingsteam er nu veilig van uitgaan dat Sergei uit het scenario is geschrapt en dat hij geen direct contact met Ed zal mogen hebben. Tadzio daarentegen, die zich al bewust is van Ed en vice versa, zal voor zijn operationele behoeften zorgdragen.

Maar Tadzio zal, net als Sergei, niet aanwezig zijn bij het intieme gesprek dat op het punt staat plaats te vinden tussen de eminente afgezante van de Moskouse Centrale en mijn maandagse badminton- en gesprekspartner Edward Shannon in Sergeis half ondergrondse appartement.

GAMMA: Zo, Ed, nogmaals hallo. We zijn alleen, we zijn veilig en onder elkaar en we kunnen praten. Allereerst moet ik je namens ons allemaal bedanken voor je aanbod om ons in deze tijd van nood te hulp te komen.
ED: Dat zit wel goed. Zolang het echt helpt.
GAMMA: Ik heb bepaalde verplichte vragen voor je. Sta je mij dat toe? Heb jij gelijkgestemde collega's op jouw afdeling die je helpen? Gelijkgestemde geesten die wij ook dankbaar moeten zijn?
ED: Ik ben de enige. En ik ben niet van plan anderen om materiaal te vragen. Ik heb geen medeplichtigen, oké?
GAMMA: Kunnen we het dan nog even hebben over jouw modus operandi? Je hebt Maria heel veel verteld en natuurlijk hebben we dat goed vastgelegd. Misschien kun je me iets meer vertellen over je speciale werk met het kopieerapparaat. Je hebt Maria verteld dat je daar soms alleen mee werkt.
ED: Tja, nou, dat is het maar net, nietwaar? Als het materiaal gevoelig genoeg is, dan behandel ik het in mijn eentje. Ik ga naar binnen, het overige personeel dient te verdwijnen en weg te blijven. Ze zijn niet door de ontsmettingsbak gegaan.
GAMMA: Ontsmettingsbak?
ED: Geavanceerde controle. Er is maar één andere werknemer die toegang heeft tot zulk gevoelig materiaal, dus wisselen we elkaar af. Zij en ik. Niemand vertrouwt elektronica tegenwoordig nog, toch? Niet voor de echt gevoelige zaken. Het is allemaal papier

en bezorging van hand tot hand, alsof we teruggaan in de tijd. Als er kopieën moeten worden gemaakt, dan keren we terug naar de oude stoomkopieermachine.

GAMMA: Stoom?

ED: Ouderwets. Primitief. Het is een grapje.

GAMMA: En toen je bezig was met de stoomkopieermachine, wierp je voor het eerst een blik op de papieren die *Jericho* werden genoemd. Ja?

ED: Meer dan een vluchtige blik. Bijna een minuut lang. Het apparaat liep vast. Ik stond daar maar en ik keek ernaar.

GAMMA: Dus dat was je moment van epifanie, zouden we kunnen zeggen?

ED: Van wat?

GAMMA: Van openbaring. Van verlichting. Het moment waarop je besloot dat je de heldhaftige stap moest zetten en contact opnemen met Maria.

ED: Nou, ik wist niet dat het *Maria* zou worden, toch? Zij gaven me Maria.

GAMMA: Zou je zeggen dat je onmiddellijk het besluit nam om naar ons toe te komen, of kwam die gedachte in de daaropvolgende uren of dagen steeds sterker bij je op?

ED: Ik zag het materiaal en ik dacht alleen, jezus, dat is het.

GAMMA: En de vitale passage stond vermeld als Uiterst Geheim Jericho. Ja?

ED: Dat heb ik haar allemaal verteld.

GAMMA: Maar ik ben Maria niet. De passage die je las was niet aan iemand geadresseerd, beweer je.

ED: Dat kon ik toch ook niet zien? Ik zag alleen een middengedeelte. Geen geadresseerde, geen afzender. Alleen de kop: Uiterst Geheim Jericho en de referentie.

GAMMA: Niettemin heb je tegen Maria gezegd dat het document was gericht aan het ministerie van Financiën.
ED: Aangezien er een mafkees van Financiën op nog geen halve meter afstand van me stond te wachten tot ik ermee klaar was, leek het me behoorlijk voor de hand liggend dat het aan Financiën was geadresseerd. Ben je me op de proef aan het stellen?
GAMMA: Ik stel vast dat jij, zoals Maria rapporteerde, een uitstekend geheugen hebt en je informatie niet verfraait en versiert om het effect te vergroten. En de referentie was...
ED: KIM slash 1.
GAMMA: KIM is het symbool van welke entiteit?
ED: Britse gezamenlijke spionagemissie, Washington.
GAMMA: En het cijfer 1?
ED: De topman of -vrouw van het Britse team.
GAMMA: Zou je de naam van die persoon kennen?
ED: Nee.
GAMMA: Jij bent absoluut briljant, Ed. Maria heeft niet overdreven. Ik dank je voor je geduld. Wij zijn voorzichtige mensen. Ben jij toevallig de trotse eigenaar van een smartphone?
ED: Ik heb Maria toch het nummer gegeven?
GAMMA: Geef het voor alle zekerheid nog maar eens.

(Ed somt vermoeid het nummer op. Gamma noteert het demonstratief in haar agenda.)

GAMMA: Is het je toegestaan om je smartphone mee te nemen naar je werkplek?
ED: Zeker niet. Inleveren bij de deur. Alle metalen voorwerpen. Sleutels, pennen, kleingeld. Een paar dagen geleden moest ik verdomme zelfs mijn schoenen uittrekken.
GAMMA: Omdat ze je verdachten?

ED: Omdat het kantoorpersoneelsweek was. De week daarvoor waren de lijnmanagers aan de beurt.
GAMMA: Misschien kunnen we je voorzien van een onopvallend apparaatje dat foto's maakt maar niet van metaal is en er ook niet uitziet als een smartphone. Lijkt je dat wat?
ED: Nee.
GAMMA: Nee?
ED: Dat is spionnenspul. Daar laat ik me niet mee in. Ik help de zaak als mijn hoofd ernaar staat. Meer doe ik niet.
GAMMA: Je hebt Maria ook andere binnenkomende stukken gegeven van jullie ambassades in Europa die niet met een codewoord beschermd waren.
ED: Tja, nou, dat was alleen om haar te laten weten dat ik niet een soort van oplichter was.
GAMMA: Maar het was wel als 'geheim' geclassificeerd.
ED: Ja, nou ja, dat moest ook wel, toch? Anders had ik wel iedereen kunnen zijn.
GAMMA: En heb je vandaag hetzelfde soort materiaal meegebracht? Is dat wat je bij je hebt in die armetierige aktetas?
ED: Willi zei breng alles maar mee wat je te pakken kunt krijgen, dus dat heb ik gedaan.

(Langdurige stilte voordat Ed met kennelijke tegenzin de gespen van zijn tas losmaakt en er een vaalgele map uithaalt, die hij op zijn schoot opent en dan aan haar doorgeeft.)

ED: [Terwijl Gamma leest] Als het niet bruikbaar is, dan laat ik het hierbij. Dat kun je hun ook zeggen.
GAMMA: De prioriteit voor ons allemaal is uiteraard materiaal met codewoord Jericho. Voor deze toegevoegde mogelijkheden zal ik met mijn collega's moeten overleggen.

ED: Nou, als je maar niet vertelt waar het vandaan komt, dat is alles.
GAMMA: En materiaal van *deze* orde – gewoon geheim, zonder codering – kun je ons daar zonder al te veel problemen kopieën van leveren?
ED: Ja, hoor. Nou ja. Tijdens lunchtijd is het handigst.

(Ze haalt een mobieltje uit haar tas en fotografeert twaalf bladzijden.)

GAMMA: Heeft Willi je verteld wie ik ben?
ED: Hij zei dat jij hoog stond in de pikorde. Een soort kopstuk.
GAMMA: Willi heeft gelijk. Ik ben een kopstuk. Maar voor jou ben ik Anette, ik ben een Deense lerares Engels voor middelbare scholieren en ik woon in Kopenhagen. Wij hebben elkaar ontmoet toen jij in Tübingen studeerde. We zaten allebei op dezelfde zomerbasiscursus Duitse cultuur. Ik ben jouw oudere vrouw, ik ben getrouwd, jij bent mijn geheime minnaar. Zo nu en dan bezoek ik Engeland en dit hier is waar we de liefde bedrijven. Het is een flat die ik leen van mijn vriend de journalist, *Markus*. Luister je?
ED: Natuurlijk luister ik. Jezus.
GAMMA: Je hoeft Markus niet persoonlijk te kennen. Hij is een huurder hier. Dat is alles. Maar als we elkaar niet kunnen ontmoeten, dan is dit de plek waar wij hopen dat je je documenten of brieven aan mij zult posten als je voorbijkomt op je fiets, en Markus is een goede vriend die ervoor zal zorgen dat onze correspondentie volledig privé blijft. Dat is wat we een *legende* noemen. Ben jij tevreden over deze legende of wil je liever een andere bespreken?
ED: Klinkt oké. Tja. Doe maar.

GAMMA: We zouden je graag belonen, Ed. We zouden graag blijk geven van onze waardering. Financieel of hoe je maar wilt. Misschien zorgen we voor een spaarpotje voor je in een ander land en dan kun je dat ooit nog eens opeisen. Ja?
ED: Ik heb niets nodig, dank je. Tja. Ze betalen me behoorlijk. En ik heb nog wat opzijgezet. [Ongemakkelijke grijns] Gordijnen kosten nog wat. Nieuw bad. Evengoed heel aardig van jullie, maar nee, bedankt, Oké? Dan is dat geregeld. Vraag dat niet nog een keer, alsjeblieft.
GAMMA: Heb je een leuke vriendin?'
ED: Wat heeft dat ook maar ergens mee te maken?
GAMMA: Deelt ze jouw sympathieën voor de goede zaak?
ED: De meeste. Soms.
GAMMA: Weet ze dat je met ons in contact staat?
ED: Ik dacht van niet.
GAMMA: Misschien zou ze je kunnen helpen. Als tussenpersoon fungeren. Waar denkt ze dat je bent nu?
ED: Op weg naar huis, denk ik. Zij heeft haar eigen leven, net als ik.
GAMMA: Doet ze net zulk soort werk als jij?
ED: Nee. Niet. Absoluut niet. Ze zou er niet aan moeten denken. Nooit van zijn leven.
GAMMA: Met wat voor werk houdt zij zich bezig?
ED: Hé, houd alsjeblieft over haar op, oké?
GAMMA: Natuurlijk. En jij hebt niet de aandacht op jezelf gevestigd?
ED: En hoe had ik dat dan moeten doen?
GAMMA: Je hebt geen geld van je baas gestolen; je hebt geen verboden liefdesaffaire zoals de onze? [Wacht even tot Ed het grapje doorheeft. Uiteindelijk heeft hij dat en slaagt erin zuinig te glimlachen] Je hebt geen ruzie gemaakt met je superieuren, ze beschouwen je niet als subversief of ongediscipli-

neerd, er wordt geen intern onderzoek naar je ingesteld ten gevolge van iets wat je hebt gedaan of hebt nagelaten? Ze zijn zich er niet van bewust dat je bezwaar koestert tegen hun beleid? Nee? Ja?

(Ed heeft zich opnieuw in zichzelf teruggetrokken. Zijn gezicht vertoont een donkere frons. Als Gamma hem beter kende zou ze geduldig wachten tot hij weer tevoorschijn komt.)

GAMMA: [Speels] Houd je iets gênants voor me verborgen? Wij zijn tolerante mensen, Ed. Wij hebben een langdurige traditie van humanisme.
ED: [Na nog even te hebben nagedacht] Ik ben maar een *gewoon* mens, oké? Er zijn er niet veel van ons, als je wilt weten hoe ik erover denk. Alle anderen zitten uit hun neus te eten tot iemand iets doet. Ik doe het. Dat is alles.

***

De aardewerken Staffordshire hond is het teken dat de kust veilig is, vertelt ze hem – of ik geloof dat ze hem dat vertelt, want mijn oren tuiten. Als er geen hond voor het raam staat, betekent dat wegwezen, vertelt ze hem. Of misschien zegt ze dat het betekent: kom maar binnen. Die NO NUKES-affiche betekent *we hebben een hoogst belangrijke boodschap voor je.* Of misschien betekent het wel we hebben er een als je de volgende keer langs fietst of misschien ook juist: fiets hier nooit meer voorbij. Deugdelijke spionagetactiek vereist dat de spion als eerste vertrekt. Ed en Valentina staan tegenover elkaar. Ed maakt een verbouwereerde, doodvermoeide en beschaamde indruk, zoals hij placht te kijken toen ik nog in staat was hem te verslaan in een meedogenloze strijd van *best of seven games*, voordat we achter onze pilsjes plaatsnamen.

Valentina neemt zijn hand in haar beide handen, trekt hem naar zich toe en trakteert hem op een doelgerichte kus op beide wangen, maar de derde Russische kus laat ze achterwege. Ed laat het zich bokkig welgevallen. Een buitencamera laat zien hoe hij, met zijn aktetas in zijn hand, de ijzeren trap op loopt. Een hoog geplaatste camera kijkt toe hoe hij de ketting om zijn fiets losmaakt, de aktetas in het mandje voorop plaatst en wegrijdt in de richting van Hoxton.

***

De dubbele deuren van de controlekamer gaan open. Marion en haar speerdragers komen terug. Deuren sluiten zich, lichten aan alsjeblieft. Achter de geluiddichte glazen muren van zijn adelaarsnest verdeelt Percy Price zijn troepen op een voor de hand liggende manier: één team blijft Gamma volgen, een ander team houdt Ed en zijn woning in de gaten, uitsluitend bewaking op afstand. Een vrouwenstem uit de ruimte deelt ons mede dat subject Gamma 'succesvol is gemarkeerd', wij kunnen alleen maar raden waarmee. Dat geldt blijkbaar ook voor Ed en zijn fiets. Percy is dik tevreden.

De beeldschermen flikkeren en gaan op zwart. Geen Lake Windermere in de herfst. Marion staat rechtop als een schildwacht aan het einde van de lange tafel. Ze draagt een bril. Haar donker geklofte speerdragers staan aan weerszijden van haar. Ze haalt diep adem, pakt een document op dat rechts van haar ligt en leest ons voor op een trage nadrukkelijke toon.

'Tot onze spijt moeten wij jullie mededelen dat de man die is geïdentificeerd als *Ed* in de bewakingsbeelden die jullie zojuist hebben bekeken full time werkt bij mijn Dienst. Zijn naam luidt Edward Stanley Shannon en hij is een administratief medewerker Classificatie A met toegang tot uiterst geheim en hoger. Hij is afgestudeerd in computerwetenschappen. Hij is eerstegraads digitaal specialist die momenteel een vast jaarsalaris verdient van 32.000 pond, die recht heeft op stimuleringsbonussen voor overwerk, weekends en beheersing van vreemde talen. Hij is een Duits linguïst klasse 3 en toegevoegd aan het Europese element van een hoogst geheime interdepartementale dienst onder de vleugels van Whitehall. Van 2015 tot 2017 diende hij in Berlijn op de afdeling verbindingen van zijn departement. Hij is niet en was ook nooit geschikt geacht voor operationele taken. Zijn huidige werkzaamheden houden onder andere in het uitpluizen en zuiveren van uiterst geheime stukken bedoeld voor onze Europese partners. In feite komt dat neer op het wegsnijden, onder advies, van geheime gegevens die exclusief bestemd zijn voor de Verenigde Staten. Van bepaalde delen van dit materiaal zou men ook kunnen zeggen dat zij strijdig zijn met Europese belangen. Zoals Shannon terecht verklaarde in de opnames die jullie zojuist hebben gezien is hij een van de slechts twee eerstegraads specialisten aan wie de taak is toevertrouwd documenten van uitzonderlijk sensitieve aard te kopiëren. Shannons antecedenten zijn grondig onderzocht en goed bevonden en later nog een keer gecontroleerd.'

Haar lippen plakken aan elkaar. Ze tuit ze, bevochtigt ze discreet en vervolgt:

'In Berlijn was Shannon onderwerp van een episode die waarschijnlijk werd veroorzaakt door drank en de van zijn kant ongewenste beëindiging van een liefdesrelatie met een Duitse vrouw. Hij is daarvoor behandeld en is na die therapie zowel geestelijk als lichamelijk volledig gezond verklaard. Er zijn geen verdere voorbeelden van gebrek aan discipline, dissident of verdacht gedrag bij hem gerapporteerd. Op de werkvloer wordt hij beschouwd als een einzelgänger. Zijn lijnmanager beschrijft hem als "een man zonder vrienden". Hij is niet getrouwd en vermeend heteroseksueel, en heeft voor zover bekend momenteel geen partner. Hij is voor zover bekend geen lid van een politieke partij.'

Opnieuw worden de lippen bevochtigd.

'Er is onmiddellijk een onderzoek naar ingesteld, alsmede een onderzoek naar Shannons contacten in het verleden en het heden. Hangende de uitkomst van genoemde onderzoeken, zal Shannon er niet, ik herhaal niet, van worden verwittigd dat hij wordt geobserveerd. Gezien de achtergrond en de te verwachten verdere ontwikkelingen van de zaak ben ik geautoriseerd te stellen dat mijn Dienst ervoor open staat om een gezamenlijke taskforce te vormen. Dank u.'

'Mag ik daar nog iets aan toevoegen?'

Tot mijn verbazing ben ik gaan staan, en Dom staart naar me op alsof ik stapelgek ben geworden. Ik spreek ook op wat ik zelf echt beschouw als een zelfverzekerde en ontspannen toon:

'Ik ken deze man toevallig persoonlijk. Ed. Wij spelen bijna elke maandagavond samen badminton. In Battersea, om precies te zijn. Vlak bij waar ik woon. Op onze club. De Athleticus. En we drinken doorgaans na afloop van de match een paar biertjes. Ik ben uiteraard ten volle bereid te helpen waar ik kan.'

Toen moet ik te abrupt weer zijn gaan zitten en al doende de kluts kwijt zijn geraakt, want het volgende dat ik me herinner is dat Guy Brammel voorstelt dat we allemaal even een sanitaire stop nemen.

16

Ik zal nooit weten hoelang ze me in dat kamertje hebben laten wachten, maar minder dan een uur kan het niet zijn geweest met niets te lezen en alleen maar een kale pastelgele muur om naar te staren omdat ze mijn Bureau-telefoon hadden afgepakt. En tot op de dag van vandaag heb ik geen enkel idee of ik nu had gezeten of gestaan in de controlekamer of maar wat heen en weer had gedrenteld toen een deurwachter me op de arm tikte en zei: 'Wilt u zo vriendelijk zijn mij te volgen, meneer...' zonder zijn zin af te maken

Maar ik weet nog wel dat een tweede wachter bij de deur stond te wachten en dat ze me met zijn tweeën naar de lift moesten begeleiden, terwijl we wat kletsten over die stuitende hittegolf die we moesten doorstaan en zou het van nu af aan elke zomer zo zijn? En ik weet dat de uitdrukking *zonder vrienden* door mijn hoofd bleef gonzen als een beschuldiging: niet omdat ik het mezelf kwalijk nam dat ik Eds vriend was, maar omdat het erop leek dat ik de enige was die hij had, en dat legde een grotere verantwoordelijkheid op mijn schouders – maar waarvoor? En uiteraard weet in die ongemarkeerde liften je maag nooit of je nu omhoog of omlaag gaat, vooral als die maag al op zijn eigen houtje beweegt, wat de mijne deed nu ik uit de cel van de besloten controlekamer werd gevoerd en losgelaten om gevangengenomen te worden.

Maar laten we zeggen dat het een uur duurde voordat de wachter die al die tijd aan de andere kant van de glazen deur had gestaan – Andy, zo luidde zijn naam, dol op cricket – zijn hoofd om de hoek stak en zei: 'Jij bent aan de beurt, Nat,' en me vervolgens al even opgeruimd naar een andere, veel grotere kamer bracht, opnieuw zonder ramen, zelfs geen nepramen, en een kring van mooie gecapitonneerde stoelen die allemaal sprekend op elkaar leken, want wij zijn een Dienst van gelijken, en zei dat ik mocht gaan zitten waar ik wilde, want *de anderen* zouden in een mum van tijd ook komen.

Dus koos ik een stoel en ging erop zitten en vouwde mijn handen om de uiteinden van de leuningen en begon me af te vragen wie *de anderen* zouden zijn. En ik geloof dat ik me van ergens aan het begin van mijn begeleid vertrek uit de controlekamer een kluitje topfiguren van de bovenste verdieping herinner die in een hoekje stonden te mompelen en Dom Trench die zich er zoals gebruikelijk op het laatste moment tussen wilde wringen en van Guy Brammel op nogal ferme toon te horen kreeg: 'Nee, jij niet, Dom'.

En ja, hoor, toen mijn chers collègues achter elkaar binnenkwamen was Dom niet van de partij, wat maakte dat ik weer even dacht aan zijn bezorgdheid of ik het wel voor hem wilde opnemen aangaande de auto met chauffeur die hij voor me had besteld. De eerste die de kamer binnenkwam was Ghita Marsden die me een vriendelijke glimlach schonk en een 'nogmaals hallo, Nat', dat bedoeld was om me gerust te stellen, maar wat bedoelde ze met *nogmaals,* alsof we wedergeboren waren? Dan de kwaad kijkende Marion van onze Zusterdienst en slechts één van haar speerdragers, de grootste en somberste, die zei dat we elkaar nog niet kenden en hij heette Anthony, waarna hij zijn hand uitstak en de mijne zowat brak.

'Ik houd zelf ook wel van een potje badminton,' zei hij tegen me, alsof dat alles goedmaakte. Dus ik zei: 'Geweldig, Anthony, waar speel jij?' – maar hij leek me niet te horen.

Vervolgens Percy Price, devoot kerkganger, met een grimmige verbeten uitdrukking op zijn verweerde gezicht. En daar schrok ik van, niet zozeer omdat Percy me straal negeerde, maar omdat hij het commando over Stardust tijdelijk moest hebben overgedragen aan zijn vele luitenants zodat hij bij de vergadering aanwezig kon zijn. En dan, vlak op Percy's hielen, met in zijn handen een plastic bekertje thee dat me deed terugdenken aan de beker op Eds blad in het zelfbedieningscafé, Guy Brammel, opvallend ontspannen in het gezelschap van de kleine Joe Lavender, de grijze man van de geheime interne veiligheidssectie van de Dienst. Joe droeg een dossierdoos en ik weet nog dat ik hem voor de grap, alleen maar om wat menselijk contact te maken, vroeg of de inhoud wel door de deurwachters was gecontroleerd, waarop hij reageerde met een vuile blik.

Terwijl ze binnendruppelden probeerde ik er ook achter te komen wat ze allemaal gemeen hadden, afgezien van de grimmige uitdrukking op hun gezicht, want groepen als deze worden niet per ongeluk gevormd. Ed is, zoals wij nu allemaal weten, een lid van onze Zusterdienst, wat betekent dat hij, als het hard tegen hard gaat tussen onze Diensten, onze vondst en hun fout is, dus leer daar maar mee leven. Daarom mag je een hoop heisa tussen de Diensten verwachten over de vraag wie welk deel van de taart krijgt. En als dat allemaal is beklonken zal er een van die allerlaatste tests zijn uitgevoerd om er zeker van te zijn dat het audiovisuele systeem in de kamer waarin we ons bevinden goed werkt, want we willen niet weer zo'n zeperd als laatst, wanneer laatst ook mag zijn geweest.

Dan, net als iedereen eindelijk comfortabel zit, komen mijn zelfde twee deurwachters binnen met dezelfde enorme koffiekan, waterkannen en sandwiches waar niemand tijdens de filmvertoning aan toe was gekomen, en Andy de cricketfan geeft me een knipoog. En als zij weer weg zijn, komt de spookachtige gestalte van Gloria Foxton, de *über*-psychiater van de Dienst binnen, en ze loopt erbij alsof ze zojuist uit bed is gesleurd, wat best mogelijk kan zijn, en drie passen achter haar mijn eigen Moira van Personeelszaken, met een lijvige groene dossiermap onder haar arm die vermoed ik over mij gaat, want ze draagt hem doelbewust met de onbeschreven kant naar buiten.

'Je hebt toevallig zeker niets meer gehoord van *Florence*, hè Nat?' vraagt ze op bezorgde toon, terwijl ze naast me plaatsneemt.

'Niets gezien, niets gehoord, Moira,' antwoord ik stoer.

Waarom loog ik? Dat kan ik tot op de dag van vandaag niet zeggen. Ik was niet aan het oefenen. Ik was niet van plan geweest te liegen. Ik had niets om over te liegen. Dan maakt een tweede blik op haar me duidelijk dat ze het antwoord al wist voor ze me de vraag stelde, en dat ze uit wilde vinden of ik de waarheid zou spreken, wat maakte dat ik me nog dwazer voelde.

'*Nat*,' zegt Gloria Foxton, met dwingende psychotherapeutische sympathie, 'hoe *gaat* het met ons?'

'Behoorlijk belazerd, dank je, Gloria. En hoe maak *jij* het?' antwoord ik vrolijk, en ik krijg een ijzige glimlach om me eraan te herinneren dat lieden in mijn positie, wat die ook zijn mag, psychiaters niet vragen hoe ze het maken.

'En die lieve *Prue*?' informeert ze om nog wat liever over te komen.

'Geweldig. Niet te stuiten in haar strijd. Ze heeft Big Pharma op de korrel.'

Maar wat ik in werkelijkheid voel is een golf van ongerechtvaardigde woede vanwege zekere pijnlijke wijsheden die Gloria vijf jaar geleden debiteerde toen ik zo stom was haar gratis advies in te winnen aangaande Steff, zoals: 'Zou het eventueel *mogelijk* zijn, Nat, dat Stephanie door zich in de armen van elke jongen in de klas te storten daarmee iets wil zeggen over haar afwezige vader?' – waarbij haar grootste vergrijp is dat ze waarschijnlijk gelijk had.

We zitten eindelijk allemaal en het werd hoog tijd ook. Gloria wordt inmiddels bijgestaan door twee *unter*-psychiaters, Leo en Franzeska, die er allebei uitzien alsof ze een jaar of zestien zijn. Al met al zitten hier nu precies een dozijn van mijn chers collègues in een halve kring, elk met een vrij uitzicht op mij, want om de een of andere reden is de plaatsing van de stoelen gewijzigd en zit ik in mijn eentje als de jongen op het schilderij aan wie gevraagd wordt wanneer hij zijn vader voor het laatst heeft gezien, zij het dat ze hier niet zijn om mij uit te horen over mijn arme vader, maar over Ed.

***

Guy Brammel heeft besloten de eerste bal te werpen, zoals hij zou zeggen, wat op zich wel begrijpelijk is, want hij is opgeleid als advocaat en in zijn fraaie landhuis in St. Albans runt hij zijn eigen cricketteam. In de loop der jaren heeft hij me regelmatig gestrikt om mee te spelen.

'Zo, Nat,' begint hij, met zijn blijmoedige chique-etentjes-stem, 'dat is een verdomd grote hoop pech wat je ons daar vertelt, lijkt me. Jij speelt een eerlijk potje badminton met een vent en dan blijkt hij in dienst te zijn van onze Zusterdienst en een godvergeten Russische spion. Waarom beginnen we niet bij het begin en werken van daaruit verder? Hoe kwamen jullie elkaar tegen, wat hebben jullie wanneer uitgehaald en laat geen detail onbesproken, hoe onbeduidend ook.'

We beginnen bij het begin. Ik tenminste. Zaterdagavond in de Athleticus. Ik geniet van een biertje na de wedstrijd met mijn Indiase tegenstander van de overkant van de rivier in Chelsea. Alice en Ed komen op. Ed daagt me uit voor een wedstrijd. Onze eerste afspraak. Zijn onvriendelijke opmerkingen over zijn werkgevers, aandachtig gevolgd door Marion en haar speerdrager. Onze eerste post-badminton pint aan de *Stammtisch*. Ed gaat tekeer over de Brexit en Donald Trump als componenten van één groot kwaad.

'En daar was jij het mee eens, Nat?' vraagt Brammel op best vriendelijke toon.

'Tot op zekere hoogte, ja. Hij was anti-Brexit. Dat was ik ook. Dat ben ik nog steeds. Zoals de meeste mensen hier, vermoed ik,' antwoord ik ferm.

'En Trump?' informeert Brammel. 'Wat Trump betreft was je het ook met hem eens?'

'Ach, jezus, Guy. Trump is nu niet bepaald het snoepje van de week hier, of wel soms? Die man is verdomme een sloopkogel.'

Ik kijk om me heen of ik steun krijg. Die blijft uit, maar ik laat me niet van mijn stuk brengen. Mijn misstap met Moira zojuist doet er niet toe. Ik ben een veteraan. Ik ben getraind in dit soort dingen. Heb het mijn spionnen geleerd.

'Als Trump en Poetin de handen ineenslaan is dat een duivelspact, vindt Shannon,' vervolg ik stoutmoedig. 'Iedereen heeft het op Europa gemunt en dat bevalt hem helemaal niet. Hij heeft een preoccupatie met Duitsland.'

'Hij nodigt je dus uit om tegen hem te spelen,' houdt Guy Brammel vol, zonder op mijn geklets te reageren. 'Open en bloot en voor iedereen zichtbaar. Hij heeft een hoop moeite gedaan om jou te vinden en daar is hij dan.'

'Ik ben toevallig kampioen enkelspel van mijn club. Hij had van mij gehoord en hij wilde een krachtmeting,' zeg ik met behoud van mijn waardigheid.

'Hij koos speciaal jou, reed dwars door Londen op zijn fiets, bestudeerde jouw spel?'

'Dat zou best eens kunnen.'

'En hij daagde jou uit. Hij heeft niemand anders uitgedaagd. Niet jouw tegenstander uit Chelsea met wie jij net had gespeeld, wat hij ook best had kunnen doen. Het moest per se jou zijn.'

'Als mijn tegenstander uit Chelsea, zoals jij hem noemt, mij had verslagen, dan had Shannon hem vast wel in mijn plaats uitgedaagd, lijkt me,' verklaar ik, niet geheel naar waarheid, maar er klonk iets door in Guys stem dat ik onplezierig begon te vinden.

Marion geeft hem een papiertje. Hij zet zijn leesbril op en bestudeert het op zijn gemak.

'Volgens jouw receptioniste bij de Athleticus was Shannon, sinds de dag dat hij jou uitdaagde, de enige tegen wie jij hebt gespeeld. Jullie werden een stel. Zeg ik het zo goed?'

'Twee vaste tegenspelers, als je het niet erg vindt.'

'Oké. Tegenspelers.'

'We waren goed tegen elkaar opgewassen. Hij speelde eerlijk en won of verloor met gratie. Fatsoenlijke spelers met goede manieren zijn moeilijk te vinden.'

'Vast wel. En jij werd ook goede maatjes met hem. Jullie waren drinkmaatjes.'

'Overdreven, Guy. We speelden regelmatig een match en dronken na afloop samen een biertje.'

'Elke week, soms zelfs twee keer per week, wat veel is, zelfs voor een sportfreak zoals jij. En jullie *kletsten* samen, zeg je.'

'Inderdaad.'

'Hoelang *kletsten* jullie? Bij die biertjes?'

'Een halfuur. Een uur, misschien. Het hangt ervan af hoe we ons voelden.'

'Zestien, achttien uur, alles bij elkaar genomen? Twintig? Of is twintig te veel?'

'Het kunnen best twintig uur zijn geweest. Wat maakt het uit?'

'Beetje een autodidact, hè?'

'Helemaal niet. Gymnasium.'

'Heb je hem verteld hoe jij je brood verdient?'

'Doe niet zo godvergeten idioot.'

'Wat *heb* je hem dan verteld?'

'Een smoes. Zakenman terug uit het buitenland, op zoek naar een nieuwe uitdaging.'

'En je denkt dat hij daarin trapte?'

'Hij was niet nieuwsgierig en op zijn beurt even vaag over zijn eigen werkzaamheden. Mediagedoe, weidde er niet over uit. Dat deden we geen van beiden.'

'Is het je gewoonte om twintig uur over politiek te praten met badmintonpartners die half zo oud zijn als jij?'

'Als ze goed spelen en ze iets te zeggen hebben, waarom niet?'

'Ik vroeg *of* je dat doet. Niet waarom. Ik probeer erachter te komen – eenvoudige vraag – of je in het verleden langdurig over politiek hebt gesproken met andere tegenstanders van dezelfde leeftijd?'

'Ik heb tegen ze gespeeld. En naderhand een slok met hen gedronken.'

'Maar niet met de regelmaat waarmee je speelde, dronk en praatte met Edward Shannon?'

'Waarschijnlijk niet.'

'En je hebt zelf geen zoon. Tenminste niet voor zover wij weten, maar je hebt natuurlijk wel langdurig in ballingschap in het buitenland vertoefd.'

'Nee.'

'En ook geen onofficiële.'

'Nee.'

'Joe,' zegt Brammel, zich wendend tot Joe Lavender, ster van de interne beveiliging, 'jij had ook een paar vragen.'

***

Joe Lavender moet zijn beurt afwachten. Een shakespeareaanse boodschapper is binnengekomen in de persoon van Marions tweede speerdrager. Met permissie van Guy zou hij me graag een vraag stellen die zojuist is binnengekomen van het onderzoeksteam van zijn Dienst. De vraag staat geschreven op een dun strookje papier dat hij tussen de vingertoppen van beide enorme handen houdt.

'*Nat,* was jij je *persoonlijk,* of was jij je op enig moment ervan *bewust,*' vraagt hij met agressieve duidelijkheid, 'in de loop van je vele *gesprekken* met Edward Stanley Shannon, dat zijn moeder Eliza bij de politie bekend is als een constante *demonstrant, protesteerder en mensenrechtenactivist* bij tal van acties voor de *vrede* en soortgelijke zaken?'

'Nee, daar was ik me *niet van bewust,*' antwoord ik, terwijl ik ondanks mijn goede bedoelingen bitterheid voel opwellen.

'En je *echtgenote,* is ons verteld, is ook een stevige verdediger van onze basale *mensenrechten,* met alle respect. Klopt dat?'

'Ja. Heel stevig.'

'Wat alleen maar te loven is, daar zijn wij het vast allemaal over eens. Mag ik je dan *vragen* of er voor zover jij je kunt herinneren ooit enige *interactie of communicatie* heeft plaatsgevonden tussen Eliza Mary Shannon en jouw echtgenote?'

'Voor zover ik weet heeft een dergelijke interactie of communicatie nooit plaatsgevonden.'

'Dank je.'

'Graag gedaan.'

Boodschapper verlaat links het toneel.

***

Dan volgt er een periode van hapsnap vragen en antwoorden, een soort vraag-maar-raak dat wazig blijft in mijn herinnering terwijl mijn chers collègues om beurten 'de losse eindjes aan elkaar knopen' van Nats verhaal, zoals Brammel het vriendelijk formuleert. Er valt een stilte en uiteindelijk betreedt Joe Lavender het toneel. Zijn stem laat geen voetafdrukken achter. Hij heeft geen maatschappelijke of regionale achtergrond. Het is een dakloze, klagerige, nasale zeurstem.

'Ik wil nog even stilstaan bij dat eerste moment toen Shannon jou oppikte in de Athleticus,' zegt hij.

'Kunnen we *uitdaagde* zeggen, als je dat niet erg vindt?'

'En jij, om zijn gezicht te redden, want dat was wat jij zei, vervolgens zijn uitdaging aanvaardde. Heb jij toen, als een getraind lid van deze Dienst iets gemerkt van, of herinner je je nu wellicht, een aantal toevallige vreemden aan de toog – nieuwe leden, mannelijk, vrouwelijk, gasten van leden van de Club – die meer dan gewone belangstelling aan de dag legden voor wat er plaatsvond?'

'Nee.'

'Ik heb vernomen dat de Club open is voor het publiek. Leden mogen introducés meenemen. Gasten mogen drankjes bestellen aan de toog, vooropgesteld dat ze door een lid worden vergezeld. Wil jij nu zeggen dat je zeker weet dat Shannons benadering van jou...'

'Uitdaging.'

'... dat Shannons *uitdaging* niet op de een of andere manier werd geschaduwd of geobserveerd door geïnteresseerde partijen? Het moge duidelijk zijn dat we de Club met een voorwendsel zullen benaderen en zullen proberen de hand te leggen op wat ze ook aan video-opnames mogen hebben.'

'Ik heb er toen geen aandacht aan besteed en herinner me nu ook niemand die een meer dan normale belangstelling tentoonspreidde.'

'Dat zouden ze toch ook niet doen, tenminste niet

zodat jij het zou opmerken; niet als het professionals waren?'

'Er zat een groepje aan de bar wat lol te maken, maar dat waren bekende gezichten. En bespaar je de jacht op video-opnames. We hebben geen camera geïnstalleerd.'

Joe's ogen worden groot van theatrale verbazing.

'O? Geen video? Goeie help. Is dat niet een beetje raar, tegenwoordig? Een grote tent, massa's mensen die komen en gaan, geld dat van hand tot hand gaat, maar geen video.'

'Het was een besluit van het bestuur.'

'En jij zit zelf in dat bestuur, is ons verteld. Heb jij de motie om geen video te installeren ondersteund?'

'Ja, dat heb ik.'

'Kan dat zijn omdat jij, evenals je vrouw, niets moet hebben van een staat die zijn burgers overal observeert?'

'Zou je alsjeblieft mijn vrouw er buiten willen houden?'

Heeft hij me gehoord? Blijkbaar niet. Hij heeft het druk.

'Dus waarom heb je hem niet gerapporteerd?' vraagt hij, zonder op te kijken van de open dossierdoos op zijn schoot.

'Wie gerapporteerd?'

'Edward Shannon. Jouw wekelijkse en soms tweemaal wekelijkse badmintonafspraak. Volgens dienstvoorschriften moet je Personeelszaken op de hoogte stellen van alle regelmatige contacten met leden van beiderlei kunne, ongeacht de aard van de activiteit. Volgens de administratie van jouw Athleticus Club heb jij Shannon getroffen bij niet minder dan veertien afzonderlijke gelegenheden, verspreid over een hoogst opeenvolgende periode. Ik vraag me af waarom je hem helemaal niet hebt gerapporteerd.'

Het lukt me ontspannen te glimlachen. Net aan. 'Ach, Joe, ik zou denken dat ik in de loop der jaren tegen een paar honderd mensen heb gespeeld. Sommigen van hen

– wat? – twintig, dertig keer? Ik kan me niet voorstellen dat je die allemaal in mijn persoonlijke dossier wilt hebben staan.'

'Heb jij een *besluit* genomen om Shannon niet te rapporteren?'

'Het was geen kwestie van een besluit. Het is gewoon nooit bij me opgekomen.'

'Als je me toestaat zal ik het iets anders formuleren. Dan krijg ik misschien een verstandig antwoord uit je. Was het of was het niet, ja of nee, een bewuste beslissing van jouw kant om Edward Shannon *niet* te rapporteren als regelmatige kennis en speelmaatje?'

'Tegenspeler, als je het niet erg vindt. Nee, dat was geen bewust besluit.'

'Het blijkt namelijk, weet je, dat je verspreid over een periode van maanden contact hebt onderhouden met een geïdentificeerde Russische spion die jij verzuimd hebt te rapporteren. Het-is-niet-bij-me-opgekomen is daar geen bevredigende verklaring voor.'

'Ik *wist* verdomme toch niet dat hij een Russische spion was, Joe. Begrijp je? En waarschijnlijk wist jij dat evenmin. En de Dienst waarvoor hij werkte wist het ook al niet. Of vergis ik me daarin, Marion? Misschien wist jouw Dienst al die tijd al dat hij een Russische spion was en had ze er niet aan gedacht ons dat te vertellen,' opper ik.

Mijn weerwoord wordt niet gehoord. Mijn chers collègues zitten in een halve cirkel om me heen en turen naar hun laptop of in de verte.

'Heb je Shannon ooit wel eens mee naar huis genomen, Nat?' vraagt Joe langs zijn neus weg.

'Waarom zou ik dat in hemelsnaam doen?'

'Waarom zou je dat niet doen? Wilde je hem niet voorstellen aan je vrouw? Een aardige radicale dame als zij, ik zou denken dat die het uitstekend met elkaar zouden kunnen vinden.'

'Mijn vrouw is een drukbezette advocaat van enige

naam en faam en zij heeft de tijd noch de belangstelling om te worden voorgesteld aan iedereen met wie ik badminton speel,' kaats ik fel terug. 'Ze is niet *radicaal*, in de betekenis die jij aan dat woord geeft en speelt geen rol in dit verhaal, dus nogmaals: laat haar er alsjeblieft buiten.'

'Heeft Shannon jou wel eens mee naar *zijn* huis genomen?'

Ik was het beu.

'Tussen jou en mij, Joe, we hadden wel genoeg aan pijpbeurten in het park. Is dat wat je wilt horen?' Ik wend me tot Brammel. 'Guy, godsklere nog aan toe.'

'Ja, ouwe reus?'

'Als Shannon een Russische spion is – en daar heeft het, dat geef ik toe, de schijn van – vertel me dan eens waarom we hier nu allemaal op onze kont zitten om over *mij* te praten? Laten we aannemen dat hij mij voor de gek heeft gehouden. Dat is toch zo? Heeft me er finaal en totaal in laten stinken. Net zoals hij zijn eigen Dienst en ieder ander erin heeft laten stinken. Waarom stellen we ons dan geen vragen als: wie heeft zijn talent opgemerkt, wie heeft hem gerekruteerd, hier, of in Duitsland of waar dan ook? En wie is die *Maria* die steeds weer opdook? Maria, die alleen maar deed alsof ze hem de laan uit stuurde?'

Met niet meer dan een oppervlakkig knikje pakt Guy Brammel zijn eigen ondervraging weer op.

'Nogal een nors baasje, hè, die vent van jou?' merkt hij op.

'Mijn vent?'

'Shannon.'

'Hij kan af en toe wel eens nors zijn, zoals de meesten van ons. Hij trekt wel snel weer bij.'

'Maar waarom uitgerekend zo nors bij dat mens Gamma?' klaagt hij. 'Hij had geweldig zijn best gedaan om met de Russen in contact te komen. De Moskouse Centrale dacht aanvankelijk – gok ik maar – dat hij een kneusje was. Dat kan niemand ze kwalijk nemen. Toen dachten ze nog eens goed over hem na en kwamen tot de conclusie dat hij een goudmijn was. Tadzio houdt hem op straat aan, brengt hem het goede nieuws en in een mum van tijd is daar opeens Gamma die verontschuldigingen aanbiedt voor het gedrag van Maria en popelt om zaken met hem te doen. Dus waarom dat lange gezicht? Hij zou een gat in de lucht moeten springen. Doen alsof hij niet weet wat *epifanie* betekent. Waar slaat dat op? Iedereen heeft tegenwoordig een epifanie, je kunt verdomme de straat niet oversteken of je hoort over iemands epifanie.'

'Misschien vindt hij het niet prettig wat hij doet,' opper ik. 'Als ik afga op alles wat hij tegen me heeft gezegd heeft hij misschien nog steeds ethische verwachtingen van het Westen.'

'Wat heeft dat er in jezusnaam mee te maken?'

'Het kwam gewoon bij me op dat die puriteinse kant van hem misschien zou kunnen denken dat het Westen moet worden gestraft. Dat is alles.'

'Leg me dat nog eens uit. Jij zegt dat hij de pest heeft aan het Westen omdat dat niet voldoet aan zijn ethische verwachtingen?'

'Ik zei misschien.'

'Dus snelt hij naar Poetin toe die nog niet zou weten wat ethiek was als hij erdoor in zijn kont werd gebeten. Begrijp ik je zo goed? Gek soort puritanisme, als je het mij vraagt. Niet dat ik een expert ben.'

'Het was maar een idee. Ik geloof niet dat hij daarmee bezig is.'

'Maar wat geloof je verdomme dan wél?'

'Het enige wat ik je kan zeggen is dat dit niet de man is die ik ken. Kende.'

'Jezus christus. Hij is nooit de man die we kennen!' barst Brammel in woede uit. 'Als een verrader ons niet gruwelijk verbaast dan verstaat hij verdomme zijn vak niet. Nou, verstaat hij dat wel? Jij zou dat beter moeten weten dan wie ook. *Jij* hebt in jouw tijd wel een paar verraders begeleid. *Die* schreeuwden hun subversieve opinies niet van de daken. En als ze dat wel deden dan hielden ze het verdomme niet lang vol. Toch?'

Het was op dit moment – noem het frustratie of verbijstering of het onwillekeurige ontwaken van een beschermend instinct – dat ik me genoodzaakt voelde het voor Ed op te nemen, iets waarover ik misschien, als ik wat minder heethoofdig was geweest, wel beter zou hebben nagedacht.

Ik kies Marion.

'Wat ik me afvroeg, Marion,' zeg ik, op de speculatieve toon van een van Prues meer academische collega-juristen, 'of Shannon zich in *wettelijke* zin aan een misdrijf schuldig heeft gemaakt. Al dat gepraat over het uiterst geheime, met codewoorden beschermde, materiaal waarvan hij beweert een *glimp* te hebben opgevangen. Praat hij daar over iets werkelijks of is het zijn eigen fantasie? Het andere materiaal dat hij aanbiedt lijkt allemaal bedoeld om zijn geloofsbrieven te staven. Misschien is het niet eens geheim of niet in die zin dat het waarde heeft. Dus ik bedoel maar, zou het niet beter zijn als jullie hem oppakken, hem op zijn eed van geheimhouding wijzen, hem uitleveren aan de psychiaters en jullie zelf een hoop ellende besparen?'

Marion wendt zich tot de speerdrager die mij de hand had geschud en bijna gebroken. Hij kijkt me aan met een soort verbijstering.

'Meen je dat nou echt serieus?' vraagt hij.

Ik antwoord kordaat dat ik nog nooit zo serieus ben geweest.

'Laat mij dan sectie 3 van de Officiële Eed op de Geheimhouding uit 1989 citeren, *als* ik zo vrij mag zijn, die luidt als volgt: Een persoon die een dienaar van de Kroon of de regering is of is geweest, maakt zich schuldig aan een misdrijf als *hij zonder wettige autoriteit een schadelijke uitlating doet of* enige *informatie verstrekt of een* document *of* ander materiaal *bekendmaakt aangaande internationale betrekkingen.* We hebben ook Shannons plechtige belofte *op schrift* dat hij geen staatsgeheimen zal onthullen, plus zijn verklaring dat hij ervan op de hoogte is wat er met hem gebeurt als hij dat toch doet. Al met al zou ik zeggen dat we uitgaan van een zeer kort strafproces voor een geheime rechtbank, dat uitloopt op een gevangenisstraf van tien tot twaalf jaar, zes met aftrek als hij bekent, plus een gratis psychiatrische behandeling als hij die nodig heeft en dat lijkt mij eerlijk gezegd vanzelfsprekend.'

***

Toen ik een uur of langer alleen in die kale wachtkamer zat had ik bij mezelf gezworen dat ik mijn kalmte zou bewaren en me boven het gekrakeel zou verheffen. Leer er maar mee leven, bleef ik tegen mezelf zeggen. Accepteer het maar. Als je wakker wordt is het er nog steeds. Ed Shannon, het blozende nieuwe lid van de Athleticus dat zo verlegen is dat hij Alice nodig heeft om zich aan mij voor te stellen is een gevestigd lid van onze Zusterdienst en een plotseling opgedoken Russische spion. Onderweg heeft hij, waarom moet nog duidelijk worden, jou opgepikt. Mooi. Klassiek. Alle eer. Echt keurig gedaan. Hij heeft je gecultiveerd, op je in gepraat, je bij de neus genomen. En het was duidelijk dat hij dat *wist.* Wist dat ik een uiterst ervaren spionnenmeester was die mogelijk het gevoel had dat hij er niet helemaal bij hoorde en daarom rijp was om te worden gecultiveerd.

Vlei me dan maar, in jezusnaam! Cultiveer me als een toekomstige bron! En als je me hebt gecultiveerd, waag het er dan maar op en probeer me te verleiden of draag me over aan je Russische begeleiders om verder te worden klaargestoomd. Dus waarom deed je dat niet? En hoe zit het met de *basale bronstgeluiden om spionnen te versieren*? Hebben we *die* ooit opgemerkt? Hoe gaat het met dat wankele huwelijk van je, Nat? Dat heb je me nooit gevraagd. Heb je schulden, Nat? Voel je je ondergewaardeerd, Nat? Voor promotie gepasseerd? Hebben ze je je bonussen of pensioen afgepakt? Je weet wat de instructeurs zeggen. *Iedereen heeft iets. Het is de taak van de rekruteerder om uit te vinden wat dat is.* Maar jij hebt er verdomme niet eens naar gezocht! Je hebt nooit aangedrongen, je kwam zelfs nooit in de buurt. Nooit je nek uitgestoken.

En hoe had je je nek ook kunnen uitsteken zolang je vanaf het moment dat we aan tafel gingen alleen maar oreerde over wat je dwars zat in de politiek en ik er nauwelijks een woord tussen kon krijgen, zelfs als ik dat had gewild?

***

Mijn pleidooi voor coulantie jegens Ed is niet goed gevallen bij mijn chers collègues. Afijn. Ik heb me hersteld. Ik ben beheerst. Guy Brammel geeft een kort plichtmatig knikje naar Marion die heeft aangegeven dat ze vragen heeft voor de verdachte.

'Nat.'

'Marion.'

'Je leek eerder aan te geven dat noch jij noch Shannon ook maar enig idee had wat voor werk de ander deed. Klopt dat?'

'Daar klopt vrees ik niets van, Marion,' antwoord ik monter. 'We hadden daar heel *heldere* ideeën over. Ed werkte voor een of ander mediaconcern waar hij een geweldige hekel aan had en ik was op zoek naar zakelijke mogelijkheden terwijl ik een oude zakenvriend uit de brand hielp.'

'Heeft Shannon je met zoveel woorden *verteld* dat het een mediaconcern was waarvoor hij werkte?'

'Niet met zoveel woorden, nee. Hij liet *doorschemeren*

dat hij nieuwsverhalen uitfilterde en die aan klanten sleet. En zijn werkgevers – nou ja – die hadden geen oog voor waar hij behoefte aan had,' zeg ik met een glimlach, mij voortdurend bewust van het belang van een soepele relatie tussen onze twee Diensten.

'We zouden dus kunnen zeggen, als we ervan uitgaan dat jouw verhaal klopt, dat de band tussen jullie tweeën gebaseerd was op niet kloppende aannames aangaande elkaars identiteit?' vervolgt ze.

'Als je het zo wilt zien, Marion. In principe deed dat er niets toe.'

'Omdat jullie allebei blindelings elkaars dekmantel accepteerden, bedoel je?'

'Blindelings is overdreven. Wij hadden allebei goede redenen om niet nieuwsgierig te zijn.'

'We horen van onze interne onderzoekers dat jij en Edward Shannon allebei een eigen locker huren in de mannenkleedkamer van de Athleticus. Is dat juist?' vraagt ze zonder pauze of verontschuldiging.

'Nou ja, je verwacht toch niet dat we er eentje *delen*?' – geen antwoord, en al helemaal niet de lach waarop ik had gehoopt. 'Ed heeft zo'n kastje, ik heb een kastje. Dat klopt,' vervolg ik, terwijl ik in gedachten voor me zie hoe die arme Alice op dit onchristelijke uur uit haar bed wordt gesleurd en gedwongen haar boeken te openen.

'Met sleutels?' vraagt Marion. 'Ik vroeg je of die lockers met *sleutels* worden afgesloten in plaats van met een combinatieslot?'

'Sleutels, Marion, Allemaal sleutels,' beaam ik als ik na een korte concentratiestoornis weer bij de les kom. 'Klein, plat – ongeveer zo groot als een postzegel.'

'Sleutels die je tijdens het spelen in je zak houdt?'

'Er zit een soort lint aan,' antwoord ik, terwijl het beeld van Ed in de kleedkamer, waar hij zich wapent voor onze eerste wedstrijd ineens in mijn gedachten opduikt. 'Je haalt of het lint eraf en steekt de sleutel in je zak, of je laat het lint eraan zitten en draagt de sleutel om je nek. Het is een kwestie van mode. Ed en ik haalden ons lint eraf.'

'En stopten de sleutels in jullie broekzak?'

'In mijn geval in de *zijzak*. Mijn achterzak was gereserveerd voor mijn creditcard voor als we naar de bar gingen en een briefje van twintig pond voor het geval ik liever contant betaalde en wat munten terugkreeg als parkeergeld. Is dat een antwoord op je vraag?'

Dat was het overduidelijk niet. 'Volgens jouw operationele dossier heb je in het verleden je badmintonvaardigheden gebruikt als middel om tenminste één Russische spion te rekruteren en heimelijk met hem gecommuniceerd door je identieke rackets te ruilen. En je bent daar hogelijk voor geprezen. Heb ik het goed?'

'Je bent te goed voor deze wereld, Marion.'

'Dus zou het geen *onredelijke hypothese* zijn,' vervolgt ze, 'dat jij de ideale mogelijkheid had om Shannon op dezelfde heimelijke slinkse wijze te voorzien van geheime informatie over jouw eigen Dienst.'

Ik kijk langzaam de halve cirkel rond. Percy Prices normaal zo vriendelijke gelaatstrekken zijn nog steeds vergrendeld. Dat geldt ook voor Brammel, Lavender en Marions twee speerdragers. Gloria houdt haar hoofd een beetje schuin alsof ze is opgehouden met luisteren. Haar twee *unter*-psychiaters zitten gespannen naar voren gebogen, met hun handen op hun schoot in elkaar geklemd in een soort biologische interactie. Gloria zit met kaarsrechte rug als een braaf klein meisje aan de eettafel. Moira staart uit het raam, alleen is dat er niet.

'Gaat er iemand akkoord met deze fijne interpretatie?' vraag ik, terwijl het zweet van woede over mijn ribben druipt. 'Ik ben Eds sub-spion, volgens Marion. Ik schuif hem geheime documenten toe voor verdere overdracht aan Moskou. Zijn we nu allemaal stapelkrankzinnig, of ben ik de enige?'

Niemand hapt. Dat verwacht ik ook niet. Wij worden

betaald om out of the box te denken, dus doen we dat. Misschien is Marions theorie nog niet eens zo vergezocht. God weet dat de Dienst in zijn tijd de nodige rotte appels heeft gehad. Misschien is Nat er weer een.

Maar Nat is er niet weer een. En Nat moet ze dat in niet mis te verstane bewoordingen aan hun verstand brengen.

'Goed dan, allemaal. Vertel me dit dan eens als jullie kunnen. *Waarom* zou een door de wol geverfde pro-Europese rijksambtenaar gratis Britse geheimen gaan leveren aan Rusland nota bene, een land dat, naar zijn oordeel, wordt geleid door een driedubbel overgehaalde anti-Europese despoot die Vladimir Poetin heet? En zolang jullie *die* vraag zelf niet kunnen beantwoorden, waarom gebruiken jullie *mij* dan verdomme als jullie boksbal, zuiver en alleen omdat Shannon en ik een fatsoenlijke partij badminton spelen en bij een paar biertjes over politiek zitten te zwetsen?'

En als een *afterthought*, zij het niet zo handig bekeken:

'O, en tussen haakjes, kan iemand hier me vertellen waar Jericho over gaat? Ik weet dat het door een wachtwoord wordt beschermd en dat er nooit over mag worden gesproken, en ik heb er geen toegang toe. Maar die had Maria ook niet en Gamma ook niet en de Moskouse Centrale heeft die waarschijnlijk al evenmin. En Shannon zeer zeker niet. Dus misschien kunnen we in dit specifieke geval een uitzondering maken, want uit alles wat wij gehoord hebben blijkt dat Jericho voor Ed de druppel was die de emmer deed overlopen, en was het Jericho dat hem eerst in de armen van Maria en vervolgens in die van Gamma dreef. En toch zitten we hier met z'n allen, *nog steeds* te doen alsof niemand dat klote woord heeft gebruikt!'

Ze weten het, denk ik. Iedereen in de kamer is bekend met Jericho, behalve ik. Vergeet het maar. Ze weten net zo weinig als ik en ze zijn in shock omdat ik het onnoembare heb benoemd.

Brammel is de eerste die zijn spraakvermogen terugkrijgt.

'We moeten het nog één keer van jou horen, Nat,' kondigt hij aan.

'*Wat* horen?' vraag ik.

'Shannons kijk op de wereld. Een samenvatting van zijn motivatie. Al die shit die hij tegen jou heeft gespuid over Trump, Europa en het universum, wat jij *en gros* lijkt te hebben geslikt.'

***

Ik hoor mezelf van een afstand, zoals ik alles lijk te horen. Ik zorg ervoor dat ik *Shannon* zeg en *Ed* vermijd, hoewel ik me af en toe vergis. Ik speel Ed over de Brexit. Ik speel Ed over Trump en weet niet goed meer hoe ik van het een op de ander kom. Ik ben wel zo voorzichtig dat ik alles op Eds schouders stapel. Het is immers zijn kijk op de wereld die ze willen, niet de mijne.

'*Shannon* ziet Trump als advocaat van de duivel voor elke derderangs demagoog en kleptocraat op aarde,' verklaar ik op mijn meest achteloze toon. 'Trump als mens stelt in Shannons ogen niets voor. Een volksmenner. Maar als symptoom van wat er in 's werelds kreupelhout zit te wachten om te worden wakker geschud, is hij de duivel in eigen persoon. Een simplistische visie, zou je kunnen zeggen, die lang niet door iedereen wordt gedeeld. Maar wel degelijk diep gevoeld. Vooral als je toevallig obsessief pro-Europees bent. En dat is *Shannon* zeker,' voeg ik er op stellige toon aan toe, voor het geval ik het onderscheid tussen ons niet voldoende duidelijk heb gemaakt.

Bij mijn herinneringen laat ik een lach horen die vreemd resoneert in de stille ruimte. Ik kies Ghita. Zij is de veiligste keuze.

'Je zult het niet geloven, Ghita, maar Shannon heeft op een avond zelfs tegen me *gezegd* dat het een grof schandaal was dat alle Amerikaanse moordenaars van uiterst rechts schijnen te komen. Hoog tijd dat links zelf eens een schutter aanschafte!'

Kan de stilte nog dieper worden? Deze wel.

'En dat beaamde jij?' vraagt Ghita namens alle aanwezigen.

'Voor de grap, achteloos, met een biertje erbij, in die zin dat ik hem niet tegensprak. Als een soort afgeleide, zoals dat soms gaat, gaf ik toe dat de wereld er een stuk beter zou uitzien als Trump er niet was. Ik weet niet eens of hij het woord *vermoord* gebruikte. Misschien zei hij *een kopje kleiner gemaakt* of *afgemaakt.*'

De fles water naast me had ik nog niet gezien. Nu wel. De Dienst schenkt uit principe alleen leidingwater. Als het in een fles zit, komt het van de bovenste verdieping. Ik schenk mezelf een glas in, neem een flinke slok en doe een beroep op Guy Brammel als de laatste redelijke mens die er nog is.

'Guy, in jezusnaam.'

Hij hoort me niet. Hij is verdiept in zijn iPad. Ten slotte heft hij zijn hoofd op:

'Oké, allemaal. Orders van boven, Nat, jij gaat *nu* naar huis in Battersea en daar blijf je. Je wordt vanavond om zes uur gebeld, zoals gebruikelijk. Tot dan heb je huisarrest. Ghita, jij neemt onmiddellijk de Haven over: spionnen, operaties, het team, de hele santenkraam. De Haven is niet langer onder bewind van London General maar wordt op *pro tem*-basis ondergebracht bij de Afdeling Rusland. Was getekend Bryn Jordan, nog steeds verstopt in Washington, de arme drommel. Heeft iemand nog iets anders op zijn lever – niemand? Laten we nu dan weer aan het werk gaan.'

Ze lopen de kamer uit. De laatste die vertrekt is Percy Price, die vier uur lang geen woord heeft gezegd.

'Rare vriendjes houd jij erop na,' zegt hij zonder me aan te kijken.

***

Iets verderop in de straat van ons huis is een cafetaria. Ze serveren ontbijt vanaf vijf uur 's ochtends. En op dit moment kan ik je niet zeggen, net zomin als ik dat toentertijd had gekund, wat voor gedachten er door mijn hoofd speelden terwijl ik de ene kop koffie na de andere zat te drinken en wezenloos luisterde naar het gepraat van de werklieden dat, omdat het in het Hongaars was, voor mij even onbegrijpelijk was als mijn eigen gevoelens. Het was na zessen in de ochtend toen ik mijn rekening betaalde en door de achterdeur mijn huis binnensloop en vervolgens de trap op, en in bed kroop naast de slapende Prue.

17

Ik vraag me zo nu en dan af hoe die zaterdag zou zijn verlopen als Prue en ik niet een al lang tevoren gemaakte lunchafspraak hadden gehad met Larry en Amy in Great Missenden. Prue en Amy hadden samen op school gezeten en waren sindsdien altijd bevriend gebleven. Larry was een eerzame familieadvocaat, iets ouder dan ik, dol op golf en op zijn hond. Het echtpaar had tot hun spijt geen kinderen en vierde dat ze vijfentwintig jaar getrouwd waren. We zouden alleen met zijn vieren lunchen en daarna een wandeling maken in de Chilterns. Prue had een victoriaanse quilt-beddensprei voor ze gekocht en helemaal netjes ingepakt en voor hun boxer had ze een grappige speelkluif. Met die ogenschijnlijk eeuwig durende hittegolf en de zaterdagse drukte op de weg, schatten wij dat het twee uur rijden zou zijn, dus we moesten op z'n laatst om elf uur vertrekken.

Om tien uur lag ik nog in bed te slapen, dus was Prue zo lief me een kopje thee te brengen. Ik had geen flauw idee hoelang ze al op en aan het werk was, aangezien ze zich had aangekleed zonder mij wakker te maken. Maar haar kennende had ze al een paar uur achter haar bureau zitten worstelen met Big Pharma. Ik was haar daarom extra dankbaar dat ze voor mij haar labeur had onderbroken. Ik doe pompeus, maar niet zonder reden. Het daaropvolgende gesprek tussen ons begint voorspelbaar genoeg met een 'hoe laat ben jij in hemelsnaam vannacht thuisgekomen, Nat?' waarop ik antwoord, God mag het weten, Prue, maar het was verdomde laat, of iets dergelijks. Maar iets in mijn stem of gezicht zet haar aan het denken. Bovendien, dat weet ik, begint de divergentie tussen onze levens, die sinds mijn terugkeer toch parallel zouden moeten lopen, haar op te breken. Ze is bang, zo bekende ze me pas later, dat haar oorlog tegen Big Pharma en mijn oorlog tegen het doelwit, wat dat ook mocht wezen waar het Bureau me in zijn wijsheid mee heeft opgezadeld, elkaar totaal niet aanvullen, maar ons in vijandelijke kampen drijven. En het is deze bezorgdheid tezamen met mijn lichamelijke verschijning die onze ogenschijnlijk nederige maar gedenkwaardige, uiteindelijk heel belangrijke woordenwisseling uitlokt.

'We *gaan* toch wel, hè, Nat?' vraagt ze me, met wat ik blijf beschouwen als een griezelige intuïtie.

'Waarheen?' vraag ik ontwijkend, hoewel ik heel goed weet waarheen.

'Naar Larry en Amy. Voor hun zilveren bruiloft. Waar anders?'

'Tja, eerlijk gezegd niet *allebei* vrees ik, Prue. Ik kan niet. Je zult alleen moeten gaan. Of waarom vraag je Phoebe niet? *Die* wil dolgraag met je mee.'

Phoebe, onze naaste buurvrouw, niet noodzakelijkerwijs het meest inspirerende gezelschap, maar misschien wel beter dan een lege stoel.

'Nat, ben je ziek?' vraagt Prue.

'Voor zover ik weet niet. Ik ben op stand-by,' antwoord ik zo kordaat als ik kan.

'Waarvoor?
'Voor het Bureau.'
'Kun je niet stand-by zijn en toch meekomen?'
'Nee. Ik moet hier zijn. Lijfelijk. In huis.'
'Waarom? Wat gebeurt er in huis?'
'Niets.'
'Je kunt niet wachten op *niets*. Loop je dan gevaar of zo?'
'Zoiets is het niet. Larry en Amy weten dat ik een spion ben. Weet je wat, ik zal hem opbellen,' stel ik dapper voor. '*Larry* stelt geen vragen'– met de stilzwijgende ondertoon: *in tegenstelling tot jou.*
'En hoe zit het met de schouwburg vanavond? We hebben twee kaartjes voor Simon Russell Beale, weet je nog. Stalles.'
'Daar kan ik ook niet heen.'
'Omdat je stand-by bent.'
'Ik krijg om zes uur een telefoontje. Wat er daarna gebeurt kan niemand voorspellen.'
'Dus wachten we de hele dag op een telefoontje om zes uur.'
'Daar lijkt het wel op. *Ik* wel, in ieder geval,' zeg ik.
'En daarvoor?'
'Ik mag het huis niet uit. Orders van Bryn. Ik heb huisarrest.'
'Van Bryn?'
'In hoogsteigen persoon. Rechtstreeks vanuit Washington.'
'Dan kan ik maar beter Amy even bellen,' zegt ze, na een ogenblik te hebben nagedacht. 'Misschien willen ze die kaartjes ook wel. Ik bel haar vanuit de keuken.'
Op dat moment doet Prue wat Prue altijd doet, net als ik denk dat haar geduld met mij eindelijk is opgeraakt: ze zet een stap achteruit, denkt nog eens goed over de situatie na en begint dan aan een oplossing te werken. Tegen de tijd dat ze terug is, heeft ze zich omgekleed in

een oude spijkerbroek en dat malle edelweissjasje dat we op onze skivakantie hebben gekocht, en ze glimlacht.

'Heb je geslapen?' vraagt ze, en ze maakt dat ik wat opschuif zodat ze op het bed kan komen zitten.

'Niet veel.'

Ze voelt mijn voorhoofd om te kijken of ik koorts heb.

'Ik ben écht niet ziek, Prue,' herhaal ik.

'Nee, maar ik vraag me wél af of het Bureau je misschien de laan uit heeft gestuurd,' zegt ze, en ze slaagt erin de vraag zo te stellen dat het eerder klinkt alsof ze haar eigen zorgen opbiecht dan de mijne.

'Nou, dat scheelt inderdaad niet veel, ja. Ik denk dat dat waarschijnlijk inderdaad zo is,' beken ik.

'Ten onrechte?'

'Nee. Niet echt, nee.'

'Heb *jij* de boel verkloot of hebben zij dat gedaan?'

'Allebei een beetje. Ik ben gewoon in contact gekomen met de verkeerde mensen.'

'Iemand die wij kennen?'

'Nee.'

'Ze komen je niet op de een of andere manier oppakken?'

'Nee. Zoiets is het niet,' verzeker ik haar, en terwijl ik dat zeg besef ik dat ik mezelf niet zo goed onder controle heb als ik had gedacht.

'Wat is er met je Bureau-mobieltje gebeurd? Dat heb je altijd naast het bed liggen.'

'Zal wel in mijn pak zitten,' zeg ik, nog steeds geneigd tot enige misleiding.

'Daar zit het niet in. Ik heb gekeken. Heeft het Bureau het in beslag genomen?'

'Ja.'

'Sinds wanneer?'

'Gisteravond. Vanochtend. Die sessie duurde de hele nacht.'

'Ben je kwaad op ze?'

'Ik weet het niet. Daar probeer ik achter te komen.'

'Blijf dan in bed en denk erover na. Het telefoontje dat je vanavond om zes uur verwacht komt waarschijnlijk binnen via de vaste lijn.'

'Dat zal wel moeten, ja.'

'Ik zal Steff e-mailen en zeggen dat ze niet moet skypen rond diezelfde tijd. Je zult al je concentratie nodig hebben.' Als ze bij de deur is aangekomen verandert ze van mening, draait zich om en neemt haar plaats op het bed weer in. 'Mag ik wat zeggen, Nat? Niet agressief? Alleen maar een klein *mission statement*?'

'Natuurlijk mag je dat.'

Ze heeft mijn hand teruggepakt, maar ditmaal niet om mijn pols te voelen.

'*Als* het Bureau jou gaat zitten opfokken,' zegt ze op krachtige toon, 'en als jij toch vastbesloten bent daar ondanks alles te blijven, dan heb je mijn onvoorwaardelijke steun tot de dood ons scheidt, en die jongensclubs kunnen de pestpokken krijgen. Is dat duidelijk?'

'Heel duidelijk. Dank je.'

'Aan de andere kant, als het Bureau met jou aan het rondsollen gaat en jij besluit in een split second te zeggen dat ze de kolere kunnen krijgen en je pensioen in hun kont kunnen steken, dan zijn wij solvabel genoeg om ons te redden.'

'Ik zal eraan denken.'

'En dat kun je ook tegen Bryn zeggen, als je daar wat aan hebt,' voegt ze er al even krachtig aan toe. 'Anders doe *ik* het wel.'

'Veiliger om dat te laten,' zeg ik – gevolgd door een spontaan gelach en opluchting van beide kanten.

Wederzijdse liefdesverklaringen maken zelden indruk op mensen die daar geen deel van uitmaken, maar de dingen die wij die dag tegen elkaar zeiden – vooral Prue tegen mij – klinken in mijn geheugen als een ochtendappèl. Het was alsof ze met één stoot de onzichtbare deur tussen ons had opengeduwd. En ik mag graag denken dat het door diezelfde deur was dat ik voor het eerst een vaag idee begon te krijgen van de warrige theorieën en halfbakken intuïtie aangaande Eds onbegrijpelijke gedrag die steeds weer als vuurwerk op me afsprongen en dan sissend weer uitdoofden.

***

'Mijn stukje Duitse ziel,' zei Ed graag met een verontschuldigende grijns, nadat hij ernstiger had geklonken dan goed voor hem was, of te belerend.

Altijd zijn *stukje Duitse ziel.*

Om hem aan boord te krijgen had Tadzio *Duits* gesproken met Ed.

Waarom? Zou Ed hem anders echt abusievelijk hebben aangezien voor een dronken straatschooier?

En waarom denk ik *Duits, Duits* als ik de hele tijd zou moeten denken: *Russisch, Russisch*?

En vertel me alsjeblieft eens, want ik ben toondoof, waarom is het dat ik, elke keer als mijn geheugen de dialoog tussen Ed en Gamma herhaalt, het gevoel heb dat ik naar de verkeerde muziek luister?

Als ik geen duidelijk antwoord heb op deze verwarde vragen, als het enige wat ze doen is mijn gevoel van verbijstering versterken, dan blijft het feit bestaan dat ik me, om zes uur diezelfde avond, dankzij Prues goede zorgen, strijdvaardiger, capabeler en heel wat beter voorbereid voelde dan ik me om vijf uur die ochtend had gevoeld om alles wat het Bureau me ook maar naar het hoofd wilde slingeren op te vangen.

***

Zes uur volgens de kerkklok, zes uur volgens mijn polshorloge, zes uur op de grootvadersklok van Prues familie in de gang. Opnieuw een zonovergoten avond in de grote Londense droogte. Ik zit in mijn werkkamer boven in een korte broek en sandalen. Prue is in de tuin haar arme dorstige rozen water aan het geven. Er klinkt een bel, maar het is niet de huistelefoon. Het is de voordeur.

Ik spring op, maar Prue is er eerder dan ik. We komen elkaar halverwege de trap tegen.

'Ik denk dat je beter iets netters kunt aantrekken,' zegt ze. 'Er staat een grote man met een auto voor de deur die zegt dat hij je komt ophalen.'

Ik loop naar het raam op de overloop en tuur omlaag. Een zwarte Ford Mondeo, twee antennes. En Arthur, de vaste chauffeur van Bryn Jordan, die er tegenaan geleund rustig van een sigaretje staat te genieten.

***

De kerk staat boven op de top van Hampstead Hill en daar zet Arthur mij af. Bryn heeft nooit gewild dat mensen voor zijn deur worden afgezet en opgehaald.

'Je weet de weg, hè,' zegt Arthur bij wijze van verklaring, niet als vraag. Het is de eerste keer dat hij iets zegt sinds zijn: 'Hallo, Nat.' Ja, Arthur, ik ken de weg op mijn duimpje, bedankt.

Vanaf het moment dat ik de jongste medewerker van Standplaats Moskou was en Prue mijn Dienst-echtgenote, woonden Bryn, zijn beeldschone Chinese vrouw Ah Chan, hun drie muzikale dochters en één moeilijke zoon al in deze enorme achttiende-eeuwse villa op de heuveltop, met uitzicht over Hampstead Heath. Als wij werden teruggeroepen uit Moskou voor een brainstormsessie of tijdens verlofperiodes was deze enorme hoop licht verschoten baksteen achter hoge hekken, met slechts één knopje om aan te bellen, de plek waar we allemaal samen- kwamen voor jolige familie-etentjes, waarbij de dochters liederen van Schubert ten gehore brachten en de dappersten onder ons meezongen; of als Kerstmis in aantocht was zongen zij madrigalen, want de Bryns, zoals we hen noemden, waren oudkatholiek en er hing een Christus aan het kruis in de schaduwen in de hal om dat duidelijk te maken. Hoe een man uit Wales uitgerekend devoot katholiek wordt is me nog altijd een raadsel, maar hij was wel het type man dat je nooit volledig kon begrijpen.

Bryn en Ah Chan waren tien jaar ouder dan wij. Hun talentvolle dochters waren allang begonnen aan hun schitterende carrière. Ah Chan, zo legde Bryn me uit toen hij me op de stoep begroette met zijn gebruikelijke hartelijkheid, was op bezoek bij haar bejaarde moeder in San Francisco:

'De oude dame heeft vorige week de honderd gehaald, maar wacht nog steeds op zo'n klote telegram van de Koningin, of wat die tegenwoordig ook mag sturen,' klaagt hij luidkeels terwijl hij me door een gang zo lang als een treinwagon voorgaat. 'We hebben alles als brave burgers ingediend, maar Hare Maj. weet niet absoluut zeker of ze wel in aanmerking komt omdat ze in China is geboren en in San Francisco woont. Tot overmaat van ramp hebben onze dierbare oude vriendjes van Binnenlandse Zaken haar dossier zoekgemaakt. Topje van de ijsberg, als je het mij vraagt. Het hele land is in een kramp geschoten. Het eerste wat je, elke keer dat je hier weer komt, opvalt: niets werkt, alles is geïmproviseerd. Hetzelfde gevoel dat we indertijd in Moskou hadden, als je je dat nog herinnert.'

Indertijd betekent in de Koude Oorlog, die hij volgens zijn criticasters nog steeds uitvecht. We naderen de grote salon.

'*En* wij zijn een lachertje in de ogen van onze geliefde bondgenoten en buren, voor het geval je dat nog niet was opgevallen,' vervolgt hij vrolijk. 'Een zootje post-imperialistische nostalgische types die nog geen fruitstalletje kunnen beheren. Vind je ook niet?'

Zo ongeveer wel, ja, zeg ik.

'En jouw maatje Shannon denkt er net zo over, dat is wel duidelijk. Misschien is dat zijn motief: *schaamte.* Heb je dat wel eens bedacht? *De nationale vernedering,* die omlaag druppelt en die hij zich persoonlijk aantrekt. Ik kan daar wel inkomen.'

Ik zeg dat het een idee is, hoewel ik Ed nooit zozeer als een nationalist heb gezien.

Een hoog balkenplafond, craquelé leren fauteuils, donkere iconen, primitieve kunst uit de dagen van de handel met het Oude China, slordige stapels oude boeken met stukjes papier erin gestoken, één kapotte houten ski boven de open haard en een enorm zilveren blad voor onze whisky, spuitwater en cashewnootjes.

'Die klote ijsmachine is ook naar zijn mallemoer,' verzekert Bryn me trots. 'Hoe kan het ook anders. Overal waar je komt in Amerika krijg je ijs aangeboden. En wij Britten kunnen het spul niet eens maken. Dat zat er dik in. Maar ach, jij wilt geen ijs, hè?'

Hij herinnert het zich goed. Dat doet hij altijd. Hij schenkt twee driedubbele whisky's in zonder te vragen hoeveel ik wil, duwt me een van de glazen in de hand en met een vrolijke glimlach gebaart hij dat ik moet gaan zitten. Hij neemt zelf ook plaats en werpt me een ondeugend stralende blik toe. In Moskou was hij ouder dan zijn jaren. Nu heeft de jeugd hem op imposante wijze ingehaald. Uit de waterig blauwe ogen schijnt als altijd semi-goddelijk licht, maar het is nu feller en meer doelgericht. In Moskou had hij met zoveel flair zijn rol van Cultureel Attaché gespeeld, en gaf hij lezingen voor verbijsterde Russische toehoorders over zoveel geleerde onderwerpen, dat ze bijna geloofden dat hij een echte diplomaat was. *Dekmantel, beste jongen. Bijna zo belangrijk als godvruchtigheid.* Bryn schudt preken uit zijn mouw zoals andere mensen kwebbelen over het weer.

Ik informeer naar zijn gezin. De meisjes doen het geweldig, bevestigt hij. Annie op het Courtauld, Eliza bij het London Philharmonic – ja, cello inderdaad, wat goed dat ik me dat nog herinner – rissen kleinkinderen geboren of onderweg. Allemaal uitermate schattig, en hij knijpt even zijn ogen dicht.

'En Toby?' vraag ik voorzichtig.

'O, een *volslagen* mislukking,' antwoordt hij met het energieke wegwerpende gebaar waarmee hij slecht nieuws altijd van zich af wuift. 'Volkomen hopeloos. We hebben een boot van zeven meter met alles erop en eraan voor hem gekocht, zodat hij op krab kon vissen vanuit Falmouth, en het laatste wat we van hem hoorden was dat hij zich in Nieuw-Zeeland weer *verschrikkelijk* in de nesten aan het werken was.'

Korte stilte om daar samen over te treuren.

'En Washington?' vraag ik.

'O mijn god, regelrechte *ramp*, Nat' – met een nog bredere glimlach – 'er breken overal burgeroorlogen uit alsof het de mazelen zijn en je weet nooit wie welke kant misschien wil gaan steunen en voor hoelang, en wie er morgen een kopje kleiner wordt gemaakt. En er is geen Thomas Wolsey om de boel in goede banen te leiden. Een paar jaar geleden waren wij Amerika's beste maatje in Europa. Ik geef toe, geen perfecte relatie, niet altijd gemakkelijk. Maar wij waren *binnen*, maakten deel uit van het pakket, buiten de euro, godzijdank, en geen natte dromen over een gemeenschappelijke buitenlandpolitiek, defensiebeleid of wat al niet meer' – knijpt zijn ogen dicht, gnuift. 'En *dat* was nou onze bijzondere relatie met de Verenigde Staten. Vrolijk sabbelend op de achterste tiet van de Amerikaanse macht. Om van klaar te komen. En waar staan we nu? Achter in de rij achter de moffen en de fransozen. Met godsnakend veel minder te bieden. Volslagen rampzalig.'

Goedaardig gegrinnik en nauwelijks een pauze voordat hij zijn volgende amusante onderwerp aansnijdt:

‘Ik voelde overigens wél affiniteit met wat jouw maatje Shannon te zeggen had over de Donald: het idee dat hij alle democratische kansen had gekregen en ze allemaal had verknald. Ik weet niet zeker of dat wel helemaal waar is. Het punt met Trump is dat hij vanaf zijn geboorte al een maffiabaas is. Heeft van jongs af aan geleerd om de beschaafde maatschappij aan alle kanten te *naaien* en er geen deel van uit te maken. In dat opzicht zat jouw Shannon ernaast. Of doe ik hem nu tekort?’

Bedoelt hij Trump of Ed?

‘En die arme kleine Vladi Poetin is helemaal nooit geleerd netjes een democratisch plasje te doen,’ vervolgt hij inschikkelijk. ‘Op dat punt kan ik het met hem eens zijn. Als spion geboren, nog steeds een spion, met Stalins paranoia op de koop toe. Wordt elke ochtend verbaasd wakker dat het Westen hem nog niet heeft platgebombardeerd met een preventieve aanslag.’ Kauwt op cashewnootjes. Spoelt ze weg met een nadenkende slok whisky. ‘Hij is een dromer, hè?’

‘Wie?’

‘Shannon.’

‘Ik denk het.’

‘Wat voor soort?’

‘Ik weet het niet.’

‘Echt niet?’

‘Echt niet.’

‘Guy Brammel is aan komen zetten met een *grudgefuck* theorie,’ vervolgt hij, als een stout jongetje genietend van die uitdrukking. ‘Had je die al eens eerder gehoord? *Grudgefuck?*’

‘Ik ben bang van niet. *Clusterfuck* pas kort geleden, en *grudgefuck* nog nooit. Ik ben te lang in het buitenland geweest.’

‘Ik ook niet. Dacht dat ik alles wel had gehoord. Maar Guy heeft zijn tanden erin gezet. Een man op een *grudgefuck-missie* is iemand die tegen degene met wie hij in bed is gedoken – in dit geval Moedertje Rusland – zegt: de enige reden dat ik jou hier lig te neuken is dat ik mijn vrouw nog meer haat dan ik jou haat. Dus is het een *grudgefuck*. Zou dat kunnen opgaan voor die jongen van jou? Hoe denk jij er zelf eigenlijk over?'

'Bryn, mijn persoonlijke kijk op de zaak is dat ik gisteravond een enorm pak op mijn lazer heb gekregen, eerst van Shannon en vervolgens van mijn dierbare vrienden en collega's, dus vraag ik me wel af waarom ik hier ben.'

'Ja, nou, ze hebben het wel een tikkeltje zwaar aangezet, dat is waar,' beaamt hij, zoals altijd open voor alle standpunten. 'Maar niemand weet op dit moment eigenlijk wie ze zijn, weet je? Dit hele kloteland is een puinzooi. Misschien is dat wat er met hem aan de hand is. Groot-Brittannië ligt aan scherven op de grond, geheime monnik is op zoek naar absolutie, zelfs als hij daar totaal verraad voor zal moeten plegen. Maar in plaats van dat hij probeert de Parlementsgebouwen op te blazen, sluipt hij weg naar de Russen. Mogelijk?'

Ik zeg dat alles mogelijk is. Een langgerekt dichtknijpen van de ogen en een beminnelijke glimlach waarschuwen me dat hij op het punt staat zich op gevaarlijker terrein te begeven.

'Dus vertel me eens, Nat. Alleen aan mij. Hoe reageerde jij *persoonlijk* als Shannons mentor, biechtvader, plaatsvervangend vader, wat je maar wilt, toen jij zonder enige waarschuwing je eigen protegé de koppen bij elkaar zag steken met de arrogante Gamma?' – en hij schenkt mijn whiskyglas nog eens bij. 'Wat ging er door je persoonlijke en je beroepshoofd heen toen je daar in je eentje in oprechte verbazing naar hem zat te kijken en te luisteren? Denk *niet* te diep na. *Gooi het eruit.*'

In andere tijden had ik, als ik gefascineerd en alleen bij Bryn zat, inderdaad misschien mijn allerdiepste zielenroerselen aan hem opgebiecht. Ik zou hem misschien zelfs hebben verteld dat ik me, toen ik als gehypnotiseerd zat te luisteren naar Valentina's stem, voorstelde dat ik tussen haar Georgische en Russische tongval de aanwezigheid vermoedde van een indringer die geen van beide was: een kopie, ja, maar niet het origineel. En dat er, op zeker moment, tijdens een dag van wachten, een soort van antwoord bij me was opgekomen. Niet als een openbaring, maar op z'n teentjes, als een laatkomer in de schouwburg die in het halfduister langs de rij naar zijn plaats schuifelt. Ergens in de verst afgelegen kamers van mijn geheugen hoorde ik hoe mijn moeder haar stem in woede tegen mij verhief om mij een of andere vermeende nalatigheid te verwijten, in een taal die haar huidige minnaar niet kende, voordat ze die net zo snel weer afschudde. Maar Valentina-Gamma had het Duits in haar stem niet *afgeschud*. In mijn oren niet. Ze koesterde het juist. Ze legde juist een Duitse cadans over haar gesproken Engels met de bedoeling het te *ontdoen* van de Russisch-Georgische schandvlek.

Maar op het moment dat deze wilde gedachte me invalt, meer gevoel dan feit, zegt iets in me dat het in geen geval gedeeld kan worden met Bryn. Is dit dan het kiemmoment waarop een plan zich begint te vormen in mijn hoofd, maar een plan waarvoor ik nog niet gecleard ben? Vaak heb ik gedacht van wel.

'Wat ik *geloof* dat ik dacht, Bryn,' zeg ik, in antwoord op zijn vraag over mijn twee hoofden, 'was dat Shannon ter plekke een soort zenuwinzinking moest hebben gekregen. Schizofrenie, heftige bipolariteit, wat de psychiaters ook maar verzinnen. In welk geval wij amateurs onze tijd zitten te verspillen als we proberen hem rationele motieven toe te dichten. En dan was er natuurlijk nog de *trekker*, de laatste druppel' – waarom overdrijf ik? – '*zijn epifanie*, in jezusnaam. Die ene die hij volgens hem niet had. Datgene wat maakte dat de beer los was, zoals wij plachten te zeggen.'

Bryn glimlacht nog steeds, maar zijn glimlach is onverzoenlijk en daagt me uit mijn verhaal te vervolgen.

'Zullen we ter zake komen?' vraagt hij met een uitgestreken gezicht, alsof ik nog geen woord heb gezegd. 'Vanochtend vroeg heeft de Moskouse Centrale een *tweede* gesprek aangevraagd met Shannon voor over een week en Shannon heeft daarin toegestemd. De haast van de Moskouse Centrale mag misschien onfatsoenlijk lijken, maar volgens mij duidt het op een gezond professioneel oordeel. Ze vrezen hun bron op de lange termijn kwijt te raken – geef ze eens ongelijk – wat natuurlijk betekent dat wij net zo snel zullen moeten handelen.'

Een golf spontane wrevel komt me te hulp.

'Je hebt het maar steeds over *wij*, alsof het voor de bakker is, Bryn,' klaag ik met onze gebruikelijke vastberaden jovialiteit. 'Wat er bij mij niet helemaal in wil is dat dit alles buiten mij om wordt gedaan. Ik heb Stardust opgezet, voor het geval je dat vergeten mocht zijn, dus waarom word ik niet op de hoogte gehouden van de vorderingen van mijn eigen operatie?'

'Jij wordt zeker wel op de hoogte gehouden, beste jongen. Door mij. Voor de rest van de Dienst ben jij verleden tijd, en zo hoort het ook. Als het aan mij had gelegen was jij nooit hoofd van de Haven geworden. De tijden veranderen. Jij bent op de gevaarlijke leeftijd. Dat was je altijd al, maar nu wordt het zichtbaar. Alles goed met Prue?'

Ze doet je de hartelijke groeten, dank je, Bryn.

'Weet zij ervan? Van die Shannon-toestand?'

'Nee, Bryn.'

'Houden zo.'

'Ja, Bryn.'

Houden zo? Bedoelde hij dat ik Prue in het duister moet laten tasten als het om *Ed* gaat? Prue, die me nog diezelfde ochtend haar onvoorwaardelijke trouw heeft gezworen, zelfs als ik geneigd zou zijn het Bureau te zeggen dat ze het in hun kont konden steken? Prue, die de beste soldatenvrouw is die het Bureau zich zou kunnen wensen, die nog nooit met één woord of fluistering het vertrouwen dat het Bureau in haar had gesteld heeft beschaamd? En nu wil Bryn, uitgerekend Bryn, me vertellen dat Prue niet te vertrouwen is? Hij kan doodvallen.

'Onze Zusterdienst wil uiteraard Shannons bloed zien, dat zal jou niet echt verbazen,' zegt Bryn. 'Hem arresteren, hem uitschudden, hem ten voorbeeld stellen, iedereen krijgt een medaille. Resultaat: een nationaal schandaal waar je geen flikker mee bereikt en dat ervoor zorgt dat wij overkomen als een stelletje idiote sukkels en dat midden in de Brexit. Dus vegen wij die operatie meteen van tafel, als het aan mij ligt.'

Weer dat 'wij'. Hij houdt me een schaaltje met cashewnootjes voor en ik pak een handjevol om hem tevreden te stellen.

'Olijfje?'

Nee, dank je, Bryn.

'Vroeger vond je ze heerlijk. Kalamata.'

Echt niet. Dank je, Bryn.

'Volgende optie. We sleuren hem het Hoofdbureau in en benaderen hem op de klassieke wijze. Oké, Shannon, je bent volledig geïdentificeerd als spion voor de Moskouse Centrale en vanaf nu sta je onder onze controle of je gaat voor schut. Denk je dat dat zou werken? Jij kent hem. Wij niet. Zijn afdeling ook niet. Zij denken dat hij een meisje heeft maar zelfs daar zijn ze niet zeker van. Zou ook een jongen kunnen zijn. Het zou zijn binnenhuisarchitect kunnen zijn. Hij is zijn flat aan het opknappen, zeggen ze. Heeft een hypotheek afgesloten op zijn salaris en de bovenwoning gekocht. Heeft hij je dat verteld?'

Nee, Bryn. Dat heeft hij niet.

'Heeft hij je verteld dat hij een meisje heeft?'

Nee, Bryn.

'Misschien heeft hij dat dan ook niet. Sommige lui

kunnen zonder, vraag mij niet hoe. Misschien is hij een van de weinigen.'

Misschien wel, Bryn.

'Dus wat zou er volgens jou gebeuren als we hem op de klassieke wijze benaderen?'

Ik geef die overweging de aandacht die hij verdient.

'Volgens mij, Bryn, zou Shannon je dan zeggen dat je op kon lazeren.'

'Waarom?'

'Probeer maar eens met hem te badmintonnen. Hij vecht zich nog liever dood dan op te geven.'

'Maar we hebben het hier niet over badminton.'

'Ed *buigt* niet, Bryn. Hij is niet gevoelig voor vleierij of compromissen en hij zal niet proberen zijn eigen huid te redden zolang hij denkt dat de zaak groter is dan hijzelf.'

'Dan stiefelt hij op het martelaarschap af,' merkt Bryn tevreden op, alsof hij een platgetreden pad herkent. 'Ondertussen zijn we natuurlijk zoals gewoonlijk bezig met touwtrekken over de vraag wie de baas is over zijn lichaam. Wij hebben hem gevonden, ergo is hij van ons zolang wij met hem spelen. Zodra we niets meer aan hem hebben, is het spel uit en mag onze Zusterdienst met hem doen wat ze willen. Maar laat me je dit nu eens vragen. *Houd* je nog steeds van hem? Niet vleselijk. Maar ware liefde?'

En dat is nu Bryn Jordan ten voeten uit, de rivier die je slechts één keer kunt oversteken. Hij palmt je in, luistert naar je gemopper en suggesties, verheft nooit zijn stem, veroordeelt je nooit, staat altijd boven het gekrakeel, leidt je om de tuin tot je helemaal van hem bent en dan steekt hij toe.

***

'Ik ben zeer op hem gesteld, Bryn. Dat was ik in ieder geval totdat de boel ineens uit elkaar knalde,' zeg ik luchtig, na een flinke teug whisky.

'En hij ook op jou, beste jongen. Kun jij je voorstellen dat hij met iemand anders praat zoals hij met jou praat? Daar kunnen we gebruik van maken.'

'Maar hoe, Bryn?' dring ik aan met een ernstige glimlach en ik speel de goede discipel te midden van een koor van tegen elkaar ingaande stemmen die weerklinken in wat Bryn zo graag mijn particuliere hoofd wilde noemen. 'Ik stel je steeds die vraag maar op de een of andere manier wil je die niet echt beantwoorden. Wie is *wij* in deze vergelijking?'

De kerstmannenwenkbrauwen gaan zo hoog als ze kunnen terwijl hij me beloont met een allerhartelijkste glimlach.

'Ach mijn beste jongen. Jij en ik samen, wie anders?'

'En *wat* doen we dan, als ik zo vrij mag zijn?'

'Wat jij *altijd* het best hebt gekund! Jij sluit gezworen vriendschap met je doelwit. Je bent al halverwege. Kies het juiste moment om de andere helft erbij te doen. Zeg hem wie je bent, laat blijken hoezeer hij het bij het verkeerde eind heeft, kalm, zonder dramatisch gedoe, en zorg dat hij voor *ons* gaat werken. Zodra hij je het jawoord geeft, gooi je een halster om zijn nek en leid je hem voorzichtig naar de paddock.'

'En als ik hem voorzichtig naar binnen heb geleid?'

'Dan spelen wij hem uit. We laten hem voortploeteren met zijn dagelijkse werk, voeren hem voorzichtig samengestelde desinformatie die hij dan weer in de pijplijn naar Moskou stopt. We maken gebruik van hem zolang hij meegaat en als we met hem klaar zijn laten we onze Zusterdienst onder luid trompetgeschal het Gamma-netwerk oprollen. *Jij* krijgt alle lof van de Chef, *wij* doen je juichend uitgeleide en jij hebt je uiterste best gedaan voor je jonge maatje. Bravo. Minder zou niet gepast zijn, meer zou strafbaar zijn. En luister nu even *hier*maar,' vervolgt hij energiek, voordat ik de kans krijg er iets tegen in te brengen.

***

Bryn heeft geen aantekeningen nodig. Nooit gehad ook. Hij somt geen feiten of cijfers op van zijn Bureau-mobieltje. Hij pauzeert niet, fronst niet, zoekt niet in gedachten naar dat ergerlijke detail waar hij zo gauw niet op kan komen. Dit is de man die in één jaar vloeiend Russisch leerde spreken aan de school voor Sovjet-studies in Rome en in zijn vrije tijd nog eens Mandarijn aan zijn cv toevoegde.

'De afgelopen negen maanden heeft jouw vriend Shannon officieel bij zijn werkgevers *in toto* vijf bezoeken aan Europese diplomatieke missies hier in Londen gedeclareerd. *Twee* aan de Franse ambassade, puur om culturele redenen. *Drie* aan de Duitse ambassade, een voor de Dag van de Duitse Eenheid, een voor een prijsuitreikingsceremonie voor Britse docenten van de Duitse taal. En een om niet nader genoemde sociale redenen. Je wilde iets zeggen' – abrupt.

'Ik luister alleen maar, Bryn. Ik luister alleen maar.'

Als ik al iets had gezegd, dan alleen in mijn gedachten.

'Al die bezoekjes zijn door het departement waar hij werkte hetzij vooraf, hetzij achteraf goedgekeurd, dat weten we niet, maar de data zijn genoteerd en je hebt ze hier' – en hij tovert een dichtgeritste map ergens naast zich tevoorschijn. 'En een onverklaard telefoontje uit een telefooncel in Hoxton naar de Duitse ambassade. Hij vraagt naar een Frau Brandt van hun reisafdeling en krijgt te horen dat ze daar geen Frau Brandt hebben, en dat is ook zo.'

Hij wacht even, maar alleen om zich ervan te verzekeren dat ik oplet. Dat hoeft niet. Ik luister gebiologeerd toe.

'We weten *ook,* nu de straatcamera's hun hart voor ons aan het openen zijn, dat Shannon gisteravond, op zijn fiets onderweg naar Ground Beta, die fiets heeft geparkeerd en twintig minuten lang in een *kerk* is gaan zitten' – een toegeeflijke glimlach.

'Wat voor soort kerk?'

'Een kerk zonder toeters en bellen. Het enige soort dat zijn deuren open laat tegenwoordig. Geen zilver, geen schilderijen van heiligen, geen gewaden die een cent waard zijn.'

'Met wie praatte hij daar?'

'Met niemand. Er waren een paar daklozen, allebei bona fide en een oud dametje in het zwart aan de andere kant van het middenpad. En een koster. Shannon knielde niet, volgens de koster. Hij bleef zitten. Toen wandelde hij naar buiten en fietste weer weg. '*Dus*' – met hernieuwd animo – 'wat voerde hij in zijn schild? Beval hij zijn geest in de handen van zijn Schepper? Daar was het wel een verdomd raar moment voor, zou ik denken, maar dat moet iedereen zelf weten. Of wilde hij zich ervan vergewissen dat hij niet werd gevolgd? Ik vermoed het laatste. Wat denk jij dat hij in zijn schild voerde tijdens zijn bezoekjes aan de Franse en de Duitse ambassade?'

Hij schenkt onze glazen nog eens vol, gaat ongeduldig achteroverzitten en wacht op mijn reactie – dat doe ik zeker ook, maar er schiet me zo gauw niets te binnen.

'Ach, Bryn. Misschien moet jij maar voorgaan voor de verandering,' opper ik, de bal terugspelend, wat hij leuk vindt.

'Als je het mij vraagt was hij *ambassades aan het uitkammen,*' antwoordt hij voldaan. 'Extra flarden informatie aan het verzamelen om zijn Russische verslaving te voeden. Hij kan tegenover Gamma wel heel onschuldig hebben gedaan, maar naar mijn mening gaat hij voor de lange termijn, als hij zichzelf niet voor joker zet in de tussentijd. Nu jij weer. Zoveel vragen als je maar wilt.'

Er is maar één vraag die ik wil stellen, maar mijn instinct zegt me met een minder beladen vraag te beginnen. Ik kies Dom Trench.

'*Dom!*' roept hij uit. 'O lieve *Heer*! *Dom!* Volslagen duisternis. Onbepaald verlof om te tuinieren zonder andere optie.'

'Waarom? Wat heeft hij op zijn geweten?'

'In de eerste plaats dat hij zich door ons heeft laten rekruteren. Dat hebben *wij* op ons geweten. Soms houdt ons geliefde Bureau te veel van diefstal. Trouwen boven zijn stand, dat heeft *hij* op zijn geweten. *En* worden betrapt met zijn broek omlaag door een stelletje roddelaars op het Dark Web. Ze zitten er bij een paar details naast, maar bij te veel niet. Neuk jij trouwens dat meisje dat ons in de steek heeft gelaten? Florence?' – met een uiterst beschroomde glimlach.

'Ik neuk Florence niet, Bryn.'

'Nooit gedaan?'

'Nooit gedaan.'

'Waarom bel je haar dan vanuit een telefooncel en neem je haar mee uit eten?'

'Ze is weggelopen uit de Haven en heeft haar spionnen in de steek gelaten. Ze is een verward meisje en ik vond dat ik contact met haar moest houden.' Te veel verontschuldigingen, maar afijn.

'Nou, wees voortaan verdomd voorzichtig. Ze is verboden terrein en dat geldt ook voor jou. Nog meer vragen? Neem rustig de tijd.'

Ik neem de tijd. En nog meer tijd.

'Bryn?'

'Beste jongen?'

'Wat is Operatie Jericho in jezusnaam?' vraag ik.

***

Voor ongelovigen is de heiligheid van met een codewoord aangeduid materiaal lastig duidelijk te maken. De codewoorden zelf, die halverwege de operatie regelmatig worden veranderd om de vijand in verwarring te brengen, worden behandeld met dezelfde heimelijkheid als waar ze voor staan. Als een lid van de weinige ingewijden binnen gehoorsafstand van degenen buiten de tent een codewoord bezigt, zou dat in Bryns woordenboek worden beschouwd als een doodzonde. En hier zit ik, uitgerekend ik, en ik vraag op hoge toon aan het iconische hoofd van de Afdeling Rusland: *wat is Jericho in jezusnaam?*

'Ik bedoel, jezus, Bryn,' dring ik aan, niet geïntimideerd door zijn strakke glimlach, 'Shannon wierp één blik op het materiaal toen het door het kopieerapparaat werd gehaald en dat deed de deur dicht. Wat hij ook heeft gezien of *meent* te hebben gezien, dat deed de deur dicht. Wat moet ik zeggen als hij me ernaar vraagt? Hem meedelen dat ik geen idee heb waarover hij het heeft? Dat is geen manier om hem erop te wijzen dat hij van het rechte pad is afgeweken. Dat is niet een halster om zijn nek gooien en hem voorzichtig naar binnen leiden.' En met meer kracht: '*Shannon* weet wel waar Jericho over gaat...'

'Hij denkt dat hij het weet.'

'... en *Moskou* weet het. Gamma is klaarblijkelijk zo opgewonden over Jericho dat ze de zaak persoonlijk op zich neemt, terwijl Moskou een compleet blik ondersteunende acteurs opentrekt.'

De glimlach verbreedt zich alsof hij het met me eens lijkt te zijn, maar de lippen blijven stijf op elkaar alsof ze vastbesloten zijn geen woord te laten ontsnappen.

'Een dialoog,' zegt hij ten slotte. 'Een dialoog tussen volwassenen.'

'Welke volwassenen?'

Hij negeert de vraag.

'Wij zijn een verdeelde natie, Nat, zoals je zal zijn opgevallen. De verdeeldheid die er op allerlei manieren tussen ons in het hele land is, wordt netjes weerspiegeld in de verdeeldheid tussen onze leiders. Geen twee ministers denken op dezelfde dag hetzelfde. Daarom zou het niet verbazingwekkend zijn als de gegevens die zij ons verstrekken fluctueren met de minuut, zelfs zozeer dat ze elkaar tegenspreken. Per slot van rekening is een deel van onze taak hét ondenkbare te denken. Hoeveel keer hebben wij oude Ruslandveteranen niet precies dat gedaan, het ondenkbare gedacht?'

Hij is op zoek naar een aforisme. Zoals gebruikelijk vindt hij er een: 'Wegwijzers *lopen niet* de kant op die ze *aanwijzen*, Nat. Wij zijn het, nederige stervelingen, die moeten kiezen welke weg wij zullen inslaan. De wegwijzer is niet verantwoordelijk voor onze beslissing. Zo is het toch?'

Nee, Bryn, nee. Of ja. Al met al houd je mij voor vele lapjes.

'Maar mag ik aannemen dat jij KIM/1 bent?' opper ik. 'Als hoofd van onze missie in Washington. Of ga ik nu te ver in mijn veronderstelling?'

'Beste jongen. Veronderstel jij maar zoveel je wilt.'

'Maar dit is alles wat je van plan bent mij te vertellen?'

'Wat zou jij in hemelsnaam nog meer hoeven weten? Hier is een snippertje voor jou, en meer krijg je niet. De uiterst geheime dialoog in kwestie vindt plaats tussen onze Amerikaanse neven en onszelf. Het doel is verkennend, een soort aftasten. Het wordt op het hoogste niveau geleid. De Dienst bemiddelt, alles onder discussie is theoretisch, niets staat in steen gebeiteld. Shannon heeft, volgens eigen zeggen, één onbeduidend stukje van een vierenvijftig bladzijden tellend document gezien, heeft dat, waarschijnlijk gebrekkig, in zijn geheugen opgeslagen, en heeft er toen zijn eigen misplaatste conclusies uit getrokken, die hij vervolgens heeft doorgegeven aan Moskou. We hebben geen idee om welk onbeduidende stukje het ging. Hij is op heterdaad betrapt – mede dankzij jouw inspanningen, kan ik eraan toevoegen, al was dat niet jouw bedoeling. Je hoeft hem niet te betrekken in een of ander soort dialectiek. Toon hem de zweep. Zeg hem dat je die niet zult gebruiken, tenzij je niet anders kunt.'

'En dat is het enige wat ik mag weten?'

'En meer dan je nodig hebt. Even liet ik me door sentiment overmannen. Accepteer dit. Het is een-op-een en dat is het. Ik vlieg de hele tijd heen en weer naar Washington, dus je kunt me niet bereiken als ik in de lucht zit.'

Het abrupte 'accepteer dit' wordt vergezeld door het gekletter van een metalen voorwerp dat op het tafeltje met drank tussen ons wordt gegooid. Het is een zilvergrijze smartphone, hetzelfde model dat ik mijn spionnen vroeger ook gaf. Ik kijk ernaar, vervolgens naar Bryn en dan weer naar de smartphone. Met duidelijke tegenzin pak ik hem op en stop hem, terwijl Bryn nog steeds toekijkt, in de zak van mijn jasje. Zijn gezicht ontspant zich en zijn stem krijgt weer zijn gebruikelijke gemoedelijkheid.

'Jij wordt Shannons redder, Nat,' zegt hij om me te troosten. 'Niemand anders zou half zo zachtmoedig met hem omgaan als jij. Als je merkt dat je begint te twijfelen, denk dan eens aan de alternatieven. Wil je dat ik hem overdraag aan Guy Brammel?'

Ik denk aan de alternatieven, al zijn dat misschien niet helemaal de alternatieven die hem voor ogen staan. Hij staat op en ik sta met hem op. Hij neemt me bij de arm. Dat deed hij vaak. Hij heeft een voorkeur voor fysiek contact. We beginnen aan onze lange mars door de treinwagon, langs de portretten van voorouderlijke Jordans in kant.

'Alles verder goed met de familie?'

Ik vertel hem dat Steff verloofd is.

'Mijn hemel, Nat, ze is pas negen of zo.'

We grinniken allebei.

'En Ah Chan heeft zich met grote hartstocht op het schilderen gestort,' vertelt hij me. 'Megatentoonstelling in aantocht in Cork Street maar liefst. Geen klote pastelkrijt meer. Geen klote waterverf meer. Geen klote gouaches meer. Het is olieverf of niks. Jouw Prue was vroeger heel complimenteus over haar werk, dat weet ik nog.'

'En dat is ze nog steeds,' antwoord ik loyaal, hoewel dit nieuw voor me is.

We staan tegenover elkaar op de drempel. Misschien delen we een voorgevoel dat we elkaar niet meer zullen terugzien. Ik pijnig mijn hersens op zoek naar een niet ter zake doend onderwerp. Bryn is me zoals gewoonlijk te vlug af:

'En maak je geen kopzorgen om Dom,' dringt hij er grinnikend bij me op aan. 'Die man heeft alles wat hij in zijn leven heeft aangepakt verkloot, dus hij zal wel goed in de markt liggen. Waarschijnlijk staat er op dit moment al een veilige zetel in het parlement op hem te wachten.'

We lachen wijs om hoe raar de wereld in elkaar steekt. Als we elkaar een hand geven, klopt hij me op z'n Amerikaans op mijn schouder en volgt me zoals gebruikelijk tot halverwege de trap omlaag. De Mondeo komt voorrijden. Arthur brengt me naar huis.

***

Prue zit achter haar laptop. Eén blik op mijn gezicht en ze staat op en opent zonder één woord te zeggen de serredeur naar de tuin.

'Bryn wil dat ik Ed rekruteer,' vertel ik haar onder de appelboom. 'Die jongen over wie ik je heb verteld. Mijn vaste badmintonpartner. Die zoveel praat.'

'Waarvoor moet je die in godsnaam rekruteren?'

'Als dubbelspion.'

'Gericht tegen wie of wat?'

'Tegen Rusland.'

'Ach, moet hij niet eerst een *enkele* spion worden?'

'Technisch gesproken is hij dat al. Hij is een hoge administratieve medewerker bij onze Zusterdienst. Hij is op heterdaad betrapt toen hij documenten in handen speelde van de Russen, alleen weet hij dat nog niet.'

Een lange stilte voordat zij dekking zoekt achter haar professionalisme: 'In dat geval moet het Bureau *alle* bewijzen verzamelen, voor *en* tegen, die overdragen aan het Openbaar Ministerie en vervolgens dient hij een *eerlijk* proces te krijgen, gevoerd door zijn gelijken in een openbare zitting. En niet zijn vrienden gaan bespieden om hem te vernederen en te chanteren. Ik vertrouw erop dat je nee tegen Bryn hebt gezegd.'

'Ik heb gezegd dat ik het zou doen.'

'Waarom?'

'Ik denk dat Ed op de verkeerde bel heeft gedrukt.'

18

Renate stond altijd al vroeg op.

Het is zeven uur op een zondagochtend, de zon is op en de hittegolf toont geen teken van verzwakking als ik noordwaarts over de verschroeide toendra van Regent's Park naar Primrose Village loop. Volgens mijn naspeuringen – uitgevoerd op Prues laptop, niet op mijn eigen, waarbij Prue met licht onbegrip toekeek, omdat een restje loyaliteit tegenover mijn Dienst gepaard aan een vergeeflijke terughoudendheid aangaande mijn escapades in het verleden mij ervan weerhoudt haar volledig op de hoogte te stellen – ben ik op zoek naar een blok *schitterend tot appartementen omgebouwde victoriaanse herenhuizen met inwonende portier,* hetgeen me had moeten verbazen omdat diplomatiek personeel graag in de buurt blijft van het moederschip, wat in het geval van Renate de Duitse ambassade op Belgrave Square zou hebben betekend. Maar zelfs in Helsinki, waar zij de nummer twee in hun standplaats was geweest toen ik de nummer twee in de onze was, had ze erop gestaan om zo ver – en zij zou zeggen zo vrij – mogelijk van de diplomatieke kliek – *Diplomatengesindel* – als beleefdheidshalve maar mogelijk was te gaan wonen.

Ik ga Primrose Village binnen. Een gewijde stilte heerst over de pastelkleurige edwardiaanse villa's. Ergens slaat een kerkklok, maar slechts zwakjes. Een dappere Italiaanse koffiebareigenaar laat zijn gestreepte markiezen zakken en het gekreun komt overeen met de echo van mijn voetstappen. Ik sla rechts af en dan weer links. Belisha Court is een bakstenen gevaarte van zes verdiepingen en beslaat de donkere kant van een doodlopende straat. Stenen traptreden voeren naar een gewelfde wagneriaanse zuilengalerij. De zwarte dubbele deuren zijn gesloten voor alle bezoekers. De schitterend gerestaureerde appartementen hebben nummers maar geen naambordjes. Boven het enige belletje staat 'Portier' maar op een daarachter gestoken brutaal briefje staat geschreven: 'Nooit op zondag'. Alleen wie een sleutel heeft kan naar binnen en het slot is verrassend genoeg voor pijpensteelsleutels. Iedere inbreker van het Bureau zou het binnen enkele seconden open hebben. Ik zou er iets langer over doen maar ik heb geen loper. De omtrek van het slot zit vol met krassen door het langdurig gebruik.

Ik steek over naar de zonnige kant van de doodlopende straat en doe alsof ik geïnteresseerd ben in een etalage vol kinderkleding, terwijl ik in de etalageruit de dubbele deuren in de gaten houd. Zelfs in Belisha Court moeten sommige huurders toch behoefte hebben aan een beetje hardlopen in de vroege ochtend. Een van de dubbele deuren gaat open. Niet voor een jogger, maar voor een ouder echtpaar in het zwart. Ik neem aan dat ze op weg zijn naar de kerk. Ik slaak een kreet van opluchting en haast me naar de overkant: mijn redders. Wat ben ik toch een grote sufferd: ik heb mijn sleutels boven laten liggen, leg ik uit. Ze lachen. Ach jee, hun was het oók nog pas overkomen – wanneer was dat ook maar weer, schat? Als we afscheid hebben genomen lopen zij nog steeds grinnikend haastig de trap af en ik loop door een raamloze gang tot aan de laatste deur aan de linkerkant, voordat ik bij de tuindeur kom want Renate heeft, zowel in Helsinki als in Londen, graag een grote parterrewoning met een goede achteruitgang.

De deur van nummer acht heeft een gepoetste koperen klep voor brieven. Op de envelop in mijn hand staat *Uitsluitend bestemd voor Reni* en 'persoonlijk'. Ze kent mijn handschrift. Ze vond het leuk als ik haar Reni noemde. Ik duw de envelop door de klep, klap die een paar keer met veel geluid open en dicht, druk op de bel, en haast me terug door de gang naar de doodlopende straat, linksaf en dan rechtsaf High Street in, voorbij een koffiehuis met een zwaai en 'Hallo' tegen de Italiaanse eigenaar, de straat over, door een ijzeren hek en tegen Primrose Hill op, die als een uitgedroogde tabakskleurige koepel voor me oprijst. Bovenop probeert een Indiase familie in felle kleuren een reusachtige vierkante vlieger op te laten, maar er staat nauwelijks genoeg wind om de dorre bladeren die om het eenzame bankje dat ik uitkies liggen in beweging te brengen.

***

Ik wacht de volle vijftien minuten en als de zestiende aanbreekt heb ik het goeddeels opgegeven. Ze is er niet. Ze is ergens aan het hardlopen, ze is bij een spion, een minnaar, ze is op een van haar culturele uitstapjes naar Edinburgh of Glyndebourne of waar haar dekmantel vereist dat ze haar gezicht laat zien of handen moet schudden. Ze dartelt rond op een van haar geliefde stranden op Sylt. Dan een tweede golf van mogelijkheden die in potentie een stuk pijnlijker zijn: ze heeft haar man of een minnaar bij zich inwonen, hij heeft mijn brief uit haar hand gegrist en komt nu de heuvel op om mij te grazen te nemen; maar op dit punt aangekomen is het niet de wraakzuchtige echtgenoot of minnaar, maar Renate zelf die de heuvel op komt marcheren, met haar vuisten tegen haar stevige kleine lichaam trommelend, haar korte blonde haar deinend met haar tred, de blauwe ogen fonkelend, een mini-Walkure die me komt zeggen dat ik op het slagveld zal sterven.

Ze ziet mij, verandert van richting, en schopt tijdens het lopen kleine stofwolkjes op. Als ze naderbij komt sta ik uit beleefdheid op, maar ze scheert me voorbij, neemt met een plof plaats op de bank en wacht, met woedende blik, tot ik naast haar ga zitten. In Helsinki had ze redelijk Engels en beter Russisch gesproken, maar als de passie bezit van haar nam wierp ze beide talen terzijde en koos ze voor het gemak van haar eigen noord-Duits. Uit haar openingssalvo valt duidelijk op te maken dat haar Engels sterk is verbeterd sinds ik dat voor het laatst hoorde tijdens onze gestolen weekends acht jaar geleden in een krakkemikkig huisje aan de Baltische Zeekust met een tweepersoonsbed en een houtkachel.

'Ben je nou helemaal *belatafeld*, Nat?' vraagt ze idiomatisch, terwijl ze woest naar me opkijkt. 'Wat bedoel je in hemelsnaam met: *privé – alleen voor jouw oren bestemd – onofficieel gesprek*? Probeer je me te rekruteren of me te neuken? Aangezien ik in geen van beide ben geïnteresseerd, kun je dat zeggen tegen wie het ook mag zijn die je heeft gestuurd, want je gaat je boekje *volkomen* te buiten en je bent *totaal* geschift en in alle opzichten gênant. Ja?'

'Ja,' bevestig ik en ik wacht tot ze tot rust is gekomen, want de vrouw in Renate is altijd impulsiever geweest dan de spion.

'Met Stephanie alles oké?' vraagt ze, voor even gekalmeerd.

'Meer dan oké, dank je. Is eindelijk haar wilde haren kwijt en verloofd, als je dat kunt geloven. Paul?'

Paul is niet haar zoon. Renate heeft tot haar verdriet

zelf geen kinderen. Paul is haar man, of was dat; deels playboy van middelbare leeftijd, deels Berlijnse uitgever.

'Dank je, Paul maakt het ook uitstekend. Zijn vrouwen worden jonger en dommer en de boeken die hij uitgeeft waardelozer. Het leven is dus normaal. Heb jij sinds mij nog wat scharreltjes gehad?'

'Met mij gaat het goed. Ik ben tot rust gekomen.'

'En je bent nog steeds met Prue, hoop ik?'

'Nou en of.'

'Dus. Ga je me nog vertellen waarom je me hier hebt ontboden, of moet ik mijn ambassadeur bellen en hem zeggen dat onze Britse vrienden aan het hoofd van hun standplaats in een park in Londen oneerbare voorstellen doen?'

'Misschien zou je hem moeten vertellen dat ik mijn Dienst uitgekieperd ben en op een reddingsmissie ben,' stel ik voor en wacht terwijl zij zich klein maakt: ellebogen en knieën strak tegen haar lijf, handen gevouwen op haar schoot.

'Is dat waar? 'Hebben ze je ontslagen?' vraagt ze. 'Dit is niet een of andere stomme stunt? Wanneer?'

'Gisteren, als ik het me goed herinner.'

'Vanwege de een of andere onverstandige *amour?*'

'Nee.'

'En wie was je van plan te gaan redden, als ik zo vrij mag zijn?'

'Jullie. Niet jou alleen. Jullie allemaal. Jou, je personeel, je standplaats, je ambassadeur en een zootje mensen in Berlijn.'

Als Renate naar je luistert met haar grote blauwe ogen, kun je je niet voorstellen dat ze ermee kan knipperen.

'Meen je het serieus, Nat?'

'Serieuzer dan ooit.'

Ze denkt erover na.

'En je neemt ons gesprek ongetwijfeld op voor het nageslacht?'

'Eerlijk gezegd niet. En jij?

'Ik ook eerlijk gezegd niet,' antwoordt ze. 'Red ons dan nu alsjeblieft snel, als dat de reden is waarom je gekomen bent.'

'Als ik jou zou zeggen dat mijn voormalige Dienst informatie had dat een lid van de Britse Inlichtingengemeenschap hier in Londen jou informatie heeft aangeboden betreffende een uiterst geheime dialoog die wij met onze Amerikaanse partners voeren, hoe zou je daar dan op reageren?'

Haar antwoord komt nog sneller dan ik had verwacht. Was zij het al aan het voorbereiden toen ze de heuvel op kwam? Of had ze informatie van boven ontvangen tegen de tijd dat ze haar flat verliet?

'Ik zou antwoorden dat jullie Britten misschien op een belachelijke hengelexpeditie zijn.'

'Wat voor soort?'

'Misschien proberen jullie op een onbeholpen manier onze professionele loyaliteit te testen in het licht van de naderende Brexit. Van jullie zogenaamde regering kun je in de huidige absurde crisis ongeveer alles verwachten.'

'Maar je zegt niet dat jullie niet zo'n voorstel is gedaan?'

'Jij stelde mij een hypothetische vraag. Ik heb jou een hypothetisch antwoord gegeven.'

Dan klapt ze haar mond dicht om aan te geven dat er een einde aan de ontmoeting is gekomen: zij het dat ze, in plaats van weg te benen, doodstil blijft zitten wachten op meer, zonder dat ze dat wil laten merken. De Indiase familie komt, moe van de pogingen de vlieger op te laten, de heuvel af lopen. Aan de voet ervan rennen pelotons joggers van links naar rechts.

'Laten we aannemen dat zijn naam Edward Shannon is,' stel ik voor.

Een afwijzend schouderophalen.

'En, nog steeds hypothetisch, dat Shannon een voormalig lid is van het verbindingsteam tussen onze Diensten dat is gezeteld in Berlijn. Ook dat hij verrukt is van Duitsland en een zwak heeft voor dat land. Zijn motivatie is complex en is voor onze gemeenschappelijke doelen niet van belang. Maar hij is niet kwaadaardig. Hij bedoelt het eigenlijk heel goed.'

'Ik heb natuurlijk nog nooit van die man gehoord.'

'Natuurlijk heb je dat niet. Niettemin heeft hij in de afgelopen paar maanden een paar keer een bezoek gebracht aan jouw ambassade.' Ik spel de data voor haar uit, met dank aan Bryn. 'Aangezien zijn werk in Londen hem geen verbinding met jouw standplaats hier verschafte, wist hij niet tot wie hij zich moest wenden met zijn aanbod aan geheimen. Dus heeft hij iedereen binnen jouw ambassade aangeklampt die hij kon vinden totdat hij werd overgedragen aan een lid van jouw standplaats. Shannon is een intelligente man maar waar het samenzweren betreft is hij wat jullie een *Vollidiot* zouden noemen. Is dat een plausibel scenario – hypothetisch gezien?'

'Natuurlijk is het plausibel. Als het een sprookje is, is alles plausibel.'

'Misschien zou het helpen als ik je erbij vertelde dat Shannon werd ontvangen door een lid van jouw staf dat Maria Brandt heet.'

'Wij hebben geen Maria Brandt.'

'Dat geloof ik onmiddellijk. Maar het kostte jouw standplaats tien dagen om te besluiten dat jullie die niet hadden. Tien dagen heftig delibereren voordat jullie hem zeiden dat jullie niet in zijn aanbod waren geïnteresseerd.'

'Als wij hem hebben gezegd dat we niet geïnteresseerd waren – wat ik natuurlijk ontken – waarom zitten we dan hier? Jij kent zijn naam. Jij weet dat hij geheimen probeert te verkopen. Jij weet dat hij een *Vollidiot* is. Je hoeft alleen maar een nepkoper in te zetten en hem te arresteren. Bij zo'n hypothetische eventualiteit heeft mijn ambassade in alle opzichten correct gehandeld.'

'*Nepkoper*, Reni?' roep ik vol ongeloof uit. 'Wil je mij wijsmaken dat Ed *zijn prijs heeft genoemd?* Dat kan ik moeilijk geloven.'

Weer die blik, maar zachter, intiemer.

'*Ed?*' herhaalt ze. 'Is dat hoe jij hem noemt? Jouw hypothetische verrader? *Ed*?'

'Zo noemen anderen hem.'

'Maar jij ook?'

'Het is aanstekelijk. Het betekent niets,' kaats ik terug, even in de verdediging gedrukt. 'Jij zei zojuist dat Shannon probeerde zijn geheimen te *verkopen.*'

Nu is het haar beurt om in de verdediging te gaan:

'Dat zei ik helemaal niet. We hadden het over jouw absurde hypothese. Inlichtingenventers noemen niet automatisch hun prijs. Eerst laten ze hun waren zien om het vertrouwen van de potentiële koper te winnen. Pas daarna worden de voorwaarden besproken. Zoals jij en ik allebei heel goed weten, nietwaar?'

Dat weten we inderdaad heel goed. Het was een in Duitsland geboren inlichtingenventer in Helsinki die ons bij elkaar heeft gebracht. Bryn Jordan voelde nattigheid en gaf mij opdracht navraag te doen bij onze Duitse vrienden. Zij gaven me Reni.

'Dus duurde het tien dagen en nachten lang voordat Berlijn jou eindelijk beval hem te weigeren,' mijmer ik.

'Je slaat volslagen wartaal uit.'

'Nee, Reni. Ik probeer jouw pijn met je te delen. Tien dagen, tien nachten wachten tot Berlijn zijn ei legt. Daar zit je, hoofd van je standplaats Londen, een schitterende prijs binnen handbereik. Shannon biedt jou ongekuiste informatie om van te dromen. Maar, o shit, wat gebeurt er als hij wordt verlinkt? Denk eens aan de diplomatieke fall-out, onze dierbare Britse pers: een vijf sterren Duitse spionagedreiging midden in de Brexit!'

Ze begint te protesteren maar ik geef haar geen respijt,

omdat ik dat mezelf ook niet gun.

'Heb je geslapen? Jij niet. Heeft je standplaats geslapen? Heeft je ambassadeur geslapen? Berlijn? Tien dagen en nachten voordat ze je laten weten dat Shannon te horen moet krijgen dat zijn aanbod onacceptabel is. Als hij je opnieuw benadert, dien je hem bij de bevoegde Britse autoriteiten aan te geven. En dat is wat Maria hem vertelt voordat ze zelf verdwijnt in een wolk van groene rook.'

'Die tien dagen *bestaan* niet,' antwoordt ze. 'Je zit zoals gebruikelijk weer te fantaseren. Als ons zo'n aanbod was gedaan, wat niet is gebeurd, dan was dat onmiddellijk en onherroepelijk en ontegenzeggelijk afgewezen door mijn ambassade. Als jouw Dienst of voormalige Dienst daar anders over denkt, dan zijn ze niet snik. Ben ik nu opeens een leugenaar?'

'Nee, Reni. Je doet waar je voor betaald wordt.'

Ze is boos. Op mij en op zichzelf.

'Probeer je me weer te temmen met je charmes?'

'Is dat wat ik in Helsinki heb gedaan?'

'Natuurlijk heb je dat. Jij pakt iedereen in met je charmes. Daar sta je bekend om. Daar hebben ze je voor ingehuurd. Als een Romeo. Vanwege je universele homo-erotische charme. Jij drong aan, ik was jong. *Voilà.*'

'We waren allebei jong, En we drongen allebei aan, dat weet je vast nog wel.'

'Ik weet dat helemaal niet. We hebben volkomen verschillende herinneringen aan dezelfde onfortuinlijke gebeurtenis. Laten we dat voor eens en altijd vaststellen.'

Zij is een vrouw. Ik doe bazig en ik zet haar onder druk. Zij is een professionele geheim agent op hoog niveau. Zij is in een hoek gedreven en het bevalt haar niet. Ik ben een vroegere minnaar en ik hoor thuis op de vloer van de montagekamer net als alle anderen. Ik ben een klein maar dierbaar onderdeel van haar leven en ze zal me nooit laten gaan.

'Het enige wat ik probeer te doen, Reni,' dring ik aan,

zonder een verdere poging de dwingende toon die in mijn stem is geslopen te onderdrukken, 'is zo objectief mogelijk de *procedure,* binnen jouw Dienst én daarbuiten te achterhalen, waarmee er tien dagen en nachten is omgegaan met Edward Shannons ongevraagde aanbod van *eerste kwaliteit* informatie over het Britse doelwit. Hoeveel haastig belegde vergaderingen? Hoeveel mensen bekeken de documenten, belden elkaar, e-mailden elkaar, sms'ten elkaar, misschien niet altijd langs de veiligste kanalen? Hoeveel gefluisterde gesprekken in de wandelgangen tussen in paniek geraakte politici en ambtenaren die wanhopig probeerden zich in te dekken? Ik bedoel *jezus,* Reni!' barst ik los. 'Een jongeman die in Berlijn tussen jullie heeft geleefd en gewerkt, die dol is op jouw taal en jouw volk en vindt dat hij een Duits hart heeft. Niet de eerste de beste laaghartige huurling, maar een man met hersens en een krankzinnige missie om in zijn dooie eentje Europa te redden. *Voelde* je dat niet aan hem toen jij Maria Brandt voor hem speelde?'

'Heb *ik* nu opeens Maria Brandt gespeeld? Wat heeft je in godsnaam die stupide indruk gegeven?'

'Zeg me nu niet dat je hem hebt overgedragen aan je nummer twee. Zo zit jij niet in elkaar, Reni. Als er iemand van de Britse inlichtingendienst bij jullie aan komt zetten met een boodschappenlijstje met ultrageheime informatie?'

Ik verwacht dat ze opnieuw zal protesteren, dat ze zal zeggen dat het niet waar is en nogmaals zal zeggen dat het niet waar is, zoals wij dat allebei hebben geleerd. In plaats daarvan komt er een soort mildheid of gelatenheid over haar en ze wendt zich van me af en raadpleegt de ochtendhemel.

'Is dit waarom ze je hebben ontslagen, Nat?' vraagt ze. 'Vanwege die jongen?'

'Deels.'

'En nu kom jij ons van hem redden.'

'Niet van Ed. Van jullie zelf. Wat ik je duidelijk probeer te maken is dat ergens langs de route Londen, Berlijn, München, Frankfurt en waar jouw meesters verder ook nog mogen confereren, Shannons aanbod aan jullie niet alleen maar verraden is. Het is onderschept en opgepikt door een concurrerend bedrijf.'

Een zwerm meeuwen heeft in één enkele vlucht onder ons plaatsgenomen.

'Een *Amerikaans* bedrijf?'

'Russisch,' zeg ik, en ik wacht terwijl zij met grote intensiteit de meeuwen blijft bestuderen.

'Dat zich voordeed als *onze* Dienst. Onder *onze* valse vlag? Moskou heeft Shannon gerekruteerd?' vraagt ze ter verificatie.

Alleen haar kleine vuisten, gebald op haar knieën, klaar om erop te timmeren, verraden hoe woedend ze is.

'Ze hebben hem gezegd dat Maria's weigering zijn aanbod te accepteren een vertragingstactiek was om hun zaakjes op een rij te krijgen.'

'En hij *geloofde* die shit? Goeie God.'

Opnieuw zitten we daar te zwijgen. Maar de beschermende vijandigheid is uit haar weggeëbd. Net als in Helsinki zijn wij kameraden voor een groter doel, ook al geven we dat niet toe.

'Wat is Jericho?' vraag ik. 'Het mega-geheime codewoordmateriaal dat hem door het lint heeft gejaagd. Shannon heeft er maar een klein stukje van gelezen maar dat lijkt voor hem genoeg te zijn geweest om naar jullie toe te snellen.'

Ze blijft me al die tijd met haar grote ogen aankijken, net als toen we de liefde bedreven. Haar stem heeft zijn officiële toon verloren.

'Weet je niet wat *Jericho* is?'

'Viel niet binnen mijn bevoegdheden. Vroeger niet en zo te zien zal dat ook nooit gebeuren.'

Ze is ingedut. Ze mediteert. Ze is in trance geraakt.

Langzaam gaan haar ogen open. Ik ben hier nog.

'Nat, bezweer je mij – als man, als wie je bent – dat je me de waarheid vertelt? De volledige waarheid?'

'Als ik de hele waarheid wist, dan zou ik je die vertellen. Wat ik je heb verteld is alles wat ik weet.'

'En de Russen hebben hem *overtuigd*?'

'Ze hebben mijn Dienst ook overtuigd. Ze hebben het behoorlijk goed gespeeld. Wat is Jericho?' vraag ik haar nogmaals.

'Van wat Shannon mij heeft verteld? Moet ik jou nu de smerige geheimen van je eigen land aan je neus hangen?'

'Als het dat zijn. Ik hoorde *dialoog*. Dichterbij heb ik niet kunnen komen. Een supergevoelige Anglo-Amerikaanse dialoog op hoog niveau gevoerd via inlichtingenkanalen.'

Ze zucht, sluit haar ogen weer, doet ze open en staart mij aan.

'Volgens Shannon was wat hij heeft gelezen een duidelijk bewijs van een Anglo-Amerikaanse geheime operatie die al in het planningsstadium is met het tweeledige doel de sociaaldemocratische instellingen van de Europese Unie te ondermijnen en onze internationale handelstarieven te ontmantelen.' Ze haalt nogmaals diep adem en vervolgt haar relaas. 'In het post-Brexit-tijdperk zal Groot-Brittannië zitten te springen om toenemende handel met Amerika. Amerika zal aan Engelands noden tegemoetkomen, maar alleen onder bepaalde voorwaarden. Een van die voorwaarden zal een gezamenlijke geheime operatie zijn om door middel van overreding – omkoping en chantage niet uitgesloten – ambtenaren, parlementariërs en opiniemakers van de Europese gevestigde orde binnen te halen. En ook om op grote schaal nepnieuws te verspreiden met de bedoeling de bestaande meningsverschillen tussen de lidstaten van de Unie te verhevigen.'

'Ben je toevallig Shannon aan het citeren?'

'Ik citeer bijna letterlijk wat hij beweerde dat er in het

inleidende voorwoord van het Jericho-document geschreven stond. Hij beweerde driehonderd woorden ervan in zijn geheugen te hebben geprent. Ik heb ze opgeschreven. Aanvankelijk geloofde ik hem niet.'

'En nu wel?'

'Ja, nu wel. En mijn Dienst geloofde het ook. En mijn regering geloofde het eveneens. Het schijnt dat wij over ondersteunende informatie beschikken die zijn verhaal staaft. Niet alle Amerikanen zijn Eurofoob. Niet alle Britten zijn enthousiast over een handelsalliantie met Trumps Amerika tegen elke prijs.'

'Maar toch heb je hem afgewezen.'

'Mijn regering wil liever geloven dat het Verenigd Koninkrijk ooit zijn plaats in de Europese familie weer zal innemen en wil daarom niet graag spionageactiviteiten ondernemen jegens een bevriende natie. Wij danken u voor uw aanbod, meneer Shannon, maar op deze gronden is het voor ons helaas onacceptabel.'

'En dat is wat je hem hebt gezegd.'

'Dat is wat mij werd bevolen tegen hem te zeggen, dus dat is wat ik tegen hem heb gezegd.'

'In het Duits?'

'In het Engels, om je de waarheid te zeggen. Zijn Duits is niet zo goed als hij zou willen.'

En daarom sprak Valentina Engels tegen hem en geen Duits, bedenk ik, daarmee en passant een probleem oplossend dat me de hele nacht uit mijn slaap had gehouden.

'Heb je naar zijn motieven geïnformeerd?' vraag ik.

'Natuurlijk heb ik hem daarnaar gevraagd. Hij citeerde Goethes *Faust*. In den beginne was de daad. Ik vroeg hem of hij medeplichtigen had. Hij citeerde Rilke voor me: *Ich bin der Eine.*'

'En wat wilde hij daarmee zeggen?'

'Dat hij die *ene* is. Misschien de eenzame. Of de enige. Misschien beide. Vraag het aan Rilke. Ik heb het citaat opgezocht en kon het niet vinden.'

'Was dat bij jullie eerste ontmoeting of bij de tweede?'

'Tijdens onze tweede ontmoeting was hij kwaad op me. In ons beroep huilen we niet, maar ik was ertoe geneigd. Gaan jullie hem arresteren?'

Een aforisme van Bryn schiet me te binnen:

'Zoals we in ons metier zeggen, hij is te goed om te arresteren.'

Haar blik verplaatst zich naar de verschroeide helling.

'Bedankt dat je ons kwam redden, Nat,' zegt ze ten slotte, alsof ze zich opeens weer van mijn aanwezigheid bewust wordt. 'Het spijt me dat we niet hetzelfde voor jou kunnen doen. Ik denk dat je nu maar naar huis moet gaan, naar Prue.'

19

God mag weten wat voor soort reactie ik verwachtte van Ed toen hij de kleedkamer in kuierde voor onze vijftiende badmintonmatch in de Athleticus, maar het was zeker niet de vrolijke grijns en 'Hallo, Nat, fijn weekend gehad?' waarop hij me trakteerde. Verraders die uren tevoren hun persoonlijke Rubicon zijn overgestoken en weten dat er geen weg terug is, stralen naar mijn ervaring geen zoete voldoening uit. De opgetogenheid die voortspruit uit het geloof dat je het centrum van het universum bent wordt vaker gevolgd door een golf van angst, zelfverwijt en diepe verlatenheid: want wie ter wereld kun je van nu af aan nog vertrouwen behalve de vijand?

En zelfs Ed zou zich inmiddels misschien wel hebben gerealiseerd dat de perfectionistische Anette niet noodzakelijkerwijs de meest betrouwbare van alle vrienden door dik en dun was, ook al was haar bewondering voor Jericho onbegrensd. Is hem eindelijk iets anders aan haar opgevallen, zoals de zich zo nu en dan manifesterende onzekerheid over haar Duits-Engelse uitspraak, wanneer daarin onwillekeurig iets Georgisch-Russisch doorklonk en dan haastig weer werd weggemoffeld? Haar overdreven Duitse manier van doen, iets te clichématig, te veel *van gisteren?* Terwijl ik toekijk hoe hij zijn dagelijkse kleren uittrekt zoek ik tevergeefs naar een indicatie die mijn eerste indruk zou kunnen ontkrachten: geen versombering van zijn trekken als hij denkt dat ik niet oplet, geen onzekerheid in zijn gebaren, niets in zijn stem.

'Mijn weekend was prima, dank je,' zeg ik hem. 'Het jouwe ook?'

'Geweldig, Nat, ja, *echt* geweldig,' verzekert hij me.

En omdat ik hem er, voor zover ik kan nagaan, vanaf de eerste dag nog nooit op heb kunnen betrappen dat hij ook maar iets van zijn emoties fingeerde, kan ik alleen maar aannemen dat de aanvankelijke euforie van zijn verraad nog moet slijten en dat hij – ervan uitgaande dat hij gelooft dat hij het hogere doel van Groot-Brittannië in Europa eerder dient dan het verraadt – net zo met zichzelf is ingenomen als hij lijkt te zijn.

We begeven ons naar baan één, Ed loopt met grote passen voorop, zwaait met zijn racket en gnuift binnensmonds. We gooien een shuttle op om te zien wie met serveren mag beginnen. Hij wijst naar Eds kant van het net. Misschien zal mijn Schepper mij ooit uitleggen hoe het kwam dat sinds die zwarte maandagavond waarop Ed begon aan zijn ononderbroken reeks overwinningen de toss verdomme elke keer in zijn voordeel uitviel.

Maar ik laat me niet op mijn kop zitten. Ik ben misschien niet in topconditie, want *force majeure* mis ik al een tijdje mijn hardlooprondje 's morgens en mijn trainingen in de sportschool. Maar vandaag heb ik me, om redenen die te complex zijn om te ontwarren, vast voorgenomen om als winnaar uit de bus te komen, al wordt het mijn dood.

We komen op een stand van twee elk in games. Ed geeft duidelijk blijk in een van zijn schemerfases te geraken waar een paar rally's lang winnen hem weinig kan schelen. Als ik hem met hoge lobs op de achterlijn kan houden, zal hij beginnen grillig te smashen. Ik geef hem een hoge lob. Maar in plaats van in het net te smashen, zoals ik toch zeker zou mogen verwachten, gooit hij zijn racket in de lucht, vangt het weer op en kondigt met nonchalante zelfverzekerdheid aan:

'Dat is het, bedankt, Nat. Vandaag zijn we allebei winnaar. En ook nog bedankt voor iets anders, nu we toch bezig zijn.'

Voor *iets anders?* Zoiets als hem terloops ontmaskeren als zo'n rottige Russische spion? Hij duikt onder het net door en legt – voor de eerste keer – een hand op mijn schouder en duwt me door de bar naar onze *Stammtisch,* waar hij me opdracht geeft plaats te nemen. Hij komt terug met twee door de kou beslagen glazen Carlsberg-pils, olijven, cashewnootjes en chips. Hij gaat tegenover me zitten, geeft mij mijn glas aan, houdt het zijne omhoog en begint aan een voorbereide speech met een stem waarin zijn noordelijke afkomst duidelijk doorklinkt:

'Nat, ik heb je iets te vertellen dat voor mij van het grootste belang is en ik hoop ook voor jou. Ik sta op het punt om te trouwen met een prachtvrouw en zonder jou zou ik haar nooit hebben ontmoet. Ik ben je dus reusachtig dankbaar, niet alleen voor wat buitengewoon plezierig badminton in de afgelopen maanden, maar ook omdat je mij hebt voorgesteld aan de vrouw van mijn dromen. Dus echt, heel erg dankbaar. Tja.'

Lang voordat het 'tja' klonk had ik het allemaal al gehoord. Er was maar één prachtvrouw aan wie ik hem had voorgesteld, en onder de slordige dekmantel die Florence in haar woede geweigerd had te delen, had ik haar precies twee keer eerder ontmoet: de eerste keer toen ik het kantoor van mijn denkbeeldige vriend de beurshandelaar binnenstapte en zij diens hooglijk gewaardeerde tijdelijke secretaresse was, en de tweede keer toen ze me meedeelde dat ze dat fucking gelieg verder beu was. Had zij in de tussentijd haar verloofde verteld dat zijn gewaardeerde badmintonpartner een doorgewinterde professionele spion is? Als ik afga op de stralende glimlach op zijn gezicht terwijl wij proosten heeft ze dat niet.

'Ed, dit is inderdaad absoluut schitterend nieuws,' beweer ik, 'maar wie *is* deze prachtvrouw?'

Gaat hij me vertellen dat ik een leugenaar en een oplichter ben omdat hij verdomd goed weet dat Florence en ik bijna zes maanden lang wang aan wang hebben gewerkt? Of doet hij wat hij nu bezig is te doen en lacht hij me toe met een listige goochelaarsgrijns, tovert hij haar naam uit zijn hoed en wil hij mij daarmee versteld doen staan?

'Herinner jij je *Florence* toevallig nog?'

Ik doe mijn best. Florence? *Florence?* Wacht eens even. Dat moet mijn gevorderde leeftijd zijn. Ik schud mijn hoofd. Kan me haar helaas niet voor de geest halen.

'Dat meisje met wie we *badminton* hebben gespeeld, in jezusnaam, Nat!' barst hij los. '*Hier*. Met Laura. Baan drie! Dat weet je nog wel! Zij werkte tijdelijk voor die zakenvriend van jou en je had haar meegenomen om een dubbel te kunnen spelen.'

Geef mijn geheugen de tijd om haar terug te halen.

'Natuurlijk! *Die* Florence. Echt een geweldig meisje. Hartelijke gelukwensen. Hoe kon ik zo stom zijn? Mijn beste kerel...'

Terwijl we elkaars handen grijpen worstel ik met nog twee onverenigbare stukken informatie. Florence is haar eed van geheimhouding aan de Dienst trouw gebleven, in ieder geval over wat wezenlijk is. En Ed, geïdentificeerd als een Russische spion, is van plan in het huwelijk te treden met een vrouw die tot voor kort werkte bij mijn Dienst, waarmee de mogelijkheid van een nationaal schandaal nog ontelbare malen groter wordt. Maar dit zijn slechts gedachtesnippers die door mijn hoofd dwarrelen terwijl hij zijn plannen uiteenzet voor 'een snelle huwelijksplechtigheid op het Registratiekantoor, zonder gesodemieter'.

'Ik heb Ma gebeld en die reageerde geweldig,' bekent hij, terwijl hij boven zijn bier naar voren leunt en in zijn enthousiasme mijn onderarm pakt. 'Zij is echt in de Here, mijn moeder, net als Laura, altijd al geweest. En ik *dacht* dat ze zou zeggen, nou ja, je weet wel, als Jezus niet op de bruiloft is dan stelt het niks voor.'

Ik hoor Bryn Jordan: *zat twintig minuten lang in een kerk... Zonder toeters en bellen... geen zilverwerk.*

'Maar Ma kan niet reizen, niet gemakkelijk,' legt hij uit. 'Niet op korte termijn. Niet met haar been en met Laura. Dus wat ze zei was: doe het zoals jullie dat allebei willen. En als jullie klaar zijn, en niet eerder, doen we het nog eens zoals het hoort in de kerk en houden een groot feest en dan is iedereen welkom. Ze vindt Florence een lot uit de loterij – en wie niet? – en Laura vindt dat net zo. We hebben dus alles gepland voor vrijdag, twaalf uur stipt op het Registratiekantoor in Holborn want er is een rij, vooral als het weekend eraan komt. Ze schatten een kwartiertje maximaal om je af te handelen en dan is het volgende paar aan de beurt en gaan wij naar de pub, als dat jou en Prue op zo korte termijn uitkomt, want ze is natuurlijk wel een drukbezette topadvocaat.'

Ik toon de goedmoedige, vaderlijke glimlach waar Steff zo woedend van wordt. Ik heb mijn onderarm nog niet losgemaakt uit zijn greep. Ik geef mezelf de tijd om dit verbazingwekkende nieuws te verwerken.

'Dus je nodigt Prue en mij uit op je bruiloft, Ed,' bevestig ik met het gepast plechtige ontzag. 'Jij en Florence. We zijn bijzonder vereerd, dat is alles wat ik kan uitbrengen. Ik weet dat Prue er net zo over zal denken. Ze heeft zoveel over jou gehoord.'

Ik probeer nog steeds dit gewichtige nieuws te verwerken als hij de *coup de grâce* uitdeelt :

'Ja, ach, ik dacht, als je er nu toch bij bent, dat jij – nou ja – dat jij misschien ook nog mijn speciale getuige zou kunnen zijn. Als je dat goed vindt,' voegt hij eraan toe, en hij toont opnieuw zijn enorme grijns, die net als zijn pas ontdekte behoefte mij bij elke mogelijkheid aan te raken iets van een vast patroon is geworden tijdens dit gesprek.

Kijk een andere kant op. Sla je ogen neer. Zet je gedachten op een rijtje. Hef je hoofd op. Glimlach spontaan ongelovig:

'Ja, natuurlijk vind ik dat *meer* dan goed, Ed. Maar je kent toch ook wel mensen die meer van je eigen leeftijd zijn? Een oude schoolvriend? Iemand van je universiteit?'

Hij denkt erover na, haalt zijn schouders op, schudt zijn hoofd, grijnst schaapachtig. 'Niet echt,' zegt hij, en op dat moment weet ik inmiddels niet meer het verschil tussen wat ik voel en wat ik voorwend te voelen. Ik trek mijn onderarm terug en we schudden elkaar nog eens mannelijk de hand, op z'n Engels.

'En als Prue het goed vindt, zou zij onze andere getuige kunnen zijn, dachten we, want iemand moet dat nu eenmaal zijn,' houdt hij aan, alsof het me inmiddels niet allemaal veel te veel is. 'Ze hebben er eentje die je kunt huren bij het Registratiekantoor als je erg omhoog zit, maar ons leek dat Prue er beter in zou zijn. Zij is toch immers advocaat, hè? Dan zorgt zij er ook nog voor dat het allemaal legaal en in orde is.'

'Dat gaat ze zeker doen, Ed. Als ze maar gemist kan worden op haar werk,' voeg ik er voorzichtig aan toe.

'O ja, en als jij er geen bezwaar tegen hebt heb ik voor ons drieën een tafel gereserveerd bij de chinees om halfnegen,' vervolgt hij, net als ik denk dat ik alles heb gehoord.

'*Vanavond?*' vraag ik.

'Als dat uitkomt,' zegt hij en hij tuurt met half dichtgeknepen ogen naar de klok achter de toog die tien minuten voor loopt en kwart over acht aangeeft. 'Het spijt me wel dat Prue niet mee kan,' voegt hij er nadenkend aan toe. 'Florence verheugde zich er erg op haar te leren kennen. En dat doet ze nog steeds. Tja.'

Het toeval wil dat Prue bij uitzondering haar afspraken met pro-Deocliënten heeft afgezegd en thuis zit te wachten op de uitkomst van de afspraak van vanavond. Maar voorlopig besluit ik die informatie nog even voor me te houden, want inmiddels heeft de operationele man in me het heft in handen genomen.

'Florence verheugt zich er ook op *jou* weer te zien, Nat,' voegt hij eraan toe, voor het geval ik me gepasseerd zou voelen. 'Echt te leren kennen. Jij bent per slot van rekening mijn getuige en zo. Plus al die matches die we hebben gespeeld.'

'En ik verheug me er ook op *haar* echt te leren kennen,' zeg ik en ik verontschuldig me door te zeggen dat ik even naar de wc moet.

Op mijn weg daarheen merk ik een tafeltje op waaraan twee vrouwen en twee mannen enthousiast met elkaar zitten te praten als ik voorbijkom. Als ik me niet vergis, heb ik de langste van de twee vrouwen voor het laatst gezien toen ze op Ground Beta een kinderwagen voor zich uit duwde. Te midden van een geroezemoes van mannenstemmen uit de doucheruimte in de kleedkamer breng ik Prue in passend gekuiste termen op de hoogte van het goede nieuws en vertel haar wat mijn onmiddellijke actieplan is: hen mee naar huis te nemen zodra het etentje bij de chinees is afgelopen. Haar stem verandert niet. Ze wil weten of ik nog iets bijzonders van haar verlang. Ik zeg dat ik een kwartiertje de tijd zal moeten hebben om vanuit mijn werkkamer mijn beloofde telefoontje met Steff te plegen. Ze zegt ja natuurlijk, schat, zij neemt zolang de honneurs wel waar, en is er verder nog iets? Ik kan zo gauw niets bedenken, zeg ik. Ik heb zojuist mijn eerste onherroepelijke stap gezet voor een plan dat, als ik me niet vergis, zijn toen niet herkende oorsprong vindt in wat Bryn mijn andere hoofd zou noemen, al sinds ik voor het laatst met hem alleen sprak en waarschijnlijk al eerder; want het zaad van de opstand wordt volgens onze interne psychiaters veel eerder gezaaid dan de manifeste daad die eruit voortspruit.

Dit gezegd hebbende ben ik volgens mijn eigen herinnering aan het korte gesprek met Prue dat ik zojuist heb beschreven, absoluut objectief. In Prues herinnering sta ik op het punt door te draaien. Waar echter niet aan hoeft te worden getwijfeld is dat zij, toen ze mijn stem hoorde, onmiddellijk begreep dat we operationeel bezig waren en dat, hoewel ik dat nooit mag zeggen, zij een groot verlies voor het Bureau blijft.

***

De Golden Moon is verrukt over onze komst. De Chinese eigenaar-bedrijfsleider is al een leven lang lid van de Athleticus. Hij is ervan onder de indruk dat Ed mijn vaste tegenspeler is. Florence arriveert op tijd in charmante wanorde en is onmiddellijk een succes bij de obers die haar herkennen van haar vorige bezoek. Ze komt rechtstreeks uit de verbouwing en heeft de verfspatten op haar spijkerbroek om dat te bewijzen.

Volgens elke rationele standaard zou ik nu ten einde raad moeten zijn, maar zelfs al voor we plaats hebben genomen worden mijn twee grootste angsten bezworen. Florence heeft ervoor gekozen trouw te blijven aan onze onwaarschijnlijke dekmantel: getuige onze hartelijke maar afstandelijke leuk-je-weer-te-zienbegroeting. Mijn uitnodiging om na de maaltijd een kopje koffie te gaan drinken bij Prue, waarop mijn hele planning is gebaseerd, wordt door het aanstaand bruidspaar met enthousiaste kreten ontvangen. Het enige wat ik te doen heb is een fles spumante ter ere van hen laten aanrukken – het beste wat het huis op het gebied van bubbels te bieden heeft – en pret met hen te maken totdat ik ze bij mij in huis heb gekregen en in mijn eentje naar mijn werkkamer boven kan glippen.

Ik vraag hun, wat heel gewoon is gezien het feit dat het nog maar gisteren lijkt dat ik de jonge geliefden aan elkaar voorstelde, of het liefde op het eerste gezicht was geweest. Ze waren allebei verbaasd over mijn vraag, niet omdat ze die niet konden beantwoorden maar omdat ze hem een beetje onzinnig vonden. Maar we hadden toch dat gemengd dubbel gespeeld, of niet soms? – alsof dat meteen alles verklaarde, wat het niet bepaald deed, daar mijn enige blijvende herinnering aan die gebeurtenis was dat Florence woedend op mij was nadat ze ontslag had genomen van het Bureau. Dan was er nog het chinese etentje waarbij ik afwezig was – 'aan dezelfde tafel waar we nu zitten, nietwaar, Flo?' zegt Ed trots – en daar zitten ze dan, met in één hand de eetstokjes en in de tweede de hand van de ander. 'En sindsdien – nou ja, sindsdien was het eigenlijk helemaal voor de bakker, zo was het toch, Flo?'

Is dit werkelijk *Flo* wat ik hem hoor zeggen? *Noem haar nooit Flo* – tenzij je toevallig de man in haar leven bent? Hun gebabbel over het komende huwelijk en hun onvermogen van elkaar af te blijven roept herinneringen op aan Steff en Juno tijdens de zondagse lunch. Ik vertel hun dat Steff verloofd is en ze barsten los in een symbiotische vrolijkheid. Ik vergast hen op wat inmiddels mijn causerie is geworden over reuzenvleermuizen op Barro Colorado. Mijn enige probleem is dat ik, elke keer als Ed zich in het gesprek mengt, de opgewekte van liefde overlopende stem die ik hoor vergelijk met de rancuneuze versie ervan waarmee Valentina alias Anetta alias Gamma het drie avonden tevoren moest doen.

Onder het voorwendsel dat ik geen goed bereik heb op mijn mobieltje loop ik de straat op en bel Prue voor de tweede keer, waarbij ik weer dezelfde luchtige toon aansla. Aan de overkant staat een wit bestelbusje geparkeerd.

'Wat is het probleem?' vraagt ze.

'Dat is er eigenlijk niet, ik controleer alleen nog maar even,' antwoord ik en ik voel me een sukkel.

Ik keer terug naar ons tafeltje en bevestig dat Prue terug is van de wetswinkel en popelt om ons te zien. Mijn aankondiging wordt gehoord door de twee mannen aan het tafeltje naast ons, allebei trage eters. Overeenkomstig hun protocol blijven zij doorkauwen als wij vertrekken.

In mijn persoonlijke dossier op het Hoofdbureau staat ongezouten vermeld dat, hoewel ik zeer goed in staat ben tot eersteklas operationeel denken als het om actie gaat, datzelfde niet altijd kan worden gezegd van mijn administratieve prestaties. Wanneer wij gedrieën arm in arm de paar honderd meter naar mijn huis afleggen – Ed wil onder invloed van een halve fles spumante mij, zijn getuige, per se in een stevige greep van zijn bottige linkerhand klemmen – bedenk ik dat, ondanks mijn eersteklas operationele denken, alles nu zal afhangen van de kwaliteit van mijn papierwerk.

***

Tot nu toe ben ik wat zuinig gebleven in mijn portrettering van Prue, maar alleen omdat ik wachtte totdat de wolken van onze gedwongen vervreemding zouden zijn overgewaaid en onze waardering voor elkaar in zijn rechtmatige kleuren zou zijn teruggekeerd, en dat is dankzij Prues levensreddende beleidsverklaring op de ochtend na mijn inquisitie door mijn chers collègues nu inderdaad gebeurd.

Ons huwelijk wordt door de meeste mensen niet goed begrepen, en Prue ook niet. Openhartige, naar links neigende advocaat voor de armen en verdrukten; stoutmoedig voorvechter bij collectieve rechtszaken; bolsjewiek uit Battersea; geen van de gemakkelijke etiketten die men haar wil opplakken doen recht aan de Prue die ik ken. Ondanks haar voorname afkomst is zij een selfmade vrouw. Haar vader, de rechter, was een klootzak die de concurrentie van zijn kinderen haatte, hun leven tot een hel maakte en weigerde Prue financieel te ondersteunen op de universiteit of de advocatenopleiding. Haar moeder stierf aan de alcohol. Haar broer ging naar de knoppen. Haar menselijkheid en gezonde verstand behoeven wat mij betreft niet te worden onderstreept, maar voor anderen, vooral mijn chers collègues, soms wel.

***

De opgetogen begroetingen zijn achter de rug. Wij hebben ons geïnstalleerd in de serre van ons huis in Battersea en praten gezellig over koetjes en kalfjes. Prue en Ed zitten op de bank. Prue heeft de tuindeuren opengezet om het kleine zuchtje wind dat er wellicht waait binnen te laten. Ze heeft kaarsen geplaatst en uit haar lade met cadeautjes een doos met chique bonbons opgediept voor de aanstaande bruid en bruidegom. Ze heeft een fles oude armagnac opgescharreld waarvan ik niet wist dat we die bezaten en koffie gemaakt in de grote picknickthermoskan. Maar te midden van al die vrolijkheid is er toch iets wat ze gezegd wil hebben:

'Nat, lieverd, neem me niet kwalijk, maar vergeet *alsjeblieft* niet dat jij en Steff nog iets dringends te bespreken hebben. Ik meen dat je zei om negen uur' – wat mijn wachtwoord is om op te staan en met een haastig 'goddank dat je me daaraan herinnert, ben zo terug' naar mijn werkkamer te vertrekken.

Ik haal een ingelijste foto van wijlen mijn vader in galatenue van de muur, leg hem met de foto naar boven op mijn bureau, pak een aantal velletjes schrijfpapier uit een lade en leg die een voor een op het glazen oppervlak om te voorkomen dat ik afdrukken achterlaat. Het dringt pas later tot me door dat ik een stokoud Bureau-protocol in acht neem terwijl ik op het punt sta alle Bureau-voorschriften met voeten te treden.

Ik schrijf eerst een samenvatting van de informatie tegen Ed die ik tot dusverre te weten ben gekomen. Dan som ik tien veldinstructies op, één heldere alinea per aanwijzing, geen klote bijwoorden zoals Florence zou zeggen. Bovenaan zet ik haar voormalige Bureau-paraaf en onderaan het mijne. Ik lees wat ik heb geschreven nog eens door, zie dat er niets mis mee is, vouw de bladzijde twee keer om, stop het papier in een bruine envelop en schrijf erop: *Factuur voor mevrouw Florence Shannon* in een ongeschoold handschrift.

Ik keer terug naar de serre en merk dat ik overbodig ben. Prue heeft Florence al de rol toegewezen van haar mede-ontsnapte gevangene van het Bureau, al is dat niet officieel uitgesproken, en derhalve een vrouw met wie ze een onmiddellijke, zij het niet nader benoemde verwantschap voelt. Het gespreksonderwerp op dit moment is bouwvakkers. Florence geniet van een stevig glas oude armagnac in weerwil van haar officiële verslaving aan rode bourgogne en speelt een glansrol terwijl Ed naast haar op de bank zit te soezen en af en toe even zijn ogen opendoet om haar te aanbidden.

'Ik bedoel *echt*, Prue, omgaan met Poolse metselaars en Bulgaarse timmerlieden en een Schotse voorman, maakt dat ik denk, geef me verdomme wat *ondertitels*!' verkondigt Florence terwijl ze luid hinnikt van het lachen.

Ze moet plassen. Prue wijst haar de weg. Ed kijkt hen na als ze de serre verlaten, buigt dan zijn hoofd boven zijn knieën, steekt zijn handen ertussen en vervalt in een van zijn mijmeringen. Het leren jasje van Florence hangt over de rugleuning van een stoel. Zonder dat Ed het merkt pak ik het op, neem het mee naar de gang, stop mijn bruine envelop in de rechterbinnenzak en hang het naast de voordeur. Florence en Prue keren terug. Florence ziet dat haar jasje weg is en werpt mij een vragende blik toe. Ed zit nog steeds met zijn hoofd omlaag.

'O. Je jasje,' zeg ik. 'Ik was plotseling bang dat je het zou vergeten. Er stak iets uit je binnenzak. Het leek vreselijk veel op een rekening.'

'O shit,' antwoordt ze zonder een spier te vertrekken. 'Waarschijnlijk de Poolse elektricien.'

Bericht ontvangen.

Prue geeft een beknopte uiteenzetting van haar voortdurende strijd met de baronnen van Big Pharma. Florence antwoordt met een krachtig: 'Dat zijn de ergsten van de ergsten. Ze kunnen allemaal de kolere krijgen.' Ed slaapt half. Ik stel voor dat het tijd is voor alle brave kindertjes om naar bed te gaan. Florence is het met mij eens. Ze wonen aan de andere kant van Londen, vertelt ze ons, alsof ik dat nog niet weet: op anderhalve kilometer met de fiets van Ground Beta om precies te zijn, maar dat zegt ze er niet bij. Misschien weet ze het niet. Via de familiemobiel bestel ik een Uber. Die arriveert griezelig snel. Ik help Florence in haar leren jasje. Hun vertrek na de vele bedankjes is genadig snel.

'Echt, echt geweldig, Prue,' zegt Florence.

'Magnifiek,' beaamt Ed door een mist van slaap, spumante en oude armagnac.

We staan op de stoep en zwaaien naar de wegrijdende auto. We blijven wuiven tot hij uit het zicht is verdwenen. Prue pakt mijn arm. Wat zou je zeggen van een wandelingetje door het park op deze volmaakte zomeravond?

***

Er staat een bank aan de noordrand van het park, een eindje van het voetpad op een eigen plekje tussen de rivier en een wilgenbosje. Prue en ik noemen het *ons bankje* en daar strijken we graag neer na een dinertje als het goed weer is en we onze gasten op een redelijk tijdstip hebben weten te lozen. Ik herinner me dat we, alsof er nog een zeker instinct uit onze dagen in Moskou was overgebleven, geen enkel compromitterend woord wisselden voordat we erop zaten en onze stemmen verloren gingen in het gekabbel van de rivier en het gebrom van de avondlijke stad.

'Denk je dat het waar is?' vraag ik haar, na een langdurige stilte tussen ons die ik als eerste verbreek.

'Je bedoelt die twee samen?'

Prue, die normaal heel voorzichtig is in haar oordelen, twijfelt er geen moment aan.

'Ze waren een paar drijvende kurken en nu hebben ze elkaar gevonden,' zegt ze, op haar bekende resolute manier. 'Zo denkt Florence erover en ik ga daar graag in mee. Ze zijn bij geboorte uit dezelfde boom gesneden en zolang zij dat gelooft zitten ze gebakken, want wat zij gelooft, gelooft hij ook meteen. Ze hoopt dat ze zwanger is, maar is er nog niet zeker van. Dus wat jij ook voor Ed mag hebben bekokstoofd, vergeet niet dat wij dat voor hen alle drie gaan doen.'

***

Prue en ik verschillen misschien van mening over wie van ons wat dacht of zei in de gemompelde gedachtewisseling die volgde, maar ik herinner me heel duidelijk hoe onze twee stemmen tot Moskou-niveau daalden alsof we daar op een bankje in het Gorki Centraal Park voor Cultuur en Ontspanning zaten in plaats van in Battersea. Ik vertelde haar alles wat Reni mij had verteld, en zij luisterde zonder commentaar te geven. Ik besteedde nauwelijks aandacht aan Valentina en het epische verhaal over Eds ontmaskering, want dat behoorde al tot het verre verleden. De kwestie was, zoals zo vaak bij het plannen van operaties, hoe we de bronnen van de vijand tegen hem in moesten zetten, hoewel ik minder dan Prue geneigd was het Bureau als de vijand te benoemen.

En ik herinner me dat ik, toen we begonnen aan het nauwkeurig afstemmen van wat geleidelijk aan uitgroeide tot ons masterplan, vervuld was van een eenvoudige dankbaarheid om de manier waarop onze gedachten en woorden zich vermengden tot één enkele stroom waarin wie wat zei en wie wat bedacht er niet meer toe deed. Maar Prue wil daar, om alle goede redenen, niets van horen. Ze wijst op de voorbereidende stappen die ik had gezet, en noemt als allerbelangrijkste mijn met de hand geschreven brief met instructies aan Florence. In haar versie ben ik de drijvende kracht en volgt zij in mijn kielzog; alles liever, wat haar betreft, dan dat ze toegeeft dat de Bureau-echtgenote van haar jeugd en de advocaat van haar volwassen leven ook maar iets met elkaar gemeen hebben.

Zeker is dat tegen de tijd dat ik opstond van ons bankje en een paar meter over het pad langs de rivier sjokte terwijl ik er wel voor zorgde dat ik binnen Prues gehoorsafstand bleef, en de code intoetste voor Bryn Jordan op de bewerkte telefoon die hij me had gegeven, Prue en ik, zoals zij het graag zag, het volledig en totaal eens waren over alles wat er toe deed.

***

Bryn had me gewaarschuwd dat hij onderweg zou kunnen zijn van Londen naar Washington, maar het geraas op de achtergrond dat ik in het oordopje hoor zegt me dat hij zich op terra firma bevindt, dat er mensen om hem heen staan, voornamelijk mannen en dat het Amerikanen zijn. Ik neem daarom aan dat hij zich in Washington D.C. bevindt en dat ik een vergadering verstoor, wat inhoudt dat ik met een beetje geluk misschien niet zijn volle aandacht heb.

'Ja, Nat. Hoe maken we het?' – de gebruikelijke vriendelijke toon met een vleugje ongeduld.

'Ed is van plan te gaan trouwen, Bryn,' vertel ik hem plompverloren. 'Aanstaande vrijdag. Met mijn voormalige nummer twee in de Haven. De vrouw over wie wij het hadden. Florence. Op een Registratiekantoor in Holborn. Ze hebben ons huis enkele ogenblikken geleden verlaten.'

Hij geeft geen blijk van verbazing. Hij weet het al. Hij weet meer dan ik. Wanneer was dat ooit anders? Maar ik val niet meer onder zijn commando. Ik ben mijn eigen baas. Hij heeft mij harder nodig dan ik hem. Vergeet dat vooral niet.

'Hij wil dat ik zijn getuige word, geloof het of niet,' voeg ik eraan toe.

'En daar heb jij in toegestemd?'

'Wat had je anders van me verwacht?'

Op de achtergrond gemurmel terwijl hij een dringende kwestie afwikkelt. 'Je bent een vol uur met hem alleen op de Club geweest,' herinnert Bryn me kregelig. 'Waarom heb je hem daar verdomme niet te grazen genomen?'

'Hoe had ik dat moeten doen?'

'Zeg hem dat er, alvorens je de taak van getuige op je neemt, een paar dingen zijn die hij over zichzelf behoort te weten en ga vandaaruit verder. Ik heb verdomd veel zin om de zaak over te dragen aan Guy. Die gaat er niet omheen lopen zeiken.'

'Bryn, wil je alsjeblieft even naar me luisteren? De bruiloft is over vier dagen. Shannon woont op een andere planeet. Het is geen kwestie van wie hem benadert. Het is een kwestie van of we hem nu aanpakken of wachten tot hij getrouwd is.'

Ik ben ook kregelig. Ik ben een vrij man. Vanaf ons bankje op vijf meter afstand van het pad langs de rivier beloont Prue me met een stil instemmend knikje.

'Shannon is in de zevende hemel, Bryn. Als ik hem nu

benader, zegt hij dat ik kan opzouten en de boom in met de gevolgen. Bryn?'

'Wacht!'

Ik wacht.

'Luister je?'

Ja, Bryn.

'Ik ben niet van plan Shannon toe te staan nogmaals een *Treff* te hebben met Gamma of met wie dan ook, voordat we hem in onze zak hebben. Begrepen?'

Treff voor clandestiene ontmoeting. Duits spionagejargon. En ook jargon van Bryn.

'En verwacht je nu serieus dat ik dat tegen hem *zeg*?' kaats ik verontwaardigd terug.

'Jij wordt geacht door te gaan met je werk, verdomme, en verder geen tijd te verspillen,' bijt hij me toe terwijl de temperatuur tussen ons begint op te lopen.

'Ik zeg je waar het op staat, Bryn. Hij is volkomen onhandelbaar in zijn huidige stemming. Punt. Ik ga dat niet doen voordat hij weer met beide benen op de grond staat.'

'Wat ga je dan wél doen, verdomme?'

'Laat me met zijn bruid praten, met Florence. Zij is de enige begaanbare route naar hem toe.'

'Zij zal hem waarschuwen.'

'Zij is door de Dienst getraind en ze heeft voor mij gewerkt. Ze heeft een scherp verstand en ze weet wat er op het spel staat. Als ik haar de situatie omstandig uitleg, zal zij het Shannon aan zijn verstand brengen.'

Gegrom op de achtergrond voordat hij hard terugslaat.

'Is zij *op de hoogte*? Het meisje. Van wat haar vent in zijn schild voert.'

'Ik weet niet zeker of het ertoe doet wat zij weet, Bryn. Niet als ik haar heb uitgelegd hoe de zaken ervoor staan. Als ze medeplichtig is, dan weet zij dat ze ook voor het blok staat.'

Zijn stem wordt iets rustiger.

'Hoe dacht je haar te benaderen?'
'Ik nodig haar uit op de lunch.'
Meer gerommel op de achtergrond. Dan een krachtige reactie: 'Je doet *wat*?'
'Ze is een volwassen vrouw, Bryn. Ze gaat niet door het lint en ze houdt van vis.'
Stemmen op de achtergrond, maar die van Bryn is er niet bij.
Ten slotte: 'Waar neem je haar in jezusnaam mee naartoe?'
'Naar dezelfde plek waar ik haar de vorige keer mee naartoe heb genomen.' Tijd voor wat meer temperament. 'Luister, Bryn, als mijn voorstellen je niet bevallen, dan vind ik het best, dan geef je die rotklus maar aan Guy. Of kom terug en doe het zelf.'
Vanaf ons bankje trekt Prue een vinger langs haar keel om aan te geven dat ik moet ophangen, maar Bryn is me met zijn 'Breng meteen nadat je haar hebt gesproken verslag bij me uit,' te vlug af.
Met gebogen hoofd en arm in arm wandelen we terug naar het huis.
'Toch denk ik dat zij wel een *flauw* idee zou kunnen hebben,' bedenkt Prue. 'Misschien *weet* ze niet veel, maar ze weet voldoende om zich zorgen te maken.'
'Nou, ze zal inmiddels wel meer dan een flauw idee hebben,' antwoord ik nurks, terwijl ik in gedachten Florence gehurkt tussen het verbouwingsafval van hun flat in Hoxton zie, waar ze mijn tien punten bevattende brief leest terwijl Ed de slaap der rechtvaardigen slaapt.

20

Het verbaasde me niet – ik zou een stuk verbaasder zijn geweest als het niet het geval zou zijn – dat ik Florences gezicht nog nooit zo gespannen of zo ontdaan van elke gezichtsuitdrukking had gezien: zelfs niet toen ze tegenover mij in ditzelfde restaurant had gezeten en de lijst met aanklachten tegen Dom Trench en zijn barmhartige barones had voorgedragen.

Waar het mijn eigen gezicht betrof, dat in de vele spiegels werd gereflecteerd, tja: operationeel pokerface zou daarvan de beste beschrijving zijn.

Het restaurant is L-vormig. In het kleinste deel bevindt zich een bar met gecapitonneerde banken voor gasten die te horen hebben gekregen dat hun tafel nog niet helemaal gereed is, dus waarom niet even gaan zitten en champagne drinken voor twaalf pond per flûte. En dat is wat ik nu doe terwijl ik wacht tot Florence binnenkomt. Maar ik ben niet de enige die op haar wacht. De slaperige obers zijn verdwenen. Het personeel van vandaag is ongekend attent, te beginnen met de ober die niet kan wachten om mij voor te gaan naar het tafeltje dat ik heb gereserveerd of bij mij te informeren of ik of Madame nog dieetwensen of speciale verlangens heeft. Ons tafeltje staat niet voor het raam, zoals ik had gevraagd – helaas zijn alle tafels aan het raam al lang geleden gereserveerd, meneer – maar hij durft te hopen dat deze rustige hoek voor mij ook acceptabel zal zijn. Hij had eraan kunnen toevoegen 'en acceptabel voor Percy Prices microfoons', want volgens Percy kunnen die tafels aan het raam, als je met luid achtergrondrumoer te maken hebt, een ramp betekenen voor de ontvangst.

Maar zelfs Percy's tovenaars kunnen niet elke nis en hoek van een drukke bar beslaan, vandaar de volgende vraag van de ober aan mij, gesteld in de toekomende tijd die in zijn branche zo geliefd is.

'En zullen wij er de voorkeur aan geven direct aan tafel te gaan en in alle rust en vrede een aperitiefje te gebruiken of zullen wij een plekje aandurven aan de bar, die voor sommigen wel eens wat *al* te rumoerig kan zijn?'

Omdat rumoerig nu juist goed in mijn kraam te pas komt en niet in die van Percy's microfoons, besluit ik een plekje aan de bar aan te durven. Ik kies een pluche sofa voor twee personen en bestel een groot glas rode bourgogne naast mijn flûte champagne van twaalf pond. Een groep dinergasten arriveert die heel goed door Percy kunnen zijn opgetrommeld. Florence moet zich bij hen hebben aangesloten want voor ik er erg in heb zit ze naast me na me nauwelijks te hebben gegroet. Ik wijs op haar glas rode bourgogne. Ze schudt haar hoofd. Ik bestel water met ijs en citroen. In plaats van haar Bureau-kloffie draagt ze haar elegante broekpak. In plaats van het armetierige zilveren ringetje aan haar ringvinger, niets.

Ikzelf ben gekleed in een sportieve marineblauwe blazer en een grijze flanellen broek. In de rechterzak van mijn blazer heb ik een lipstick in een cilindervormige koperen stift. Hij is van Japanse makelij en Prues enige luxe. Als je de onderste helft van de lipstick uitholt dan ontstaat er een ruimte die groot genoeg is om een flink rolletje microfilm of, in mijn geval, een handgeschreven boodschap op afgesneden schrijfmachinepapier in te passen.

Florences houding is quasinonchalant, precies zoals die zijn moet. Ik heb haar uitgenodigd voor de lunch, maar mijn toon was cryptisch en in het verhaal dat wij samen schrijven moet zij er nog achter komen waarom: inviteer ik haar in mijn rol als toekomstige getuige van haar man, of als haar voormalige baas? We praten wat over koetjes en kalfjes. Zij is beleefd, maar op haar hoede. Mijn stem dempend zodat die verloren gaat in het geroezemoes, begin ik over de huidige stand van zaken:

'Vraag één,' zeg ik.

Ze zucht en buigt haar hoofd zo dicht naar me toe dat ik haar haar voel kriebelen.

'Ja, ik wil nog steeds met hem trouwen.'

'Volgende vraag?'

'Ja, ik heb hem gezegd dat hij het moet doen, maar ik wist niet wat het was.'

'Maar je hebt hem aangemoedigd,' opper ik.

'Hij zei dat er iets was wat hij moest doen om een anti-Europese samenzwering te verijdelen, maar dat het tegen de regels was.'

'En jij?'

'Als hij vond dat hij het moest doen, doe het dan en fuck de voorschriften.'

Mijn vragen negerend, trekt ze meteen van leer.

'Nadat hij het had gedaan – dat was vrijdag – kwam hij thuis en huilde en wilde niet zeggen waarom. Ik zei hem dat, wat hij ook mocht hebben gedaan, het goed was als hij er zelf in geloofde. Hij zei dat hij erin geloofde. Ik zei, nou dan heb je jezelf toch niets te verwijten, of wel soms?'

Ze vergeet haar eerdere weigering en neemt een flinke slok van haar bourgogne.

'En als hij erachter zou komen met wie hij te maken heeft gehad?' dring ik aan.

'Dan zou hij zich aangeven of zelfmoord plegen. Is dat wat je wilt horen?'

'Het is informatie.'

Haar stem gaat omhoog. Ze brengt hem weer omlaag

'Hij kan niet liegen, Nat. Het enige wat hij kent is de waarheid. Hij zou waardeloos zijn als dubbelspion, zelfs als hij erin toestemde dat te zijn, wat hij nooit zou doen.'

'En jullie huwelijksplannen?' dring ik opnieuw bij haar aan.

'Ik heb de hele wereld en zijn mallemoer uitgenodigd na afloop naar de kroeg te komen, zoals jij me hebt opgedragen. Ed denkt dat ik gek ben.'

'Waar gaan jullie heen op huwelijksreis?'

'Dat gaan we niet.'

'Boek zodra je weer thuis bent een hotel in Torquay. Het Imperial Hotel of iets soortgelijks. De bruidssuite. Twee nachten. Als ze een aanbetaling willen, dan betaal je die. Vind nu een reden om je handtas te openen en die tussen ons in te zetten.'

Ze opent haar handtas, haalt er een tissue uit, bet haar ogen en laat de handtas achteloos open tussen ons in staan. Ik neem een slok van mijn champagne en laat, met mijn linkerarm voor mijn lichaam, Prues lipstick erin vallen.

'Zodra we in de eetzaal zijn, zijn we in de lucht,' zeg ik haar. 'De tafel wordt afgeluisterd en het restaurant zit vol met Percy's mensen. Doe net zo godvergeten moeilijk als je altijd al deed en dan nog een beetje meer. Begrepen?'

Afwezig knikje.

'Zeg het.'

'Ik heb het fucking begrepen,' sist ze me toe.

De ober staat ons op te wachten. We nemen tegenover elkaar plaats aan ons mooie tafeltje in de hoek. De ober verzekert me dat we van daaruit het beste uitzicht op de zaal hebben. Percy moet hem naar de charmeursopleiding hebben gestuurd. Dezelfde reusachtige menukaarten. Ik sta erop dat we een voorgerecht nemen. Florence maakt bezwaar. Ik dring haar de gerookte zalm op en ze zegt oké. We beslissen samen dat tarbot ons hoofdgerecht wordt.

'Dus het is vandaag voor ons beiden hetzelfde, meneer,' roept de ober uit, alsof dat heel iets anders is dan alle voorgaande keren.

Tot nu toe heeft ze mijn blik weten te ontwijken. Nu kijkt ze me aan.

'Zou je me misschien willen vertellen waarom je me hier naartoe hebt gesleept, *verdomme*?' vraagt ze me recht in mijn gezicht.

'Met alle soorten van genoegen,' antwoord ik op even afgemeten toon. 'De man met wie jij samenleeft en blijkbaar wenst te trouwen is door de Dienst waar jij ooit deel van uitmaakte ontmaskerd als een gewillige prooi van de Russische inlichtingendienst. Maar misschien is dat geen nieuws voor jou? Of toch wel?'

Het doek gaat op. Het spel kan beginnen. Ik moet denken aan hoe Prue en ik indertijd deden alsof ten behoeve van de microfoons in Moskou.

***

Ze hadden me bij de Haven verteld dat Florence heel driftig kon worden, maar tot op heden had ik die driftigheid alleen nog maar in actie gezien op de badmintonbaan. Als je me vraagt of het gemeend of gespeeld was, kan ik alleen maar antwoorden dat ze een natuurtalent was. Dit was improvisatie op grote schaal: perfecte teksten, geïnspireerd, spontaan, genadeloos.

Eerst hoort ze me in dodelijke stilte aan met een strak gezicht. Ik vertel haar dat we onloochenbare visuele en auditieve bewijzen hebben van Eds verraad. Ik zeg haar dat ze het materiaal persoonlijk mag komen bekijken, wat een regelrechte leugen is. Ik zeg dat we alle goede redenen hebben om te geloven dat zij, tegen de tijd dat ze het Bureau uitstormde, verteerd werd door haat jegens de Britse politieke elite en ik daarom niet vreemd opkijk dat nu blijkt dat ze een hechte relatie is aangegaan met een verbitterde einzelgänger die op wraak uit is en die onze meest actuele geheimen aan de Russen wil verkwanselen. Ik zeg haar dat ik ondanks deze daad van opperste dwaasheid of erger toestemming heb haar een reddingsboei toe te werpen:

'Eerst vertel je Ed in eenvoudig Engels dat hij totaal door de mand is gevallen. Je zegt hem dat we onomstotelijke bewijzen hebben, in alle vormen. Je wijst hem erop dat zijn eigen Dienst bloed wil zien, maar dat er een pad naar verlossing voor hem open ligt als hij belooft onvoorwaardelijk mee te werken. En voor het geval hij daaraan twijfelt is het alternatief voor meewerken een heel lange gevangenisstraf.'

Dit alles op zachte toon uitgesproken, begrijp je wel, geen emotionele toestanden, slechts één keer onderbroken als de gerookte zalm wordt geserveerd. Ik kan uit haar voortdurende stilzwijgen opmaken dat ze zich opmaakt voor een uitbarsting van gerechtvaardigde woede, maar niets wat ik tot op heden van haar heb gezien of gehoord bereidt me voor op zo'n gigantische ontploffing. Ze negeert de ondubbelzinnige verklaring die ik zojuist heb afgestoken straal en barst los in een frontale aanval op de boodschapper: op mij dus.

Ik denk zeker dat ik, alleen omdat ik een spion ben, een van Gods gezalfden, de navel van het klote universum ben, terwijl ik in feite niet meer ben dan weer zo'n gefrustreerde dure-kostschoolrukker. Ik ben een *badminton-trawler*. Badminton is het middel waarmee ik mooie jongens lok. Ik geil op Ed en nu heb ik hem als Russische spion neergezet omdat hij niet op mijn avances wilde ingaan.

Terwijl ze zo blindelings op me inhakt is ze net een gewond dier, een woeste beschermster van haar man en haar ongeboren kind. Als ze de hele nacht bezig was geweest om elke duistere gedachte die ze ooit over mij heeft gekoesterd op te halen, had ze het er niet beter afgebracht.

Na een nodeloze interventie van de ober die per se wil weten of alles naar wens is, gaat ze door met haar aanval. Met een tip zo uit het trainingshandboek geeft ze me haar eerste tactische uitwijkmogelijkheid:

Oké. Laten we nu eens *aannemen* – zuiver hypothetisch – dat Eds loyaliteiten in de knoop zitten. Laten we aannemen dat hij het op een avond op een zuipen heeft gezet en dat de Russen een *kompromat* stunt met hem hebben uitgehaald. En dat Ed ermee akkoord is gegaan, wat hij in geen duizend jaar ooit zou doen, maar laten we het niettemin toch even aannemen. Denk ik dan *werkelijk* dat hij zich *onvoorwaardelijk* laat ronselen als een *fucking dubbelspion*, terwijl hij heel goed weet dat wij hem elke keer als we daar zin in hebben als een baksteen laten vallen? Vertel haar in een notendop dan eerst maar eens wat voor *garanties mijn Bureau* bereid is een volkomen kansloze dubbelspion te bieden die op het punt staat zijn hoofd in de muil van de fucking leeuw te steken?

En als ik antwoord dat Ed niet in een positie verkeert om te marchanderen en hij ons maar op ons woord moet geloven of de consequenties aanvaarden, wordt een volgende scheldkanonnade mij alleen maar bespaard door de komst van de tarbot, die zij met vinnige, verontwaardigde steken te lijf gaat, terwijl ze haar tweede tactische uitwijkmogelijkheid overweegt:

'Stel dat hij inderdaad voor jullie gaat werken,' geeft zij toe op een slechts iets verzoenlijker toon. 'Stel dat hij dat doet. Zeg dat ik hem daartoe overhaal, want dat zou ik moeten doen. En hij maakt er een puinhoop van, of de Russen hebben hem door, een van beide. Wat *dan*?

Dan gaat hij voor schut, dan is hij overbodige ballast, fuck hem, dan gaat hij op de vuilnisbelt. Waarom zou hij zich al dat gekloot op zijn hals halen? Waarom al die moeite doen? Waarom niet tegen jullie zeggen dat jullie het heen en weer kunnen krijgen en zelf gewoon de bak in draaien? Wat is per slot van rekening erger? Als een marionet door beide partijen worden bespeeld en dood in een steeg eindigen of je schuld aan de samenleving betalen en het er levend van afbrengen?'

Wat ik beschouw als mijn wachtwoord om de zaak op de spits te drijven:

'Je negeert welbewust de ernst van zijn misdrijf en de berg aan harde bewijzen die zich tegen hem hebben opgestapeld,' zeg ik op mijn meest overtuigende en besliste toon. 'De rest is pure speculatie. Jouw aanstaande echtgenoot zit tot zijn nek in de problemen, en wij bieden jou een kans om hem uit te graven. Je grijpt die kans of hij is het haasje, vrees ik.'

Maar dat lokt alleen maar een nieuwe vernietigende reactie uit:

'Dus jij bent nu rechter en jury tegelijk, hè? Fuck de rechtbanken! Fuck eerlijke rechtspraak! Fuck *mensenrechten* en wat het ook is waar jouw maatschappelijk betrokken vrouwtje voor meent op te komen!'

Pas na een lange overdenkingstijd van haar krijg ik eindelijk en met tegenzin van haar kant de doorbraak waar ze me zo hard voor heeft laten werken. Maar zelfs nu weet zij een zweem van waardigheid te behouden:

'Ik doe geen enkele concessie, oké? Geen ene moer.'

'Ga door.'

'*Als,* en alleen als Ed zegt: oké, ik had het bij het verkeerde eind, ik houd van mijn land, ik zal meewerken, ik word een dubbelspion, ik neem het risico. Ik zei *als.* Krijgt hij dan amnestie of niet?'

Ik wacht nog even met een antwoord. Beloof niets waar je niet op kunt terugkomen. Een van Bryns aforismen.

'Als hij het heeft verdiend en we *komen tot de conclusie* dat hij het heeft verdiend, en als de minister van Binnenlandse Zaken zijn paraaf eronder zet: ja, dan wordt hem naar alle waarschijnlijkheid amnestie verleend.'

'En *dan?* Moet hij gratis en voor niks zijn nek uitsteken? En ik ook? Hoe zit het met een beetje gevarengeld?'

We hebben genoeg gedaan. Zij is bekaf. Ik ben bekaf. Tijd om het doek te laten zakken.

'Florence. We zijn jou een heel eind tegemoetgekomen. Wij willen onvoorwaardelijke medewerking. Van jou en van Ed. In ruil daarvoor beloven we een deskundige aanpak en volledige steun. Bryn wil een duidelijk antwoord. *Nu.* Niet morgen. Of het is ja, Bryn, ik doe het. Of het is nee, Bryn, en ik aanvaard de consequenties. Wat wordt het?'

'Ik moet eerst met Ed trouwen,' zegt ze, zonder haar hoofd op te heffen. 'Daarvóór gebeurt er niets.'

'Voordat je hem vertelt wat we zojuist zijn overeengekomen?'

'Ja.'

'Wanneer ga je het hem vertellen?'

'Na Torquay.'

'Torquay?'

'Waar we naartoe gaan voor onze fucking tweedaagse huwelijksreis,' bijt ze me toe in een geïnspireerde opleving van woede.

Een gedeeld stilzwijgen, gezamenlijk georkestreerd.

'Zijn wij vrienden, Florence?' vraag ik. 'Ik denk van wel.'

Ik steek mijn hand naar haar uit. Nog steeds zonder haar hoofd op te heffen pakt ze die, eerst aarzelend en dan omklemt ze hem stevig terwijl ik haar heimelijk gelukwens met haar ongeëvenaard grootse optreden.

21

De tweeënhalve dag wachten hadden er net zo goed honderd kunnen zijn en ik herinner me elk uur ervan. Florences schimpscheuten waren, hoewel verre van raak, uit het leven gegrepen, en op die zeldzame ogenblikken dat ik even niet nadacht over de operationele eventualiteiten die wij voor de boeg hadden, kwam haar felle optreden bij me terug om me te beschuldigen van zonden die ik niet, en heel wat die ik wel had begaan.

Na haar verklaring van solidariteit had Prue geen enkele maal zelfs maar de kleinste hint gegeven terug te willen komen op haar betrokkenheid. Ze gaf geen blijk van gekwetstheid over mijn afspraakje met Reni. Ze had dat soort zaken lang geleden terugverwezen naar het onherstelbare verleden. Toen ik het waagde haar te herinneren aan de gevaren voor haar juridische carrière antwoordde ze een beetje zuur dat ze zich daar heel goed van bewust was, hoor. Toen ik haar vroeg of een Britse rechter enig onderscheid zou maken tussen het doorspelen van geheimen aan de Duitsers of aan de Russen antwoordde ze met een grimmig lachje dat in de ogen van veel van onze dierbare rechters de Duitsers erger waren. En ondertussen wijdde de geoefende Bureau-gemalin in haar die ze bleef ontkennen zich aan haar heimelijke activiteiten met een efficiëntie die ik tactvol als vanzelfsprekend aannam.

Voor haar professionele leven had ze haar eigen naam Stoneway behouden, en het was onder deze naam dat ze haar assistent opdracht gaf een auto voor haar te huren. Als het bedrijf papieren wenste te zien dan zou ze die wel tonen als ze de auto kwam ophalen.

Op mijn verzoek belde ze Florence twee keer, de eerste keer om in een vrouwelijk onderonsje te vragen in welk hotel het bruidspaar in Torquay zou verblijven, want ze popelde al om bloemen te doen toekomen en Nat was al even vastbesloten Ed een fles champagne te sturen. Florence zei het Imperial als meneer en mevrouw Shannon en Prue rapporteerde dat ze geconcentreerd klonk, en een overtuigend optreden ten beste gaf als zenuwachtig aanstaand bruidje ten behoeve van Percy's luisteraars. Prue zond haar bloemen. Ik stuurde mijn fles, allebei via het internet, vertrouwend op de waakzaamheid van Percy's team.

De tweede keer dat Prue Florence belde was om te vragen of ze misschien nog kon helpen bij het organiseren van het feestje in de kroeg na de huwelijksvoltrekking, want de burelen van haar advocatenkantoor bevonden zich maar een klein eindje verderop. Florence vertelde dat ze een grote privézaal had afgehuurd, het zag er goed uit, maar het stonk er naar pis. Prue beloofde een kijkje te gaan nemen, hoewel ze het erover eens waren dat het te laat was om naar iets anders om te zien. Percy, luister je daar beneden?

We maakten gebruik van Prues laptop en creditcard in plaats van de mijne, analyseerden vluchten naar diverse Europese bestemmingen en zagen dat in het hoogseizoen tickets voor de Club Class bij reguliere luchtvaartmaatschappijen in het algemeen nog wel beschikbaar waren. In de schaduw van de appelboom namen we elk laatste detail van ons operationele plan nog een keer helemaal door. Had ik een vitale handeling over het hoofd gezien? Was het mogelijk dat ik, na een leven van heimelijkheid, zou struikelen over de laatste horde? Prue zei van niet. Ze had onze plannen bestudeerd en geen enkele tekortkoming kunnen vinden. Waarom geef ik, in plaats van doelloos te zitten tobben, Ed dan niet even een belletje en vraag ik hem niet of hij tijd heeft om te lunchen? Ik heb geen verdere aanmoediging nodig want dat is wat een getuige van de bruidegom te doen staat, vierentwintig uur voordat Ed eeuwige trouw zal beloven aan Florence.

Ik bel Ed.

Hij is verrukt. Wat een geweldig idee, Nat! Briljant! Hij heeft maar een uurtje lunchpauze, maar misschien kan hij dat wat oprekken. Wat zou ik zeggen van de Dog & Goat Saloon Bar, stipt om één uur?

De Dog & Goat is prima, zeg ik. Tot later. Dertienhonderd uur precies.

***

In de saloon bar van de Dog & Goat zit het vol ambtenarenpakken, wat niet verwonderlijk is want het ligt vijfhonderd koninklijke meters verwijderd van Downing Street, het ministerie van Buitenlandse Zaken en het ministerie van Financiën. En heel wat van die pakken zijn ongeveer van Eds leeftijd, dus ergens vind ik het niet goed dat, als hij zich op de vooravond van zijn huwelijk door de menigte een weg baant in mijn richting, nagenoeg niemand hem een blik waardig keurt.

Er is geen *Stammtisch* beschikbaar, maar Ed maakt succesvol gebruik van zijn lengte en zijn ellebogen en het duurt niet lang of hij heeft een paar barkrukken op de meute weten te veroveren. En op de een of andere manier vecht ik me naar de frontlinie en bestel een paar glazen pils van de tap, niet ijskoud, maar koud genoeg en twee *ploughman's lunches* met cheddar en zure uitjes en krokant brood, die van man tot man langs de bar worden doorgegeven.

Met die essentiële attributen slagen we erin een soort uitkijkhoekje te veroveren voor onszelf en schreeuwen we naar elkaar boven het rumoer uit. Ik hoop nu maar dat Percy's mannen er het een en ander van opvangen, want alles wat Ed zegt is balsem voor mijn getergde zenuwen.

'Ze is *totaal* door het dolle heen, Nat! Flo, bedoel ik! Heeft al haar chique vriendjes na de plechtigheid in de kroeg uitgenodigd! Compleet met kinderen! *En* ze heeft een verdomd geweldig *hotel* in Torquay geboekt met een *zwembad en een massagesalon*! Weet je wat?'

'Wat?'

'We zijn failliet, Nat! Helemaal blut! Alles is opgegaan aan die bouwvakkers! Tja! De ochtend na onze huwelijksnacht zullen we de afwas moeten doen!'

Plotseling is het tijd voor hem om terug te keren naar het mij onbekende donkere Whitehall-krot waar ze hem in hebben gestopt. De bar stroomt leeg als op commando en we staan op de relatief rustige stoep met alleen maar het verkeer dat langsdendert op Whitehall.

'Ik wilde nog een vrijgezellenavond organiseren,' zegt Ed ongemakkelijk. 'Jij en ik samen of zoiets. Maar Flo heeft er een stokje voor gestoken, zegt dat het allemaal mannenonzin is.'

'Florence heeft gelijk.'

'Ik heb haar de ring afgepakt,' zegt hij. 'Ik heb gezegd dat ze hem terugkrijgt als ze mijn vrouw is.'

'Goed idee.'

'Ik houd hem bij me zodat ik hem niet kan vergeten.'

'Wil je niet dat ik hem bewaar tot morgen?'

'Niet echt. Geweldige badminton, Nat. De beste ooit.'

'En nog een heleboel meer als je terug bent uit Torquay.'

'Geweldig. Ja. Tot morgen dan maar.'

Op de stoepen van Whitehall wordt niet omhelsd, hoewel ik vermoed dat hij wel even met de gedachte speelt. In plaats daarvan doet hij het maar af met een dubbele handdruk, waarbij hij mijn rechterhand in allebei zijn handen neemt en hem op en neer pompt.

***

Op de een of andere manier zijn de uren voorbijgegleden. Het is vroeg in de avond. Prue en ik zijn terug onder de appelboom, zij achter haar iPad, ik met een ecologisch boek dat ik van Steff moet lezen over de naderende apocalyps. Ik heb mijn jasje over de rugleuning van mijn stoel gehangen en ik moet in zijn gedommeld want het duurt even voordat tot me doordringt dat het vogelgekrijs dat ik hoor afkomstig is van Bryn Jordans bewerkte smartphone. Maar nu ben ik eens een keer te laat. Prue heeft hem uit mijn jasje gevist en houdt hem tegen haar oor:

'Nee, Bryn. Zijn vrouw,' zegt ze rap. 'Een stem uit het verleden. Hoe maak je het? Goed. En de familie? Goed. Hij ligt in bed, vrees ik, hij voelt zich niet al te best. Heel Battersea lijkt erdoor te zijn besmet. Kan ik iets voor je doen? Nou, dat zal hem vast heel veel goed doen. Ik zal het hem zeggen zodra hij wakker is. En jij ook, Bryn. Nee, nog niet, maar de post hier is een puinhoop. Ik weet zeker dat we komen als we enigszins kunnen. Wat knap van haar. Ik heb het ook wel eens geprobeerd met olieverf, maar dat was geen succes. En jij ook welterusten, Bryn, waar je je ook mag bevinden.'

Ze verbreekt de verbinding.

'Hij stuurt je zijn gelukwensen,' zegt ze. 'En een uitnodiging voor Ah Chans expositie in Cork Street. Hoe dan ook denk ik dat we daar niet heen zullen kunnen.'

***

Het is ochtend. Het is al heel lang ochtend: ochtend in de beboste heuvels van Karlovy Vary, ochtend op een van regen doordrenkte heuveltop in Yorkshire, op Ground Beta en op de dubbele beeldschermen in de controlekamer; ochtend op Primrose Hill, in de Haven, op baan één in de Athleticus. Ik heb de thee gezet en de sinaasappels uitgeperst en ben teruggekeerd naar bed: onze beste tijd om de beslissingen te nemen die we gisteren niet konden nemen, of uit te vogelen wat we in het weekend gaan doen of waar we met vakantie naartoe zullen gaan.

Maar vandaag praten we uitsluitend over wat we aan zullen trekken naar de grote gebeurtenis, en hoe leuk het zal zijn, en wat een geniale zet van mij om Torquay voor te stellen, want die kinderen lijken *totaal* niet in staat zelf ook maar één praktisch besluit te nemen – kinderen is ons nieuwe steno voor Ed en Florence, en ons gesprek is een anticiperende terugkeer naar onze dagen in Moskou, want als er één ding is dat we weten van Percy Price is het dat vriendschap op de tweede plaats komt als er een telefoonverbinding vlak naast je bed aanwezig is.

Tot gistermiddag verkeerde ik in de veronderstelling dat alle huwelijken werden voltrokken op de begane grond, maar ik werd op dat punt abrupt gecorrigeerd toen ik, op weg terug van de Dog & Goat, een discrete fotografische verkenning van ons doelgebied deed en ontdekte dat het Registratiekantoor van Ed en Florences keuze zich op de vijfde verdieping bevond en dat de enige reden waarom ze op zo korte termijn een plekje hadden gekregen was dat je acht steile koude stenen trappen moest beklimmen om bij de receptiebalie te komen en nog een paar treden voordat je uitkwam in een spelonkachtige gewelfde wachtkamer die was ingericht als een theater zonder podium, met zachte muziek en pluche stoelen en een zee van groepjes mensen die slecht op hun gemak leken en een glanzend zwartgelakte deur aan de overzijde met 'Uitsluitend huwelijksvoltrekkingen' erop. Er was één piepkleine lift die voorrang gaf aan invaliden.

Tijdens dezelfde oriëntatie stelde ik ook vast dat de derde verdieping, die in zijn geheel was verhuurd aan een firma van registeraccountants, toegang gaf tot een voetgangersbrug in Venetiaanse stijl die naar een soortgelijk gebouw aan de overkant van de straat leidde; en beter nog, tot een wenteltrap in vuurtorenstijl die helemaal afdaalde naar een ondergrondse parkeergarage. Vanuit de onhygiënische diepten van de parkeergarage was de trap toegankelijk voor iedereen die gek genoeg was om naar boven te willen klimmen. Maar voor degenen die wilden afdalen vanaf de voetbrug op de derde verdieping, werd toegang uitsluitend verleend aan gecertificeerde bewoners van het blok, wat te zien was aan het schreeuwerige VERBODEN VOOR ONBEVOEGDEN dat over een paar stevige, elektronisch bediende deuren was gekalkt. Het koperen bordje van het registeraccountantskantoor telde zes namen van partners. De bovenste was een Mr. M. Bailey.

De volgende ochtend kleedden Prue en ik ons in bijna volledig stilzwijgen aan.

***

Ik zal de gebeurtenissen vermelden zoals ik dat bij elke speciale operatie zou doen. We arriveren bewust te vroeg, om 11.15 uur. Op weg over de stenen trap pauzeren we bij de derde verdieping, terwijl Prue staat te glimlachen met haar bloemetjeshoed op en ik een praatje maak met de receptioniste van de firma van registeraccountants. Nee, zegt ze als ik haar ernaar vraag, haar werkgevers sluiten hun deuren niet vroeger op vrijdag. Ik vertel haar dat ik een oude cliënt ben van meneer Bailey. Ze zegt op de automatische piloot dat hij de hele dag in vergadering is en ik zeg dat we oude schoolvrienden zijn, maar ze moet hem vooral niet storen, en ik zal een officiële afspraak maken voor ergens in de loop van de volgende week. Ik overhandig haar een visitekaartje met mijn laatste standplaats erop: *Handelsattaché, H. M. Ambassade, Tallinn,* en wacht tot ze bereid is het te lezen.

'Waar ligt Tallinn?' vraagt ze brutaal.

'In Estland.'

'Waar ligt Estland?' – giechel.

'Aan de Baltische Zee,' zeg ik haar. 'Ten noorden van Letland.'

Ze vraagt me niet waar de Baltische Zee ligt, maar het gegiechel zegt me dat ik indruk heb gemaakt. Ik heb ook mijn dekmantel prijsgegeven, maar wat doet dat er nog toe? We klimmen nog twee trappen omhoog naar de spelonkachtige wachtkamer en stellen ons vlak bij de ingang op. Een forse vrouw in een groen uniform met de epauletten van een generaal-majoor is vóór ons bezig trouwgroepjes te rangschikken. Elke keer als er een huwelijksplechtigheid is beëindigd klinken er door luidsprekers tinkelende klokjes, waarna de groep die het dichtst bij de zwartgelakte deur staat naar binnen wordt geloodst. De deur sluit zich en een kwartier later klinken de klokjes opnieuw.

Om 11.51 uur komen Florence en Ed arm in arm uit het trappenhuis. Ze zien eruit als een advertentie voor een hypotheekbank: Ed in een nieuw grijs pak dat net zo beroerd zit als zijn oude, en Florence in hetzelfde broekpak dat ze had gedragen op een zonnige lentedag duizend jaar geleden, toen ze, als een veelbelovende jonge geheim agent Operatie Rosebud presenteerde aan de wijze ouderen van het Directoraat Operaties. Ze klemt een bos rode rozen vast. Die moet Ed voor haar hebben gekocht.

We kussen elkaar: Prue kust Florence, Prue kust Ed;

waarna ik, in mijn rol van getuige, mijn eigen kus plant op Florences wang, onze eerste.

'Nu niet terugkrabbelen,' fluister ik op mijn joligste toon luid in haar oor.

We hebben elkaar nauwelijks losgelaten of Eds lange armen omvatten me in een knullige mannelijke omhelzing – ik betwijfel of hij dat ooit eerder heeft gedaan – en voordat ik weet wat me overkomt heeft hij me tot zijn hoogte opgetild en houdt hij me met mijn borst tegen de zijne, waarbij hij me bijna verstikt.

'Prue,' kondigt hij aan, 'deze man is een echt belazerde badmintonspeler, maar verder is hij helemaal oké.'

Hij zet me weer op de grond en hijgt en lacht van opwinding, terwijl ik de laatste binnenkomers observeer op zoek naar een gezicht of een gebaar of een silhouet dat gaat bevestigen wat ik al weet: Prue zal bij lange na niet de enige getuige van deze trouwerij zijn.

'*Edward en Florence en genodigden,* alstublieft! *Edward en Florence en genodigden,* dank u. Hierheen, alstublieft. Deze kant op.'

De generaal-majoor in haar groene uniform stelt ons op, maar de glanzende zwarte deur is nog steeds dicht. Belletjes klinken harder en harder en sterven dan weg.

'Hé, Nat, nou ben ik de ring vergeten,' mompelt Ed meesmuilend in mijn oor.

'Dan ben je een enorme kluns,' zeg ik terug terwijl hij me een stomp tegen mijn schouder geeft om aan te duiden dat hij maar een grapje maakt.

Heeft Florence in Prues dure Japanse lipstick gekeken die ik in haar handtas heb gestopt? Heeft ze het adres gelezen dat erin zit? Heeft ze het adres opgezocht op Google Earth en het afgelegen pension hoog in de Transsylvanische Alpen ontdekt dat eigendom is van twee bejaarde Catalaanse echtelieden die ooit mijn spionnen waren? Nee, dat heeft ze niet, daar is ze te slim voor, zij kent haar contraspionage. Maar heeft zij tenminste mijn begeleidende briefje aan hen gelezen, dat ik volgens onze beste tradities, in heel kleine letters op een opgerold stukje papier heb geschreven? *Lieve Pauli en Francesc; doen jullie alsjeblieft je best voor deze brave mensen, Adam.*

De ambtenaar van de Burgerlijke Stand is een gulhartige dame, die om begrijpelijke redenen streng doch rechtvaardig is. Ze heeft hoog opgestoken blond haar en verdient haar geld met huwelijksvoltrekkingen, jaar in jaar uit, dat kun je horen aan het geduldige ritme van haar stem. Als zij 's avonds thuiskomt vraagt haar man: 'Hoeveel waren het er vandaag, schat?' en zij zegt 'Aan één stuk door, Ted' of George, of hoe hij ook heten mag, en dan installeren ze zich voor de televisie.

Wij zijn aangekomen bij het hoogtepunt van de huwelijksceremonie. Naar ik heb ervaren zijn er twee soorten bruiden: zij die hun tekst onverstaanbaar fluisteren en zij die hem uitbrullen zodat de hele wereld ze kan verstaan. Florence behoort tot de tweede categorie. Ed volgt haar voorbeeld en buldert ook, terwijl hij haar hand vasthoudt en haar van vlakbij recht in de ogen kijkt.

Hiaat.

De ambtenaar van de Burgerlijke Stand is misnoegd. Haar oog is gericht op de klok boven de deur. Ed staat te klooien. Hij kan zich niet herinneren in welke zak van zijn nieuwe pak hij de ring heeft gestopt en mompelt 'shit'. Het misnoegen van de ambtenaar verandert in een begripvolle glimlach. Hebbes! – rechterzak van zijn nieuwe broek, dezelfde plek waar hij het sleuteltje van zijn locker bewaart als hij mij verslaat met badminton, tja.

Ze doen elkaar de ringen om. Prue komt links van Florence staan. De ambtenaar voegt er haar zeer persoonlijke gelukwensen aan toe. Dat doet ze twintig keer per dag. Belletjesgerinkel verspreidt het blijde nieuws van hun vereniging. Een tweede deur wordt voor ons geopend. We zijn klaar.

Een gang links van ons en eentje rechts van ons. Wij

dalen de trappen af naar de derde verdieping, iedereen in galop behalve Florence die nog wat draalt. Heeft ze zich bedacht? De receptioniste van de registeraccountants glimlacht als ze ons ziet aankomen.

'Ik heb het opgezocht,' zegt ze trots. 'Ze hebben er rode daken. In Tallinn.'

'Dat is inderdaad zo, en meneer Bailey verzekerde me dat we gebruik kunnen maken van de voetbrug wanneer we maar willen,' zeg ik haar.

'Geen probleem,' zingt ze, en ze drukt op een gele knop naast zich. De elektrische deuren schudden en schuiven langzaam uit elkaar en achter ons weer even langzaam dicht.

'Waar gaan we heen?' vraagt Ed.

'Kortere weg, schat,' zegt Prue terwijl we over de Venetiaanse voetbrug snellen met Prue voorop en auto's die onder ons door rijden.

Ik ren met twee treden tegelijk voor hen uit de vuurtorentrap af met Ed en Florence in mijn kielzog. Prue sluit de rij. Maar als we de ondergrondse garage betreden weet ik nog steeds niet of Percy's mensen achter ons aan komen, of is het slechts het gekletter van onze eigen voetstappen dat ons naar beneden volgt? De huurauto is een zwarte hybride VW Golf. Prue heeft die hier een uur geleden geparkeerd. Ze heeft de portieren geopend en zit achter het stuur. Ik houd de achterdeur open voor de bruid en de bruidegom.

'Kom op, Ed, schat. Verrassing,' zegt Prue wijsneuzig.

Ed is onzeker en kijkt Florence aan. Florence schiet langs mij de achterbank op en klopt met haar hand op de lege plek naast haar.

'Kom op, echtgenoot. Verknal het nou niet. We gaan.'

Ed klautert naast haar, ik ga voorin naast Prue zitten. Ed zit schuin vanwege zijn lange benen. Prue drukt op het knopje om alle portieren te sluiten, rijdt naar de uitgang en steekt haar parkeerkaartje in het apparaat.

De slagboom gaat schuddend omhoog. In de achteruitkijkspiegels is tot dusverre niets te zien: geen auto, geen motorfiets. Maar dat zegt nog niet veel, als Percy's mensen Eds schoenen of zijn nieuwe pak of wat dan ook hebben gemarkeerd.

Prue heeft London City Airport op de tomtom ingetikt en daarop is onze bestemming zichtbaar. Verdomme. Daar had ik aan moeten denken. Niet gedaan. Florence en Ed zitten druk met elkaar te knuffelen, maar het duurt niet lang voor Ed zich naar voren buigt, naar de tomtom kijkt en dan weer naar Florence:

'Wat heeft dit te betekenen?' vraagt hij. En als niemand antwoord geeft: 'Wat gebeurt hier, Flo? Vertel op. Houd me niet voor het lapje. Daar houd ik niet van.'

'We gaan naar het buitenland,' zegt ze.

'Dat kan niet. We hebben geen bagage bij ons. En al die mensen die we in de kroeg hebben uitgenodigd? We hebben verdomme onze paspoorten niet bij ons. Het is gekkenwerk.'

'Ik heb onze paspoorten. Bagage kan wachten. Kopen wel wat.'

'Waarmee?'

'Nat en Prue hebben ons wat geld gegeven.'

'Waarom?'

Dan ieder met zijn eigen stilte: Prue naast me, Ed en Florence in het spiegeltje, ver uit elkaar en elkaar aanstarend.

'Omdat ze het weten, Ed,' antwoordt Florence ten slotte.

'Wat weten?' vraagt Ed.

En opnieuw rijden we zwijgend door.

'Ze weten dat jij hebt gedaan wat je geweten je ingaf,' zegt ze. 'Zij hebben je op heterdaad betrapt en zijn behoorlijk pissig.'

'Zij *wie?*' vraagt Ed.

'Je eigen Dienst. En die van Nat.'

'Nats Dienst? Nat heeft geen dienst. Hij is Nat.'

'Jouw Zusterdienst. Hij hoort daarbij. Het is niet zijn schuld. Dus gaan jij en ik een poosje naar het buitenland met hulp van Nat en Prue. Anders draaien we allebei de bak in.'

'Is dat waar van jou, Nat?' vraagt Ed.

'Ik vrees van wel, Ed,' antwoord ik.

***

Daarna verliep alles als een zonnetje. Operationeel ongeveer zo soepel als een exfiltratie maar kan verlopen. Ik had er in mijn tijd wel een paar geregeld, alleen nooit vanuit mijn eigen land. Geen centje pijn toen Prue last minute Club Class-tickets kocht naar Wenen met haar eigen creditcard. Geen namen die door luidsprekers werden omgeroepen tijdens het inchecken. Geen 'wilt u maar met ons meekomen' terwijl Prue en ik het gelukkige paar vaarwel wuiven als ze door de vertrekhal naar de douane gaan. Oké, ze wuifden niet terug, maar ze waren dan ook pas een paar uur getrouwd.

Oké, vanaf het moment dat Florence mijn dekmantel aan flarden scheurde, heeft Ed niets meer tegen me gezegd, zelfs niet om afscheid te nemen. Prue nam hij niets kwalijk, hij mompelde 'Cheers, Prue' en wist haar zelfs een kusje op haar wang te geven. Maar toen ik aan de beurt was keek hij me alleen maar aan door zijn grote brillenglazen en toen wendde hij zijn blik af alsof hij meer had gezien dan hij kon verdragen. Ik had hem willen zeggen dat ik wel deugde, maar het was te laat.

Woord van dank

Mijn oprechte dank gaat uit naar de kleine groep trouwe vrienden en manuscriptlezers, van wie sommigen liever niet willen worden genoemd, maar die eerdere ruwe versies van dit boek hebben doorgeworsteld en zo gulhartig waren met hun tijd, adviezen en aanmoedigingen. Wel mag ik Hamish MacGibbon noemen, John Goldsmith, Nicholas Shakespeare, Carrie en Anthony Rowell en Bernhard Docke. Gedurende wat al meer dan een halve eeuw lang moet zijn heeft Marie Ingram, het oudste literaire lid van de familie, ons altijd bijgestaan met haar eruditie en enthousiasme. Auteur en journalist Misha Glenny droeg mateloos veel bij met zijn kennis op het gebied van Russische en Tsjechische kwesties. Soms vraag ik me af of mijn romans doelbewust in het labyrint van Engelse justitiële praktijken terechtkomen, alleen maar omdat het zo'n genoegen is om me daar door Philippe Sands, schrijver en *Queen's Counsel* weer uit te kunnen laten bevrijden. Dat heeft hij ook hier weer gedaan, terwijl hij zijn gezaghebbende oog liet gaan over mijn tekstuele onvolkomenheden. Voor de poëzie van het badminton ben ik dank verschuldigd aan mijn zoon, Timothy. Aan mijn al zo langjarige assistent, Vicki Phillips, mijn oprechte dank voor haar volharding, vele vaardigheden en altijd aanwezige glimlach.